SARTRE

COLEÇÃO
FIGURAS DO SABER
dirigida por Richard Zrehen

Títulos publicados

1. *Kierkegaard*, de Charles Le Blanc
2. *Nietzsche*, de Richard Beardsworth
3. *Deleuze*, de Alberto Gualandi
4. *Maimônides*, de Gérard Haddad
5. *Espinosa*, de André Scala
6. *Foucault*, de Pierre Billouet
7. *Darwin*, de Charles Lenay
8. *Wittgenstein*, de François Schmitz
9. *Kant*, de Denis Thouard
10. *Locke*, de Alexis Tadié
11. *D'Alembert*, de Michel Paty
12. *Hegel*, de Benoît Timmermans
13. *Lacan*, de Alain Vanier
14. *Flávio Josefo*, de Denis Lamour
15. *Averróis*, de Ali Benmakhlouf
16. *Husserl*, de Jean-Michel Salanskis
17. *Os estoicos I*, de Frédérique Ildefonse
18. *Freud*, de Patrick Landman
19. *Lyotard*, de Alberto Gualandi
20. *Pascal*, de Francesco Paolo Adorno
21. *Comte*, de Laurent Fédi
22. *Einstein*, de Michel Paty
23. *Saussure*, de Claudine Normand
24. *Lévinas*, de François-David Sebbah
25. *Cantor*, de Jean-Pierre Belna
26. *Heidegger*, de Jean-Michel Salanskis
27. *Derrida*, de Jean-Michel Salanskis
28. *Montaigne*, de Ali Benmakhlouf
29. *Turing*, de Jean Lassègue
30. *Bachelard*, de Vincent Bontems
31. *Newton*, de Marco Panza

SARTRE
NATHALIE MONNIN

Tradução
Nícia Adan Bonatti

Título original francês: *Sartre*
© Société d'édition les Belles Lettres, 2008
© Editora Estação Liberdade, 2017, para esta tradução

Preparação Cacilda Guerra
Revisão Fábio Fujita
Capa Natanael Longo de Oliveira
Composição Miguel Simon

CIP-BRASIL. CATALOGAÇÃO NA PUBLICAÇÃO
SINDICATO NACIONAL DOS EDITORES DE LIVROS, RJ

M754s

    Monnin, Nathalie, 1967-
    Sartre / Nathalie Monnin ; tradução Nícia Adan Bonatti. - 1. ed. - São Paulo : Estação Liberdade, 2017.
    280 p. ; 21 cm.   (Figuras do saber ; 32)

    Tradução de: Sartre
    Inclui bibliografia
    ISBN 978-85-7448-288-0

    1. Sartre, Jean-Paul, 1905-1980. 2. Escritores franceses - Sec. XX - Biografia. 5. Filósofos - França - Biografia. I. Bonatti, Nícia Adan. II. Título. III. Série.

17-45938   CDD: 928.4
                             CDU: 929:821.133.1

08/11/2017   10/11/2017

Todos os direitos reservados à Editora Estação Liberdade. Nenhuma parte da obra pode ser reproduzida, adaptada, multiplicada ou divulgada de nenhuma forma (em particular por meios de reprografia ou processos digitais) sem autorização expressa da editora, e em virtude da legislação em vigor.

Esta publicação segue as normas do Acordo Ortográfico da Língua Portuguesa, Decreto nº 6.583, de 29 de setembro de 2008.

Editora Estação Liberdade Ltda.
Rua Dona Elisa, 116 | 01155-030
São Paulo-SP | Tel.: (11) 3660 3180
www.estacaoliberdade.com.br

Aos meus filhos,
Marc e Rémy Nalpas

Sumário

Cronologia   11

Introdução   25

I. Do apolitismo ao engajamento   31
    1. O entre-duas-guerras   33
    2. A descoberta do histórico   35
    3. Marxista e anticomunista   42
    4. Antianticomunista   44
    5. Anticolonialista e anti-imperialista   46
    6. Antiburguês   50

II. Sartre e a fenomenologia   55
    A   55
    1. Uma filosofia do concreto   55
    2. A transcendência do ego e O imaginário   58
    3. Na direção da transfenomenalidade   63
    B   66
    1. As duas regiões do ser, em-si e para-si   66
    2. A má-fé   68
    3. Primeiro balanço   83
    C   85
    1. Liberdade e temporalidade   85
    2. Alienações   97
    3. Segundo balanço   109

III. Pensar a História   113
1. *Tornar preciso o concreto para pensar a História*   113
2. *Do para-si à* praxis   117
3. *O ponto de partida deve sempre ser a consciência*   121
4. *O sentido de uma crítica da razão dialética*   127
5. *A dialética da razão*   134
6. *A série, o grupo, a instituição*   144
7. *Balanço*   157

IV. Pensar uma história   161
1. *Por que Flaubert?*   162
2. *Psicanálise freudiana e psicanálise existencial*   168
3. *A escolha original*   178
4. *O idiota da família*   187
Conclusão   202

V. Uma fenomenologia da moral   205
1. *A noção de valor*   206
2. *A experiência ética*   213
3. *Balanço*   230

VI. Literatura e estética   235
1. *A literatura*   236
2. *O teatro*   241
3. *Estética*   252
4. *Balanço*   258

Conclusão   261

Indicações bibliográficas   269

Cronologia

1905	Nascimento de Paul Nizan em 7 de fevereiro, de Raymond Aron em 14 de março e de Jean-Paul Sartre em 21 de junho (Paris).
1906	Nascimento de Emmanuel Levinas.
1907	Henri Bergson publica *A evolução criadora*.
1908	Nascimento de Maurice Merleau-Ponty, de Simone de Beauvoir e de Claude Lévi-Strauss.
1913	Nascimento de Albert Camus.
1916	Aluno do liceu Henri IV há um ano, Sartre conhece Nizan.
1920	18º congresso, em Tours, da Seção Francesa da Internacional Operária (SFIO), de tendência socialista, no decorrer do qual a maioria se separa e cria a Seção Francesa da Internacional Comunista, o futuro Partido Comunista Francês (PCF); nascimento de Boris Vian.
1921	Cisão dentro da Confederação Geral do Trabalho (CGT), socialista, e criação da Confederação Geral do Trabalho Unitária (CGTU), comunista.
1922	Nascimento de Michel Henry.
1924	Sartre integra, com Nizan, a École Normale Supérieure (rue d'Ulm), onde eles conhecem Aron.

1926   Merleau-Ponty, por sua vez, integra "Ulm" e conhece Sartre; este apresenta um trabalho final acadêmico sobre a imaginação, que, modificado, será publicado em 1936 (*A imaginação*); Nizan vai para o Iêmen para ser preceptor.

1927   Publicação de *Ser e tempo*, de Martin Heidegger, de *Journal métaphysique* [Diário metafísico], de Gabriel Marcel, e de *Le Progrès de la conscience dans la philosophie occidentale* [O progresso da consciência na filosofia ocidental], de Léon Brunschvicg; Bergson recebe o prêmio Nobel de literatura; Nizan se casa e adere ao Partido Comunista.

1928   Sartre não passa no concurso (*agrégation*)[1] de filosofia; Aron conquista o primeiro lugar.

1929   Sartre passa em primeiro lugar no concurso, Beauvoir (a quem conhece nesse ano, por ocasião da preparação para o concurso) passa em segundo e Nizan, em quarto; Merleau-Ponty passará no ano seguinte; seminário de Edmund Husserl na Sorbonne (que dará lugar à publicação das *Meditações cartesianas* em 1931), do qual Sartre não participa.

1929-31   Sartre faz o serviço militar (dezoito meses) como meteorologista de segunda classe.

1931   Sartre publica na revista *Bifur* uma parte de "La Légende de la vérité" [A lenda da verdade]; nesse mesmo número, é publicada a tradução de um excerto de "Qu'est-ce que la Métaphysique?" [O que é metafísica?], de

---

1.   *Agrégation*: concurso de recrutamento de professores para o ensino público do Estado na França. Também aplicável a professores de certas faculdades. [N.T.]

Heidegger; Sartre começa sua carreira de professor no liceu François Ier, no Havre — nessa ocasião, ele relê Freud; Nizan publica seu primeiro romance, *Áden, Arábia*; Heidegger é nomeado reitor da Universidade de Friburgo.

1932 Nizan publica *Les Chiens de garde* [Cães de guarda], ataque em regra contra filósofos "idealistas" (Bergson, Boutroux, Brunschvicg, Lalande, Marcel e Maritain); Jean Wahl publica *Vers le concret* [Para o concreto], e Bergson, *Les Deux Sources de la morale et de la religion* [As duas fontes da moral e da religião].

1933 No Instituto Francês em Berlim, Sartre estuda Husserl; trabalha no manuscrito daquilo que se tornará *A náusea* e redige dois artigos, "Une Idée fondamentale de la phénoménologie de Husserl: l'intentionnalité" [Uma ideia fundamental da fenomenologia de Husserl: a intencionalidade], e "La Transcendance de l'ego" [A transcendência do ego] (publicados em 1939); Nizan publica seu segundo romance, *Antoine Blouyé*, no qual explora o tema da "traição de classe" — como um homem rompe com sua condição social e acaba por "trair" suas origens; em abril, os nazistas votam a lei antissemita; o êxodo de cérebros começa, Husserl se vê proibido de frequentar a biblioteca da Universidade de Friburgo; seminário de Alexandre Kojève na École pratique des Hautes Études sur Hegel (que se manterá até 1939), do qual Sartre não participa (por outro lado, participam Raymond Queneau e Jacques Lacan).

1935   Em fevereiro, Sartre faz uso da mescalina com vistas à preparação de uma obra sobre a imaginação; Aron publica *La Sociologie allemande contemporaine* [Sociologia alemã contemporânea]; Gabriel Marcel, *Être et avoir* [Ser e ter]; Levinas, *De l'Évasion* [Da fuga]; Camus adere ao Partido Comunista.

1936   Nizan publica *Les Matérialistes de l'Antiquité* [Os materialistas e a Antiguidade], seleção de textos (Demócrito, Epicuro, Lucrécio, etc.) que ele prefaciou; Husserl é eliminado do corpo docente alemão; David Rousset funda o Partido Operário Internacionalista (trotskista) e se engaja na luta contra o colonialismo (Argélia, Marrocos).

1937   Camus é excluído do Partido Comunista e publica *O avesso e o direito*.

1938   *Anchluss* (anexação da Áustria pela Alemanha nazista); publicação de *A náusea*, que dá notoriedade a Sartre, e de *Introduction à la Philosophie de l'histoire* [Introdução à filosofia da história], de Aron; morte de Husserl.

1939   A Alemanha invade a Polônia; a União Soviética e a Alemanha assinam um pacto de não agressão que é imediatamente denunciado por vários intelectuais "progressistas" ou comunistas, entre os quais Nizan — fato que o PCF jamais lhe perdoará; Sartre publica *O muro* e *Esboço de uma teoria das emoções*, parte de uma obra na origem mais ambiciosa e abandonada, *Psyché*; em 2 de setembro, ele é mobilizado e se junta à sua divisão em Nancy; nessa ocasião, redige um caderno de bordo que será publicado em 1985 sob o título de *Diário de uma guerra estranha*; Aron e Nizan também são mobilizados; Brunschvicg publica *La Raison et la religion* [A razão e a religião].

1940 Tropas alemãs entram na França; Sartre é feito prisioneiro na Alemanha; ele encontra um exemplar de *Sein und Zeit* no Stalag e dá curso de filosofia para os prisioneiros; Beauvoir lê *Morceaux choisis*, de Hegel, e fala sobre isso em suas cartas. Aron vai para a Inglaterra e se engaja nas Forças Francesas Livres; morte de Nizan, durante a ofensiva alemã em Dunquerque.

1941 A Alemanha invade a Rússia; o Japão ataca Pearl Harbor; Sartre, liberado em março, volta a Paris e retoma seu professorado, no liceu e depois em "khâgne"; funda o movimento de resistência "Socialismo e Liberdade", que conhecerá uma existência efêmera; no verão, viaja com Beauvoir de bicicleta para o sul da França e encontra André Gide e André Malraux, na esperança de integrá-los ao seu movimento; morte de Bergson.

1942 Merleau-Ponty publica *A estrutura do comportamento*; e Camus, *O estrangeiro* e *O mito de Sísifo*.

1943 Batalha de Stalingrado; David Rousset é deportado para Buchenwald; publicação de *O ser e o nada*, que passa quase despercebido; Sartre encontra Camus; Beauvoir publica *A convidada*; Aron publica um artigo na *France libre*, "L'Ombre des Bonaparte" [A sombra dos Bonapartes], apontando o "cesarismo" de Charles de Gaulle.

1944 Um contrato com a companhia de cinema Pathé, assinado um ano antes, permite a Sartre abandonar o professorado para se dedicar à escritura; em maio, ele conhece Jean Genet; em setembro, constituição do comitê de redação de *Temps Modernes*, com Beauvoir e Merleau--Ponty; Camus publica *Caligula*; Wahl publica *Existence humaine et transcendance* [Existência humana e transcendência]; morte de Brunschvicg.

1945 Forças soviéticas entram em Berlim e a Alemanha é vencida; conferência de Yalta (Crimeia), no decorrer da qual Stálin, Churchill e Roosevelt recortam o mundo (especialmente a Europa) em zonas de influência: o mundo *livre* a oeste, o mundo *comunista* a leste; Sartre, assim como Camus, recusa a Legião de Honra; primeira viagem aos Estados Unidos, de janeiro a maio, como enviado especial de *Combat* e do *Figaro*; em 15 de outubro, publicação do primeiro número de *Temps Modernes*; Merleau--Ponty publica *Fenomenologia da percepção*; Sartre publica *A idade da razão* e *Sursis* (volumes I e II de *Os caminhos da liberdade*); Beauvoir publica *O sangue dos outros*; em agosto, os Estados Unidos lançam uma bomba atômica sobre Hiroshima e Nagasaki, o Japão se rende.

1946 Publicação de *A questão judaica* e de *O existencialismo é um humanismo*; Sartre encontra Boris e Michelle Vian; segunda e última viagem aos Estados Unidos; publicação da "resposta" de Heidegger a Sartre, *Carta sobre o humanismo*, de *L'Univers concentrationnaire* [O universo concentracionário], de David Rousset, e de *Vou cuspir no seu túmulo*, de

Boris Vian (sob o pseudônimo de Vernon Sullivan); início da Guerra da Indochina, que oporá, durante oito anos, as forças do Corpo Expedicionário Francês no Extremo Oriente, apoiadas pelos Estados Unidos, às forças nacionalistas-comunistas do Viet Minh vietnamita, apoiadas pela China e pela União Soviética.

1947 Sartre descobre *Introdução à leitura de Hegel*, de Kojève, lê *Fenomenologia do espírito*, de Hegel, e publica *Que é a literatura?*; Camus publica *A peste*; Wahl, *Petite Histoire de l'existencialisme* [Pequena história do existencialismo]; Levinas, *Da existência ao existente*; Beauvoir, *Por uma moral da ambiguidade*; David Rousset, *Les Jours de notre mort* [Os dias de nossa morte]; Boris Vian publica *A espuma dos dias*, romance no qual Sartre aparece sob o nome de Jean-Sol Partre; Genet publica *As criadas* e *Pompas fúnebres*.

1948 Sartre publica *Les Mains sales* [As mãos sujas], peça cuja ação se passa em Illirye, país imaginário, durante a Segunda Guerra; ele se junta a David Rousset no Rassemblement Démocratique Révolutionnaire (que desmoronará em 1949); começa a trabalhar numa moral, que não chegará a terminar, publicada em 1983 sob o título de *Cahiers pour une morale* [Cadernos para uma moral]; Merleau-Ponty publica *Sens et non-sens*; V. Sullivan (B. Vian), *Et on Tuera Tous les Affreux* [Morte aos feios]; início da Guerra Fria, com o Bloqueio de Berlim, organizado pela União Soviética, desejosa de anexar a cidade à República Democrática Alemã (RDA)

(Alemanha Oriental); os Aliados põem em ação uma gigantesca ponte aérea que abastecerá os habitantes durante toda a duração do conflito.

1949 Fim do Bloqueio de Berlim; Louis Aragon publica *Les Communistes* [Os comunistas], romance no qual Nizan aparece como um traidor na figura do policial Orfilat; Marcel publica *Position et approches concrètes du mystère ontologique* [Posição e abordagens práticas do mistério ontológico]; Levinas, *En Découvrant l'Existence avec Husserl et Heidegger* [Descobrindo a existência com Husserl e Heidegger]; Lévi-Strauss, *As estruturas elementares do parentesco*; Beauvoir, *O segundo sexo*; Genet, *Haute surveillance* [Severa vigilância].

1950 Sartre começa a ler Marx e trabalha as questões da história e da economia; início da Guerra da Coreia, entre as forças da Coreia do Norte, comunista, apoiadas pela China e pela União Soviética, e as da Coreia do Sul, apoiadas pelas Nações Unidas.

1951 Camus publica *O homem revoltado*; Marcel, *Le Mystère de l'être* [O mistério do ser].

1952 Sartre publica *Saint Genet: ator e mártir*; ele rompe definitivamente com Camus; Merleau-Ponty publica *Éloge de la philosophie* [Elogio da filosofia]; Lévi-Strauss, *Raça e história*.

1953 Fim da Guerra da Coreia; o cessar-fogo sanciona o retorno ao *statu quo ante*, sendo as duas Coreias separadas por uma zona desmilitarizada cuja superfície faz com que seus territórios sejam sensivelmente os mesmos de antes do conflito; insurreição operária em Berlim Oriental; tanques de guerra soviéticos entram na cidade e submergem o levante.

1954 Primeira viagem de Sartre para a União Soviética (maio-junho); fim da Guerra da Indochina — a França, vencida em Dien Bien Phu, retira-se da região, deixando lugar aos Estados Unidos; início da Guerra da Argélia (outubro); até a independência (1962), Sartre não cessará de protestar contra a tortura e a manutenção da França naquele país; Beauvoir recebe o prêmio Goncourt por *Os mandarins*; Boris Vian escreve "Le Déserteur", canção antimilitarista.

1955 Aron publica *O ópio dos intelectuais*, que marca a ruptura com Sartre; Marcel publica *L'Homme problématique* [O homem problemático]; Lévi-Strauss, *Tristes trópicos*; Merleau-Ponty, *As aventuras da dialética*.

1956 Conhece Arlette Elkaïm, que adotará em 1965; revolução na Hungria, revolta na Polônia; Sartre condena a intervenção soviética na Hungria, o que marca definitivamente seu afastamento da política da União Soviética; intervenção da Inglaterra, da França e de Israel contra o Egito, cujo presidente, Gamal Abdel Nasser, acaba de nacionalizar o canal de Suez; Wahl publica *Vers la fin de l'ontologie* [Rumo ao fim da ontologia]; Genet, *O balcão*.

1957 Sartre encontra Aron (que publica *La Tragédie algérienne* [A tragédia argelina]) para se opor à tortura na Argélia; Camus publica *O exílio e o reino* e recebe o prêmio Nobel de literatura.

1958 Camus publica *Chroniques algériennes* [Crônicas argelinas]; Lévi-Strauss, *Antropologia estrutural*.

1959 Início da Segunda Guerra da Indochina, ou Guerra do Vietnã, opondo as forças do Norte, apoiadas pela China e pela União Soviética, e as do Sul, apoiadas pelos Estados Unidos; revolucionários liderados por Fidel e Raúl Castro e Ernesto Guevara tomam o poder em Cuba (com o apoio dos Estados Unidos); Genet publica *Os negros*; morte de Boris Vian.

1960 Publicação de *Crítica da razão dialética*; Sartre e Beauvoir encontram Fidel Castro e Che Guevara em Cuba (Castro acaba de se aproximar da União Soviética, e os Estados Unidos, de suspender suas relações diplomáticas com Cuba); Sartre assina o "Manifeste des 121".[2] Reedição de *Áden, Arábia*, de Nizan, com prefácio de Sartre, que inaugura a "reabilitação" do autor; Merleau-Ponty publica *Signos*; morte de Camus; início da "semana das barricadas" em Argel, erigidas pelos partidários da Argélia Francesa.

1961 Em 19 de julho, primeiro atentado da OAS[3] visando o apartamento de Sartre; depois ha-

---

2. Ou "Declaração sobre o direito à insubmissão na Guerra da Argélia", assinado por 121 escritores, universitários e artistas, dentre os quais: Arthur Adamov, Robert Antelme, Simone de Beauvoir, Maurice Blanchot, Jacques-Laurent Bost, Pierre Boulez, André Breton, Alain Cuny, Marguerite Duras, Claude Lanzmann, Robert Lapoujade, Michel Leiris, Jérôme Lindon, Eric Losfeld, Maud Mannoni, François Maspero, André Masson, Marie Moscovici, Maurice Nadeau, André Pieyre de Mandiargues, Bernard Pingaud, J.-B. Pontalis, Jean Pouillon, Denise René, Alain Resnais, Jean-François Revel, Alain Robbe-Grillet, Christiane Rochefort, Nathalie Sarraute, Claude Sautet, Simone Signoret, Claude Simon, Jean-Pierre Vernant e Pierre Vidal-Naquet.

3. OAS: Organisation de l'Armée Secrète [Organização do Exército Secreto], movimento clandestino que reunia os partidários da "Argélia francesa" dispostos à luta armada contra os nacionalistas argelinos do Front de Libération Nationale (FLN) [Frente de Libertação Nacional]; fundada em fevereiro de 1961 por J.-J. Susini e P. Lagaillarde e dirigida pelo general R. Salan na sequência do "*putsch* dos Generais" em abril de 1961 — data em foi criada a *OAS-métro*, dirigida pelo general Vanuxem, para conduzir o "combate" na França. Sua atividade terminará em 1962 e seus principais dirigentes serão presos e condenados à prisão, e três de seus membros, à morte e executados.

verá um atentado contra o próprio Sartre na praça Maubert, do qual ele escapará por pouco; morte de Merleau-Ponty; Levinas publica *Totalité et infini* [Totalidade e infinito]; Genet, *Os biombos*.

1962 Em 7 de janeiro, segundo atentado com explosivos plásticos no apartamento de Sartre; inúmeros manuscritos são perdidos ou muito danificados; os acordos de Évian, em abril, põem fim à presença francesa na Argélia; Crise dos Mísseis entre Cuba, União Soviética e Estados Unidos; Lévi-Strauss publica *O pensamento selvagem*.

1963 Michel Henry publica *L'Essence de la manifestation* [A essência da manifestação].

1964 Sartre publica *As palavras*; recusa o prêmio Nobel de literatura.

1965 Aron publica *Essai sur les libertés* [Ensaio sobre as liberdades] e *Démocratie et totalitarisme* [Democracia e totalitarismo]; M. Henry, *Filosofia e fenomenologia do corpo*.

1966 Sartre codirige o "tribunal Russell" (Beauvoir também participa dessas atividades), que condena os "crimes de guerra" americanos no Vietnã; Aragon reedita *Les Communistes*, fazendo com que Nizan-Orfilat desapareça de seu livro; publicação de *Escritos*, de Lacan, e de *As palavras e as coisas*, de Foucault.

1967 Marcel publica *Essai de philosophie concrète* [Ensaio de filosofia concreta].

1969 Aron publica *Les Désillusions du progrès* [As desilusões do progresso] e *D'Une Sainte Famille à l'autre: essai sur le marxisme imaginaire* [De uma Sagrada Família a outra: ensaio sobre o marxismo imaginário]; Foucault, *A arqueologia do saber*.

1970 Sartre dirige *La Cause du peuple*, jornal do grupo maoista Gauche Prolétarienne [Esquerda Proletária], cuja circulação em seguida é proibida pelo chefe de Estado, Charles de Gaulle, e que ele distribuirá na rua com Beauvoir, o que lhe valerá a prisão por algumas horas pela polícia.

1971 Funda o jornal *Libération* (cujo primeiro número será publicado em 1973); lançamento do primeiro tomo de *O idiota da família* (no ano seguinte sairão dois outros volumes, sendo o último editado inacabado).

1973 Sartre fica cego; é obrigado a abandonar a redação de *O idiota da família*; morte de Gabriel Marcel.

1974 Benny Lévy se torna secretário de Sartre; Levinas publica *Autrement qu'Être ou au-delà de l'essence* [Outramente-que-ser ou mais-além da essência]; morte de Jean Wahl.

1975 Os Estados Unidos se retiram do Vietnã do Sul; forças nacionalistas-comunistas tomam o poder em Saigon.

1976 O Vietnã do Norte invade o Sul — de 1975 a 1982, 65 mil pessoas serão executadas, cerca de um milhão (essencialmente habitantes do Sul) deixarão o país (com frequência em embarcações improvisadas, donde o nome genérico de *boat--people*); M. Henry publica *Marx* (dois volumes).

1979 Sartre revê Aron pela última vez a fim de auxiliar o comitê de apoio aos refugiados vietnamitas,

	"Un bateau pour le Viêt-Nam" ["Um barco para o Vietnã"].
1980	Morte de Sartre no hospital Broussais (Paris), em 15 de abril.
1981	Aron publica O *espectador engajado*; morte de Lacan.
1983	Morte de Aron.
1986	Morte de Beauvoir em Paris, em 14 de abril; morte de Genet, em 15 de abril.

Introdução

Costuma-se apresentar Sartre como o filósofo da liberdade absoluta. Isso é verdade, desde que se especifique que é devido ao fato de sermos sempre e em primeiro lugar alienados. A liberdade se mostra, para Sartre, somente como o exato inverso da alienação.

Podemos, assim, dizer que Sartre manteve o desafio de ser o único filósofo do século XX a recusar a ideia de uma passividade originária no homem, que determinaria suas ações. Contra Husserl, Heidegger, Merleau-Ponty e Michel Henry principalmente, contra a psicanálise de Freud e o estruturalismo, Sartre se dedica a mostrar como o homem, em toda ação, escolhe sempre sua relação com o mundo no âmago de um livre projeto.

No meio de um século que viu a explosão da psicanálise com a noção de *inconsciente*, ele manteve a ideia de um sujeito absoluta e irredutivelmente livre, com este projeto louco que atravessa toda a sua obra: dar conta da *totalidade*. Totalidade de uma vida de homem (em *O ser e o nada*, 1943), em primeiro lugar, depois totalidade de uma sociedade, atravessada pelas múltiplas totalidades, que forma cada subjetividade (em *Crítica da razão dialética*, 1960) e, por último, totalidade da vida de um homem bem particular, Gustave Flaubert (*O idiota da família*, 1971), para ver se as teorias enunciadas até então podiam se verificar concretamente na descrição "compreensiva" desse escritor.

Dessa forma, uma tensão fundamental atravessa a obra de Sartre: o homem é inteiramente livre e responsável pelos seus atos, sem desculpas, e também é inteiramente alienado, na medida em que um homem é necessariamente consciente *de* mundo, isto é, *posição de si* numa certa *situação*.

Não obstante, essa não foi a intuição inicial do filósofo: a princípio estrangeiro aos negócios do mundo, Sartre está longe de interpretar, antes de 1939, sua indiferença como uma forma de engajamento. A impossibilidade de escapar à necessidade de escolher o leva a *retomar nas* mãos sua vida: depois da guerra, Sartre, o intelectual engajado, encontra-se em todas as frentes da atualidade política, viajando de um lado a outro do mundo. O primeiro capítulo retraça seu percurso político.

Entretanto, sua vida se encontra intimamente mesclada ao seu pensamento filosófico: o homem Sartre, totalidade irredutível, no decorrer de suas obras, acentua cada vez mais as dificuldades de uma vida a se extirpar de suas alienações — sem jamais duvidar da ideia de que a consciência é primeiramente pura espontaneidade, liberdade absoluta, motivo pelo qual ela é também encadeada e enredada de modo irremediável em situações necessariamente alienantes.

A obra filosófica segue essa inclinação: Sartre pensou em primeiro lugar que não somos outra coisa senão aquilo que fazemos (em *O ser e o nada*); em *Saint Genet: ator e mártir* (1952), pensou que somos, mais exatamente, aquilo que fazemos com o que outros primeiramente fizeram de nós, reconhecendo assim o peso das alienações contraídas desde a infância — sempre mantendo uma pura espontaneidade como fundamento originário da consciência. Por meio da biografia de Genet, Sartre percebe a medida de diversos condicionamentos —

familiares, sociais, religiosos, ideológicos — na constituição de nossa personalidade.

Nos três capítulos seguintes, retraçamos a descrição que o filósofo faz, ao longo de suas obras, das diversas alienações que nos constituem e contra as quais nos constituímos na medida de nossa liberdade, isto é, de nossas possibilidades. O interesse de Sartre se desloca de uma filosofia do sujeito para uma filosofia da história dos sujeitos, para iluminar o papel desta na constituição de uma liberdade: em que medida a história política ou os acontecimentos políticos que podemos viver ou não viver nos alienam?

Crítica da razão dialética busca integrar a dimensão social e histórica às primeiras pesquisas de *O ser e o nada*. Assim, a realidade humana se torna a *praxis* para significar que o homem é, antes de tudo, uma subjetividade que age e transforma o mundo, o homem é história. Contudo, justamente, convém apreciar como a história se faz ou é feita.

A dimensão histórica, pouco acentuada em *O ser e o nada*, está no centro de *Crítica da razão dialética*. A questão dessa obra é a seguinte: "Em que condições é possível o conhecimento de uma história?" Sartre busca compreender como as subjetividades, ontologicamente livres, se alienam umas às outras em estruturas tais como os grupos. Se é possível dizer que a subjetividade de *O ser e o nada* havia sido confrontada com outra subjetividade, as de *Crítica da razão dialética* são confrontadas a todas as demais dentro de um quadro histórico. Nesse sentido, *Crítica da razão dialética* é um grande ensaio de antropologia histórica.

Os resultados dessas duas grandes obras encontram-se em *O idiota da família*: "Que se pode saber de um homem hoje?" é a questão que abre o primeiro tomo. Sartre tenta pôr à prova, uma última vez, o projeto de compreensão da totalidade de um homem, analisando a vida de Gustave Flaubert (*O idiota da família*), na qual reinveste as aquisições da ontologia de *O ser e o nada* (a liberdade em situação) e as da *Crítica da razão dialética* (as alienações históricas). Entretanto, um projeto de compreensão total do homem exige que se interrogue a dimensão moral de suas ações. Essa investigação deveria seguir *O ser e o nada*, mas o projeto de escrever uma moral será abandonado. O capítulo V tenta compreender o motivo, avançando a seguinte hipótese: escrever uma moral prescritiva tem pouco sentido numa filosofia que põe em primeiro plano de suas análises o fato, para o homem, de estar necessariamente *situado* no mundo. Tal filosofia só pode buscar compreender a maneira pela qual se vivem as regras imprescritíveis da moral. O texto a que nos referiremos é o das conferências escritas em 1965, com vistas ao convite feito pela universidade americana Cornell, mas do qual Sartre declinará em reação à Guerra do Vietnã.

O procedimento filosófico não poderia deixar o homem Sartre indiferente à sua própria história: trabalhar para compreender a totalidade de um homem reflete sobre sua própria atividade de escritor. Isso o faz compreender aquilo que ele é e quem ele é, ele, o *normalien* órfão de pai, filho querido de sua *mãe-irmã* e neto do burguês alsaciano Schweitzer, interrogando então várias vezes o lugar e o papel que devem ser os do escritor. Sartre experimentará em si mesmo a tensão que atravessa seu pensamento, quando se vê escrever sua última obra (*O idiota da família*), que ele chama de "burguesa e para os burgueses", no próprio momento em que ajuda a extrema esquerda a sobreviver e se engaja ao seu lado, o que permite a seus interlocutores angariar certa audiência — ou, ao menos, um pouco mais do que teriam se Sartre não os tivesse apoiado.

O último capítulo evoca o Sartre teórico da literatura, do teatro e das artes. O filósofo do engajamento e da liberdade terá compreendido, tardiamente, suas próprias alienações e os motivos pelos quais a política tinha podido deixá-lo indiferente antes de ser ele próprio tomado na tormenta da história, em 1939. Ao sair da guerra, sua notoriedade internacional, adquirida por meio de suas obras e pelos seus engajamentos políticos "progressistas", lhe permitirá defender os valores de justiça e de igualdade. Sartre acalentava o sonho de uma sociedade em que reinariam a liberdade e a autonomia de pensar e de se expressar para todos — e não a opressão e as diferentes manipulações.

Poderíamos apostar que, no mundo que é o nosso atualmente, em que os interesses econômicos tomaram a dianteira sobre as ideologias políticas, Sartre lutaria para fazer lembrar o valor absoluto que é uma existência humana (contra uma pretensa *necessidade* econômica) e a responsabilidade que é a nossa no destino do planeta, dado que, fundamentalmente, não temos desculpas.

A filosofia de Sartre nada perdeu de sua atualidade: os conceitos que ele inventou, tais como o pré-reflexivo, a má-fé, a totalidade destotalizada, a série e o grupo em fusão, assim como os esquemas de compreensão que ele deu, tanto sobre a formação da personalidade de um homem (psicanálise existencial) quanto sobre a formação de um grupo, de uma revolta e em seguida de uma instituição, oferecem chaves para apreender as mutações que parecem ser as de nossa época.

I
Do apolitismo ao engajamento

Certamente há em mim uma falta de medida: indiferença ou obstinação maníaca — é um ou outro.

Carnets de la drôle de guerre, p. 351

"O escritor está *em situação* em sua época: cada palavra tem ecos. Cada silêncio também. Tenho Flaubert e os Goncourts como responsáveis pela repressão que se seguiu à Comuna, porque eles não escreveram uma linha para impedi-la", escreve Sartre em sua "Présentation" da revista *Temps Modernes*, em outubro de 1945. Mas qual foi o engajamento de Sartre antes da guerra e durante a Resistência?

"Um anticomunista é um cão", escreve ele em 1961 em *Merleau-Ponty vivant*, revisitando seus anos de fraternidade com o Partido Comunista Francês, a partir de 1952. Mas o que foi Sartre para o PCF antes dessa época, e o que ele será depois de 1956, quando da invasão da Hungria pelos tanques de guerra soviéticos, ano da ruptura de Sartre com o partido?

Desde 1965, Sartre condena violentamente a guerra dos americanos no Vietnã e participa do Tribunal

Russell.[1] Ele fustiga o imperialismo dos Estados Unidos e seu desrespeito às leis internacionais no que concerne aos direitos humanos. Mas, em 1979, ele vai com Raymond Aron[2] até o presidente Valéry Giscard d'Estaing pedir a intensificação dos socorros aos *boat-people* vietnamitas, vítimas do governo comunista do Vietnã do Norte, que invadiu o Vietnã do Sul em 1976.

O percurso político de Sartre pôde parecer um pouco contraditório para seus contemporâneos; com o distanciamento, gostaríamos de mostrar em que ele permaneceu fiel aos seus princípios durante toda a sua vida.

Depois da guerra, não houve decerto outro intelectual mais intensamente "midiatizado" que ele, nem que tivesse uma influência, nacional e internacional, num sentido ou em outro, tão grande sobre os intelectuais de todas as procedências. Aprecie-se ou não o homem, ele não deixa ninguém indiferente: Sartre está em todas as frentes, tanto a do Oeste quanto a do Leste, transitando incessantemente de um lado a outro do mundo, relatando suas impressões de viagem nos jornais.

---

1. Organização internacional fundada em 1966 pelo filósofo pacifista Bertrand Russell (assistido por Ken Coates) e codirigida por Jean-Paul Sartre, para "investigar os crimes de guerra das Forças Armadas dos Estados Unidos e de seus aliados durante a Guerra do Vietnã". Contando com 25 membros (entre os quais o escritor James Baldwin, o historiador trotskista Isaac Deutscher, a advogada Gisele Halimi, a presidente do comitê cubano de solidariedade com o Vietnã Melba Hernández e Simone de Beauvoir), esse tribunal funcionou até 1967, ouviu inúmeras testemunhas de diferentes nacionalidades e respondeu unanimemente "sim" à questão: "O governo dos Estados Unidos cometeu atos de agressão contra o Vietnã do Norte, tais como definidos pelo direito internacional, com a cumplicidade dos governos australiano, neozelandês, sul-coreano, tailandês e filipino?"
2. Raymond Aron (1905-83), filósofo, sociólogo e editorialista liberal, *normalien* na mesma época que Sartre; com Paul Nizan, eles eram chamados de "os pequenos camaradas", antes que divergências políticas os separassem.

Contudo, esse nem sempre foi seu engajamento na causa política. Pode-se mesmo dizer que, em relação a Aron, por exemplo, que já havia, por ocasião de sua primeira viagem à Alemanha em 1930, percebido a medida do perigo nazista, Sartre foi um tanto indiferente às eleições alemãs de 1933, apesar de estas ocorrerem no ano em ele residiu em Berlim. Será preciso esperar a guerra de 1939-40 para que Sartre tome consciência do fato histórico. Da indiferença ou do apolitismo do filósofo, antes de sua convocação em 1940, ao seu engajamento posterior, qual foi seu percurso e quais foram as motivações de seu engajamento?

1. O *entre-duas-guerras*

Sartre tem treze anos no fim da Primeira Guerra Mundial, e 34 no início da Segunda. As duas grandes datas políticas do entre-duas-guerras o terão deixado cego, ou insensível: presente em Berlim no período universitário de 1933-34, ele trabalha sobre Husserl de manhã na biblioteca, e em seu manuscrito do futuro *A náusea* à tarde, sem nada ver da sociedade nazista em torno de si. Em seguida, em 1936, Sartre e Simone de Beauvoir se entusiasmam com os manifestantes da Frente Popular e sua vitória, mas, como diz Simone em *A força da idade* (1960), tudo isso lhes parecia uma "vã agitação", e nem um nem outro se sentiam verdadeiramente implicados nos acontecimentos. O objetivo de Sartre não mudou: ele será escritor. A profissão de professor, à qual a *agrégation*[3] o leva, jamais foi sua finalidade: no máximo, representou um último recurso.

---

3. A *agrégation* do ensino secundário ou do ensino superior é um concurso de alto nível que seleciona professores para as escolas e as universidades francesas. [N.T.]

Todavia, não se pode dizer que ele era totalmente indiferente à política ou aos acontecimentos de seu tempo. Assim, "La Legende de la vérité", artigo publicado em junho de 1931 na revista surrealista *Bifur*, mostra uma vontade de compreender a gênese da sociedade, uma tentativa de explicar as relações entre os indivíduos segundo sua atividade: agricultores ou comerciantes, a relação com a natureza não era a mesma, o que induzia, mostra Sartre, a uma relação diferente com a verdade. Os comerciantes, mais que os camponeses, sentiram a necessidade de uma verdade indiscutível, isto é, eterna e universal, e essa necessidade puramente prática explica como os homens puderam chegar à ideia de verdade universal e imutável — com vistas a denunciá-la.

Portanto, Sartre não é de todo indiferente à "coisa" política — mas o é, antes de compreender que não lhe é possível ser de outra maneira, àquilo que os homens fazem dela. Um anarquismo quase espontâneo o leva a recusar qualquer forma de autoridade. Não podendo deixar de viver na República, ele se contenta, impotente, em vê-la viver. Na época, isto é, entre 1929, ano da obtenção da *agrégation*, e 1939, ano de sua mobilização, Sartre decerto se ocupa da filosofia, mas também da literatura e do cinema: nomeado professor no liceu do Havre em março de 1931, depois de seu serviço militar, ele aí pronuncia conferências sobre os romances americanos e apresenta a sétima arte aos seus alunos.

É verdade que a guerra da Espanha, em 1936, chama a atenção de Sartre, não para nela se engajar, como o fez aquele que se tornará seu amigo em 1944, Camus, mas para produzir o quadro do primeiro romance sobre um acontecimento político de seu tempo (*O muro*). Esse romance ainda está longe de interrogar a consciência histórica do herói. Além das últimas sensações e pensamentos de um homem que vai morrer, Sartre encena a ideia de que não se pode dominar a totalidade de uma situação: de fato, pensando mentir sobre o lugar do esconderijo de um chefe da resistência espanhola é que o herói se salva, mas entregando seu amigo nas mãos de seus inimigos, sem ter desejado e nem mesmo pensado que isso fosse possível.

Sendo assim, Sartre não se desinteressa pela questão política, mas ainda não se sente investido por ela, ou não vê o que poderia fazer e alterar nesse campo. Para o pensador francês, naquele momento, o escritor é aquele que escreve, que talvez descreva a realidade humana, mas sem se preocupar com a recepção de seus escritos. Sartre pensa o mundo, mas não pensa o seu lugar no mundo, e ainda menos sua situação social neste mundo (o de um intelectual burguês[4], produto da cultura universitária) — é isso que pode permitir compreender a ideologia que é a sua naquele momento: a do homem só, sem raízes, ou cujas raízes não têm relação com o pensamento. É a essa tomada de consciência do enraizamento social de todo pensamento que a mobilização irá levá-lo.

2. A descoberta do histórico

Esse acontecimento ocorre no decorrer da redação de um diário durante a mobilização, *Diário de uma guerra estranha*, conjunto de cadernos (dos quais alguns se perderam) nos quais Sartre irá a cada dia, ou quase, registrar sua vida, suas impressões, suas reflexões filosóficas. Certamente deseja fazer deles, em primeiro lugar, o testemunho de sua vida, com a ideia de se descrever na totalidade.

---

4. Em *Que é a literatura?* (1947), Sartre assim define o burguês: "Reconhece-se o burguês quando ele nega a existência das classes sociais e singularmente a da burguesia."

Contudo, pouco a pouco, descobrirá que ele também é testemunha de seu tempo, testemunha talvez medíocre, mas, apesar disso, testemunha para os milhões de homens que vivem a mesma coisa e têm os mesmos estados de espírito que ele. Tentativa de análise tão honesta e lúcida quanto possível, o caderno constitui, em primeiro lugar, figura de experiência.

A escritura reflexiva sobre sua própria subjetividade, mesclada à leitura de Heidegger, revelará a historicidade do humano: os estados de espírito sentidos são intimamente ligados aos acontecimentos históricos, a essa guerra que nenhum soldado desejou e na qual, não obstante, todos estão envolvidos. Sartre descobre assim um tempo que não é o seu: a expectativa da guerra, do que os generais irão decidir, a espera dos movimentos do inimigo. Seu próprio tempo não mais lhe pertence, e a despeito disso é responsável por sua situação.

A primeira dimensão da historicidade é, assim, a dependência na qual uma vida singular se encontra em relação aos acontecimentos que não desejou e que, à primeira vista, não dependiam dela.

Uma segunda dimensão irá se desvelar para Sartre: no âmago da subjetividade, se encontram todas as subjetividades. Se Sartre se achava só e único até então, durante essa vida militar experimenta, no meio de soldados dos quais descreve abundantemente a falta de discernimento, sua exemplaridade, o sentido de que todos experimentam o mesmo sentimento que ele.

> Fico estimulado pela própria mediocridade de minha condição; não tenho mais medo de me enganar e falo audaciosamente sobre essa guerra porque meus erros terão um valor histórico. Se me engano ao considerar essa guerra uma fraude, etc., esse erro não é somente

minha própria insensatez, mas é representativo de um momento dessa guerra.⁵

De certa forma, Sartre descobre simultaneamente sua finitude e o papel que ele pode desempenhar, sobretudo por causa de seu nível de instrução: testemunhar, em nome dos outros, sobre o que todos vivem nos recônditos de suas almas, sendo o fato de testemunhar finalmente mais importante que a verdade do testemunho. De que verdade se trata? Sartre não dá início nessas páginas a uma reflexão explícita sobre o que pode ser a verdade de uma época, de um momento vivido — não obstante, é disso que já se trata, e que ele irá desenvolver, entre outras, em *Verdade e existência*, em 1948: o modelo matemático ou platônico da verdade — imutável, eterna e universal — é inoperante quando se trata de apreender uma época histórica, movente e sempre assimilada de um ponto de vista particular (o do observador que a descreve). Da mesma forma que as cifras que compõem as operações e equações matemáticas, tais como essas operações e equações, nos são indiferentes e exteriores, também a percepção do mundo exterior não pode deixar de se passar por *uma* percepção, por uma subjetividade que é ela mesma provida de uma história; toda percepção é inexoravelmente fragmentada e parcial. Mas será que isso retira seu valor e nos proíbe de falar ou refletir sobre ela? É nisso que Sartre encontra o que pode ser o valor de um testemunho, por mais relativo que seja: ele vale na medida em que não é menos relativo que qualquer outro.

Então pouco importa o engano, o que conta é o fato do testemunho, dado que, de toda forma, só se pode

---

5. J.-P. Sartre, *Carnets de la drôle de guerre, novembre 1939-mars 1940*, Paris, Gallimard, 1983, p. 263.

abordar a questão política (e o devir histórico) na ignorância total do futuro, seja sob o ângulo ideal dos valores (tende-se, por exemplo, para uma sociedade igualitária e livre), seja sob o ângulo daquilo que se crê ser razoável ou realista, considerando a análise que se faz do contexto atual. O engajamento político de Sartre ziguezagueia entre esses dois polos: simultaneamente utopista e realista, Sartre pensa que é o homem que deve escolher sua sociedade, e não a sociedade, por aquilo que ela é, que impõe suas escolhas ao homem, como se fosse questão de coações inexoráveis.

Depois da guerra, e com a criação de *Temps Modernes*, começa verdadeiramente o engajamento de Sartre: escrever jamais é vão, é uma ação que provoca uma mudança do mundo. O escritor é tão responsável pelo mundo quanto qualquer outro cidadão, a arte não o aliena das exigências do mundo, mas o engaja da mesma maneira. Essa tese, longamente desenvolvida em 1947 em *Que é a literatura?*, já figura na "Présentation" de *Temps Modernes* (1945), a revista que, ao sair da guerra, Sartre criou com Simone de Beauvoir, Aron, Merleau-Ponty e Camus, entre outros.

Em 1945, Sartre já é bem conhecido do grande público, tanto como jornalista, devido aos seus artigos a respeito da liberação de Paris, dos franceses sob a ocupação (em *Combat*), quanto pela série de artigos escritos na sequência de sua reportagem nos Estados Unidos nesse mesmo ano para *Combat* e para *Le Figaro*. Também é conhecido como homem de letras: os dois primeiros tomos de *Os caminhos da liberdade* são publicados em 1945 (*A idade da razão* e *Sursis*); os cinco contos de *O muro* datam de 1939; *A náusea*, de 1938; e duas peças de teatro foram encenadas, *As moscas*, em 1943, e *Entre quatro paredes*, em 1944. *O ser e o nada*, obra filosófica menos conhecida do grande público, é renomada entre os estudantes e nos meios intelectuais: em geral se retém a ideia simplista de que o indivíduo é absolutamente livre e de todo responsável pelas escolhas que faz. Essa tese, complexa e mal compreendida tanto pelos comunistas quanto pelos cristãos, lhe atraem a hostilidade dos dois campos, o que contribui para consolidar sua celebridade crescente — chegando até os porões de Saint-Germain-des-Prés[6], onde se fará de Sartre o papa do movimento *existencialista*, palavra inventada por um jornalista para designar esse novo pensamento que induzia ao que então parecia um comportamento escandaloso, feito de excesso nas vestimentas e costumes muito livres.

Decisivo também foi o impacto de *A questão judaica*. Nesse livro, Sartre mostra que o "problema" judeu não é devido à pessoa do judeu ou à sua cultura, mas à pessoa do antissemita: é este que constitui o judeu na qualidade de judeu, que é a condição de possibilidade da experiência da judeidade como tara, como vergonha, como diferença inassimilável. O filósofo Robert Misrahi[7] atesta a recepção do livro:

> Depois da noite nazista, todos os judeus (pelo menos em Paris) ficaram emudecidos e transtornados por ler, da pluma de Sartre, um testemunho como esse [...].

---

6. Saint-Germain-des-Prés, *quartier* que abrigava muitos cafés e *caves* (porões), transformados em locais para se encontrar, dançar, ouvir jazz, discutir, frequentados por artistas e intelectuais, tais como Juliette Gréco, Simone de Beauvoir, Jacques Prévert, Raymond Queneau e Jean Genet, e cuja estrela absoluta era Sartre. A referência às roupas se deve ao que os frequentadores usavam: paletós e saias que pareciam dois ou três números maiores do que seus portadores normalmente usariam, cabelos longos e um indefectível guarda-chuva, que eles jamais abriam. [N.T.]

7. R. Misrahi, *Sartre et les juifs: um bienheureux malentendu*, Paris, La Découverte, 2005. [N.T.]

A emoção e a admiração dos leitores eram muito evidentemente consideráveis. Poderíamos falar de espanto ou de estupefação comovida, de tanto que estávamos (nós, os judeus) habituados ao ódio e ao desprezo. Nossa emoção era enriquecida por uma profunda satisfação intelectual, acompanhada por um sentimento de justiça restituída, quando líamos o retrato do antissemita e a crítica do antissemitismo. [...]
A questão judaica não era somente a afirmação nova e forte de uma simpatia, era uma arma eficaz contra o antissemitismo. A crítica era tão pertinente e ao mesmo tempo tão virulenta que, depois da publicação do livro, o antissemitismo publicamente expresso se tornava impensável na França. O prestígio, a autoridade e o talento de escritor e de filósofo do autor de *A questão judaica* tornavam imediatamente escandalosa qualquer abordagem ou qualquer pensamento antissemita.

Aí estão os efeitos do engajamento literário tal como Sartre desejava efetivamente: escrever jamais é vão, e o personagem considerável em que ele havia se tornado no período imediato do pós-guerra tinha seu peso. Sartre escreverá e se engajará, para o melhor e para o pior, com essa frequente falta de medida de que já se sabia portador em 1939.

Se para o escritor as palavras são como pistolas, então ele deve escrever, para dar sua contribuição à mudança de mundo. Pois o mundo ocidental, para Sartre, se mostra um tecido de ilusões e mentiras: o capitalismo se faz passar por uma democracia na qual liberdade e igualdade são os valores supremos, mas de que valem essas belas ideias quando o poder econômico do operário lhe interdita o acesso à instrução, à saúde, à cultura, à vida social? A mudança da sociedade passará pela mudança das relações econômicas entre os indivíduos, a fim de que uma classe não mais esmague a outra com seu poder econômico. Diríamos que é Marx, com a diferença fundamental de que, para Sartre, é a liberdade humana (e sua capacidade de transcender a realidade atual, isto é, nossos projetos) o motor da história e que deve produzir ou reinventar as relações econômicas entre os indivíduos, e não o inverso. Socialisme et Liberté: tal era o nome do grupo de resistência que Sartre havia tentado, com Simone de Beauvoir, formar durante a guerra (com pouco sucesso), tais são os valores que motivarão seus engajamentos políticos.

Sartre não foi um grande resistente, ao contrário do que escreveram os jornais americanos quando de sua primeira visita aos Estados Unidos em 1945, o que sem dúvida contribuiu para sedimentar essa reputação na Europa — que o pensador não desmentiu. Se ele resistiu, foi mais em intenções do que em atos, mesmo que estes fossem atos de escritura. O fato de Sartre obter autorização da censura alemã para encenar a peça *As moscas* suscitou, após a guerra, a polêmica sobre suas reais atividades de resistência. Atualmente os críticos sartrianos admitem que esse texto não contém ambiguidades sobre suas intenções contra o ocupante. De toda forma, aos olhos dos alemães o texto era inofensivo, o que constitui objetivamente o único dado a considerar, vistos os intelectuais que pereceram devido ao que haviam escrito. O engajamento político de Sartre começa então depois da guerra.

Distinguiremos quatro períodos: de 1945 a 1952, o mais tenso da Guerra Fria, em que Sartre não consegue se juntar aos comunistas, sem, contudo, poder renegá-los totalmente; de 1952 a 1956, quatro anos de aproximação com o PCF; de 1956 a 1968, em que Sartre se interessa mais particularmente pelos problemas dos colonizados e pelas novas revoluções (Cuba, China); em seguida, de

1968 até sua morte, período em que ele se junta à extrema esquerda.

3. Marxista e anticomunista

O primeiro período é aquele em que Sartre tenta encontrar uma terceira via entre a esquerda e a direita. O pensador denuncia os crimes soviéticos em *Temps Modernes*; nada ignora das injustiças e exações do regime, o que não basta, segundo ele (contrariamente a Merleau-Ponty, que abandonará a revista em 1950), para questionar a ideia do comunismo, isto é, a ideia de uma igualdade jurídica, econômica e cultural entre os homens, no seio de uma sociedade que conseguiria equilibrar a relação entre os interesses da comunidade e os dos indivíduos. De fato, aí está o problema essencial do político, e o que permite demarcar duas grandes ideologias, a de esquerda, que privilegia a comunidade (à qual os indivíduos devem se sacrificar), e a de direita, que privilegia os indivíduos (e, como todos são desiguais, estima ser justo que os mais fortes submetam o resto da sociedade aos seus interesses). O Sartre individualista de *O ser e o nada* não é favorável a uma política que esqueceria o indivíduo em proveito da sociedade — aí está aquilo que o separa também, num plano estritamente filosófico, dos comunistas.

Desde a "Présentation" de *Temps Modernes*, ele anuncia: a direita concebe o homem como provido de certa natureza metafísica que nada deveria às condições de existência materiais nas quais um homem vive e pensa. O espírito de análise guia essa ideologia, o que torna incapaz de cogitar a ideia de grupo: este é pensado como um monte de areia, tendo cada grão sua singularidade e só se encontrando associado ao monte em virtude de relações externas ao grão propriamente dito. Ao contrário, os comunistas, ou a esquerda em geral, pensam o indivíduo como inteiramente dependente de suas condições de existência materiais e lhe subtraem a mínima parcela de liberdade. Nesse sentido, Sartre não é nem de direita nem de esquerda, pois, segundo sua filosofia, o homem não é provido nem de uma natureza metafísica universal e eterna, de uma liberdade incondicional, nem inteiramente determinado pela sociedade: ele é um "centro de indeterminação irredutível".

Se o homem não é de fato nada fora da sociedade, esta só existe porque os indivíduos a fazem e desfazem para refazê-la. A história não é nem a dos indivíduos nem a das sociedades, é a história dos homens em sociedade, e convém pensar a comunidade não como uma adição de interesses particulares (opção de direita) ou como um organismo que ignora os interesses particulares (opção de esquerda), mas como o lugar único em que se formam e se expressam as singularidades. Encontraremos essa abordagem para pensar em conjunto sociedade e indivíduo em *Questão de método*, escrito em 1957 para uma revista polonesa, que será publicado em 1958 na França.

Esse é o motivo pelo qual antes de 1952 Sartre preferia a ideologia comunista à liberal, do Oeste, sem aderir ao Partido Comunista a fim de preservar sua liberdade de julgamento. Em 1948, participará do conselho diretor de um novo partido, o Rassemblement Démocratique Révolutionnaire [Coletivo Democrático Revolucionário] (RDR), que busca conciliar socialismo e democracia. Esse movimento, de vocação internacional, esperava uma ampla mobilização popular, que de fato provoca num primeiro momento, mas que se mostra efêmero. Seu programa político consistia inicialmente em afirmar a democracia como único meio de emancipação política das sociedades, condenando nesse sentido o sistema stalinista e o capitalismo, que, se proclama bem a democracia como valor fundamental, não a respeita — sobretudo em suas minorias e em suas colônias. Em seguida, o movimento militava por uma Europa independente, e por fim insistia sobre a dimensão moral de toda ação política: nenhum fim é bom ao justificar um meio não democrático, autoritário e violento. Isso significa que Sartre jamais aprovou os métodos stalinistas e nunca justificou nenhuma violência, em nenhum aspecto que seja. Ele abandonará o RDR um ano depois, devido a dissensões com David Rousset[8], um dos principais fundadores do movimento.

4. Antianticomunista

Essa atitude, nem comunista nem anticomunista, vai se radicalizar em 1952. Sartre se explica a respeito no artigo "Les Communistes et la paix" [Os comunistas e a paz].[9] Naquele momento, como escreverá em 1961[10], ele já era da opinião de que "todo anticomunista [era] um cão": não se podia mais tergiversar, era preciso se engajar mais a fundo na escolha de um campo, dado que a situação havia mudado. Como é anticapitalista e anti-imperialista, antiburguês, Sartre só pode se alinhar ao lado dos comunistas. Declara então, no artigo, "[meu] acordo com os comunistas sobre assuntos precisos e limitados a partir de meus princípios, e não dos deles". Se por um lado ele sempre toma distância do PCF, por outro renuncia à ideia de uma terceira via para então aceitar o afrontamento dos dois blocos, tal como se apresenta a partir de 1947,

---

8. David Rousset (1912-97), escritor, jornalista, militante anticolonialista próximo de Trótski, deportado para Buchenwald, autor, entre outras obras, de *L'Univers concentrationnaire* e *Les Jours de notre mort*.
9. *Les Temps Modernes* (1952), republicado em *Situations* VI.
10. "Merleau-Ponty vivant", Les Temps Modernes, n. 184-185.

advento do Plano Marshall, que desencadeia a Guerra Fria.[11] No momento em que muitos intelectuais de esquerda abandonam ou já abandonaram o PCF (Merleau-Ponty) ou dele foram excluídos (Camus), Sartre, na contracorrente, decide ser o companheiro de estrada desse partido, justamente porque todo mundo parece desertar e é preciso salvar a ideia do comunismo, que não se pode reduzir à doravante triste experiência soviética.

Esse artigo, seguido alguns meses depois pela participação de Sartre no Congresso pela Paz (em Viena, Áustria) sob a égide da União Soviética, inaugura quatro anos de aproximação aceita como uma ajuda inesperada e bem-vinda pelos intelectuais do PCF, que, até então, não haviam se privado de insultar o filósofo publicamente. Os motivos dessa aproximação são em primeiro lugar ideológicos, antes de serem políticos: Sartre nada ignora sobre a ditadura que se abate sobre a União Soviética. Nada ignora sobre os *gulags* de Stálin. Mas defende publicamente a ideia de que o socialismo vale mais que o

---

11. O Programa de Recuperação Europeia, lançado pelos Estados Unidos em 1947, é universalmente conhecido como "Plano Marshall", em referência ao nome do secretário de Estado americano, general George Marshall, que expôs o princípio: continuar a *refrear o comunismo* (doutrina da administração Truman), restabelecendo a economia de dezessete países europeus cuja situação, ao sair da guerra, poderia vacilar. Mais de cem bilhões de dólares (na cotação atual) foram dedicados a essa reconstrução. Em contrapartida da ajuda, os Estados Unidos solicitavam uma liberalização econômica e política dos regimes (ameaçando-os de privá-los da ajuda, conseguiram persuadir os Países Baixos a dar independência à Indonésia em 1949) e uma coordenação das compras, exclusivamente de produtos americanos, dentro de uma estrutura *ad hoc*, a Organização Europeia de Cooperação Econômica (OECE), que se tornará a OCDE (Organização para a Coordenação e Desenvolvimento Econômico), primeira semente da futura União Europeia.

O "Plano Marshall" foi rejeitado pela União Soviética, temerosa de ver diminuir sua influência sobre os países-satélites (tendo sido aceito pela Tchecoslováquia, foi em seguida rejeitado sob pressão soviética).

capitalismo, na medida em que é o único portador dos valores de democratização, de igualdade e de liberdade. Ele apoia também a União Soviética a ponto de publicar um artigo no *Libération*[12], no retorno de sua viagem àquela região em 1954, em que declara que a liberdade de expressão ali é total e que o nível de produção das vacas leiteiras é superior ao das nossas vacas ocidentais. Mais tarde Sartre justificará essas palavras surpreendentes sobre a realidade soviética pela polidez: não se cospe nas pessoas que o receberam amavelmente. Ingenuidade real, cegueira ou "falta de medida e obstinação maníaca"? Seja o que for, a aproximação com o PCF chegará ao fim com a invasão da Hungria pelos tanques de guerra soviéticos, em 1956, o que Sartre anunciará e denunciará ao mesmo tempo no artigo "Le Fantôme de Staline" [O fantasma de Stálin].[13] Por outro lado, sua aproximação com a União Soviética só terá fim, realmente, em 1968, quando da invasão da Tchecoslováquia em agosto — destinada a pôr fim ao movimento de liberalização empreendido pelo Partido Comunista tcheco (a "Primavera de Praga").

5. *Anticolonialista e anti-imperialista*

Sartre dá as costas ao sovietismo oficial de Khrushchov (com quem, apesar de tudo, se encontrará várias vezes), mas nem por isso abandonará a ideia de uma sociedade que aliaria o interesse coletivo e a liberdade individual. Assim, ele saúda o regime socialista estabelecido

---

12. Lançado por Emmanuel d'Astier de la Vigerie em 1941, órgão do movimento de resistência Liberté-sud [Liberdade Sul], que ele fundou com Raymond Aubrac e com o matemático Jean Cavaillès.
13. *Temps Modernes*, novembro-dezembro 1956-janeiro 1957.

por Fidel Castro em Cuba, depois de três anos de luta (1956-59) contra o ditador Batista. Em 1960, Simone de Beauvoir e Sartre serão pessoalmente recebidos por Castro e Guevara, com quem manterão longas conversações. Na reportagem que mostra essa viagem, "Ouragan sur le sucre" [Furacão sobre o açúcar], publicada em *France-Soir*, o filósofo elogia essa sociedade nascente, deixando perceber um grande otimismo a respeito de sua evolução — lembrando que o futuro permanece aberto, mas que sempre existe uma esperança para que uma sociedade venha a se realizar de forma próxima ao ideal. É então preciso dar rédeas às chances e atribuir de bom grado toda a confiança à nova sociedade em construção. É o caráter profundamente otimista de Sartre que toma a frente para avaliar as chances de sucesso de uma revolução, como também será o caso relativo à revolta dos estudantes em maio de 1968. Para Flaubert, o pior é sempre mais seguro, como Sartre mostrará em *O idiota da família*; para Sartre, é sempre o melhor que deve ser esperado, dado que o próprio gesto de esperar carrega em si o germe do sucesso.

Em breve a Guerra da Argélia mobilizará toda a energia de Sartre. Seu engajamento contra ela, para reclamar a independência daquele país e denunciar as torturas, foi tão importante que, em outubro de 1960, depois que ele assinou o "Manifeste des 121" a respeito do direito à insubmissão no conflito (em agosto) e que depôs em favor da resistência ao lado do Front de Libération Nationale (FLN) argelino no processo movido contra a rede "Jeanson"[14] (em setembro), ex-combatentes desfilaram

---

14. Francis Jeanson, nascido em 1922, filósofo e militante político, havia publicado, em 1947, *Le Problème moral et la pensée de Sartre* [O problema moral e o pensamento de Sartre], ocasião em que conheceu o intelectual francês. Na Guerra da Argélia, ele se alia ao FLN e organiza uma rede para ajudar a recolher e transportar fundos, falsificar

na avenida dos Champs-Elysées gritando: "Fuzilem Sartre." Seu partidarismo lhe valerá três atentados: por duas vezes seu apartamento será atacado com explosivo plástico — em julho de 1961 e em janeiro de 1962 (causando, o segundo, o desaparecimento de inúmeros manuscritos); e em julho de 1961 ele escapará por pouco de um atentado na praça Maubert. A sede da revista *Temps Modernes* também será alvo de explosivos plásticos, em maio de 1961. No mesmo ano, Sartre prefaciará *Os condenados da terra*[15], de Frantz Fanon, requisitório impiedoso contra a colonização, que faz apelo à violência como único meio para os países colonizados recobrarem sua independência.[16]

Sartre retoma a tese e mostra, nesse texto violento, como é a opressão — psicológica, física, moral e social — imposta ao colonizado que inevitavelmente engendra seu ódio e sua própria fúria contra os colonizadores. Alguns viram aí uma incitação ao assassínio; vemos nisso uma descrição dos motivos da violência, uma compreensão *teórica* do fato de ela ter se tornado inevitável, o que não constitui uma justificativa. Sartre não

---

documentos e abrigar partidários. A rede foi desmantelada e 23 de seus membros foram presos, acusados de "atentado à segurança do Estado". Essas prisões e os processos que se seguiram desencadearam a escrita do "Manifeste des 121" e abriram a polêmica sobre a legitimidade ou não de um direito à insubmissão.

15. Frantz Fanon (1925-61), psiquiatra e teórico político francês, médico-chefe no hospital psiquiátrico de Blida, na Argélia, de 1953 a 1957. Ele detalha, nessa obra, as violências e devastações da colonização francesa no país (e, mais amplamente, na África).
16. F. Fanon, *Les Damnés de la terre*, Paris, François Maspero, 1961. Há uma nova edição, que, além do texto de Sartre, conta com outro prefácio, de Alice Cherki, biógrafa de Fanon, e posfácio de Mohammed Harbi, combatente de primeira hora e historiador da Argélia contemporânea: Paris, La Découverte, Col. Essais, 2004. Há também uma edição em língua inglesa: *The Wretched of the Earth*, trad. de Richard Philcox, Nova York, Grove Press, 2007. [N.T.]

incita o homicídio: ele mostra como ele é preparado — e corre o risco, certamente, de caucionar essa violência. É claro que esta é repreensível e injustificável do ponto de vista moral, ninguém discordaria disso, mas ela pode ser historicamente inevitável, salvo se as condições históricas dos humilhados mudarem antes que sua cólera exploda.

Em 1960, Sartre e Beauvoir passarão dois meses, setembro e outubro, no Brasil, onde se encontrarão com estudantes e falarão longamente sobre a Guerra da Argélia e a tortura. Sartre se dirá anti-Malraux, fazendo referência à turnê que este havia feito na América Latina em agosto e setembro de 1959, na qualidade de ministro de Estado encarregado dos negócios culturais (a partir de janeiro desse ano). O impacto midiático tem tal amplitude que há rumores de que Sartre será preso em seu retorno à França — plano não endossado pelo general De Gaulle.

A Guerra do Vietnã começa em 1965. Convidado a dar uma série de conferências sobre a moral na Universidade Cornell, nos Estados Unidos, Sartre declinará o convite para protestar contra a intervenção americana no Vietnã. A um universitário que lhe escreve para lembrar que nem todos os americanos são a favor dessa guerra, e que o filósofo poderia ter ido apoiá-los, ele responde que os próprios americanos devem encontrar, dentro de seu país e segundo sua história, os meios de fazê-la parar. Sartre não acredita ter peso suficiente para fazer algo útil e eficaz, e sua aceitação poderia também significar seu apoio aos Estados Unidos, ou sua indiferença por essa guerra, o que não poderia de modo algum ser o caso. Assim como a recusa do prêmio Nobel foi um gesto político, sua renúncia a essa viagem também o foi.

Entretanto, ele não recusará o pedido de Bertrand Russell, em julho de 1966, para participar de um tribunal para julgar os "crimes de guerra" dos americanos no Vietnã.

Sartre também não fica insensível ao conflito israelo--árabe. Sua viagem, primeiramente para o Egito (de 25 de fevereiro a 13 de março de 1967), onde se encontrará com o presidente Nasser, e depois para Israel, até o final de março, impressionará muitos estudantes, intelectuais e jornalistas de ambos os lados, por seu profundo conhecimento dos problemas, sua faculdade de escuta e sua compreensão. Todavia, ele não tomou partido, apreendendo os motivos dos dois lados e os julgando, cada um a partir de seu ponto de vista, tão legítimos uns quanto outros. O filósofo tentará instaurar um diálogo construtivo entre israelenses e árabes: para sair da crise, ele só via essa saída.

6. *Antiburguês*

A popularidade de Sartre havia atingido seu apogeu por ocasião da Guerra da Argélia, mas nos anos 1960 ele foi pouco a pouco sendo recoberto pela onda "estruturalista", que compreendeu autores tão diferentes quanto Foucault, Lacan e Lévi-Strauss. A crise de maio de 1968 faz com que o pensador volte ao primeiro plano na cena francesa: ele se liga a uma parte da extrema esquerda, os estudantes maoistas, que revelam de modo inesperado seu poder de mobilização e, sobretudo, a existência de uma força fora do PCF. Apesar da confissão de Sartre de que não sentiu essa crise chegar, ele ouve em seguida as reivindicações e aceita o diálogo com os estudantes, principalmente na assembleia de 20 de maio, num anfiteatro da Sorbonne, em que responderá às questões de centenas deles, durante várias horas, e que só será interrompida pela sua exaustão.

Esse diálogo não prosseguirá na Sorbonne, porém tomará outro formato com o encontro de Benny Lévy[17] em 1970. Este havia fundado, em outubro de 1968, na esteira dos acontecimentos de maio, o movimento "mao" Gauche Prolétarienne, cujo jornal, *La Cause du peuple*, se dera como missão "dar a palavra ao povo, às massas" e como objetivo, "precipitar a unidade das 'massas'", dando a conhecer as ações militantes ocorridas aqui e ali. Visto que dois diretores sucessivos desse periódico foram presos, foi proposto a Sartre que o dirigisse, para que de alguma forma fosse posto sob sua proteção, pois o poder nunca o prende (se bem que a revista de Sartre, *Temps Modernes*, tenha sido apreendida algumas vezes durante a Guerra da Argélia). De fato, preso em 26 de junho de 1970 enquanto distribuía o jornal nas ruas, Sartre logo será solto. Dessa cooperação intelectual com os jovens maoistas, especialmente Benny Lévy, advém a tese segundo a qual o intelectual que pretende mudar o mundo não precisa propor novas teorias para as massas para lhes dar ideias, mas deve substituir as suas. Há um pensamento prático no âmago das massas — os operários sabem o que desejam, mas por vezes não têm os meios teóricos para expressá-lo. O intelectual se torna então seu tradutor, sua voz, o que supõe que ele tem também a capacidade de compreendê-los. É esse o sentido do discurso pronunciado por Sartre diante dos operários da fábrica Renault, encarapitado sobre um tonel, antes de ser interrompido pelas patrulhas do PCF: faz muito

---

17. Benny Lévy, ou Pierre Victor (1945-2003). Aluno da École Normale Supérieure da rua d'Ulm entre 1965 e 1970, foi secretário de Jean-Paul Sartre de setembro de 1974 até a morte do escritor, em 1980. Na sequência mudou-se para Jerusalém, onde dirigiu até o fim de sua vida o Instituto de Estudos Lévinassiano, fundado com Alain Finkielkraut e Bernard-Henri Lévy. Benny Lévy é autor, entre outros títulos, de *L'Espoir maintenant* (entrevistas com Sartre), *Visage continu, la pensée du retour chez Emmanuel Levinas* e *Être juif*.

tempo que o intelectual está "apartado das massas"; é preciso que reencontre o caminho do diálogo propício com os trabalhadores e se ponha a seu serviço.

Mas o que pode Sartre fazer aos 65 anos? Caucionar os jornais, distribuir *La Cause du peuple* nas ruas, continuar assinando as petições, escrever, visitar Andreas Baader[18] na Alemanha (em 1974), em greve de fome há quatro semanas, não para apoiar a ação violenta, mas para protestar contra as condições de detenção impostas. Sartre dirá, num artigo do *Libération* de Serge July, que foi por "simpatia de um homem de esquerda para com qualquer formação de esquerda em perigo", mas afirmando que desaprovava a estratégia política do terror.

Quase cego a partir de 1973, para de escrever e se põe a pensar a dois, com aquele que havia se tornado seu amigo, Benny Lévy. Sua atividade, sempre muito importante, diminui em consequência de sua saúde. As viagens continuam, assim como as manifestações, os apoios aos dissidentes do Leste, as petições, as entrevistas e as conferências nas reuniões de partidos políticos. Sartre permanece uma autoridade, mesmo que sempre tenha recusado qualquer poder, incluindo o de se tornar um.

Roland Dumas[19] dirá que "a Guerra da Argélia [...] foi sua guerra [...]. Ele terá perdido todos os grandes acontecimentos políticos de seu tempo, exceto aquele: a Guerra da Argélia — que foi, de algum modo, o encontro de uma grande causa com uma grande personalidade".

---

18. Andreas Baader (1943-77), chefe da *Rote Armee Fraktion* (Fração Armada Vermelha), ou "Bando Baader-Meinhoff". Capturado em 1972 depois de um tiroteio, ficará encarcerado em Stammheim. Será encontrado morto por um tiro em sua cela, algumas horas depois da intervenção das Forças Especiais alemãs contra o avião da Lufthansa desviado pelos membros da RAF para conseguir sua libertação.

19. Roland Dumas, nascido em 1922, advogado e político francês, ministro das Relações Exteriores de 1984 a 1986 sob Mitterrand, e depois ministro dos Negócios Estrangeiros de 1988 a 1993.

O julgamento é, se não inexato, pelo menos severo. Mas em que sentido podemos falar de verdade quando se trata de tomar posição frente a certa situação em relação a valores? Sartre não buscou *a verdade*, mas, sim, seguir um valor que aos seus olhos era fundamental: o respeito ao humano, o que sua obra jamais deixou de explicitar e de descrever.

Assim, devemos-lhe uma coisa: a lembrança de que o humano deve sempre ter a primazia sobre o econômico e sobre qualquer outra consideração metafísica (ideologia política ou religiosa). O valor supremo de seus engajamentos era a ideia profunda, e literal, de igualdade, tanto no que concerne às funções sociais quanto naquilo que concerne ao valor intrínseco, humano ou moral, de cada um. Assim ocorre, por exemplo, com um escritor ou um trabalhador: suas existências têm o mesmo valor; portanto, é anormal que a sociedade remunere ou valorize mais um que o outro.

Por vezes reprovou-se Sartre por ser um homem mais da moral que da política. Talvez seja preciso nos questionarmos sobre qual é a diferença, mas sem dúvida Sartre é, antes de tudo, um filósofo, ou seja, um escritor que se interroga sobre o sentido do mundo e dos acontecimentos, sobre o sentido da presença humana no mundo, segundo certa concepção do homem. Mergulhando agora no âmago de sua filosofia, perceberemos melhor como sua vida política foi um ensaio de aplicação prática de suas teses filosóficas.

II
Sartre e a fenomenologia

A

> Totalmente condicionado por sua classe, seu salário, a natureza de seu trabalho, condicionado até em seus sentimentos [...], é ele [o homem] que decide o sentido de sua condição e da de seus camaradas [...].
>
> Situations II, p. 26

1. Uma filosofia do concreto

A filosofia, para Sartre, é a compreensão da relação do homem com o mundo. A definição pode parecer banal, mas já indica certa concepção do homem: este não é uma entidade em si e inteira, suscetível de ser compreendida em si mesma — depois do que, estudaríamos seu lugar no mundo e suas relações com o mundo. O homem está *no* mundo, em seu seio, e só se compreende em relação à sociedade na qual vive: impossível percebê-lo fora de sua época. Seria essa uma forma de dizer que o filósofo também deve trabalhar sob o viés do sociólogo, ou até mesmo do historiador?

A questão só se coloca para aquele que permanece no recorte abstrato das disciplinas e, por conseguinte, da realidade. Ora, a realidade é uma, total e indivisa, isto é, concreta: o concreto não é uma espécie de materialidade palpável que se oporia a uma imaterialidade (abstrata), é o abstrato que a remete a uma parte previamente extraída, retirada de sua totalidade; o concreto é a totalidade indivisível que o homem e o mundo formam. É o que Sartre já explicava em seu primeiro artigo, escrito durante sua estadia em Berlim[1]: não há inicialmente o homem, depois o mundo, mas "a consciência e o mundo são dados num mesmo gesto".[2]

Estabelecer assim as relações do homem com o mundo permite escapar às duas correntes filosóficas dominantes durante os anos de estudos de Sartre, o idealismo (representado, entre outros, por Léon Brunschvicg)[3] e o realismo (representado por William James, Whitehead e Gabriel Marcel).[4] Segundo Sartre, o idealismo tem o

---

1. Em 1933-34, Sartre se encontra em Berlim como bolsista para estudar a obra de Husserl, que ainda não havia sido traduzida para o francês. Aron, bolsista em 1932-33, lhe falara da fenomenologia em termos elogiosos, evocando o fato de que, com essa maneira de compreender o mundo, se poderia filosofar sobre um copo de cerveja, um abajur e, em suma, falar enfim das coisas concretas, da vida.

2. "Une Idée fondamentale de la phénoménologie de Husserl: l'intentionnalité", in: J.-P. Sartre, *Situations* I, NRF Gallimard, 1947, p. 32.

3. Léon Brunschvicg (1869-1944), *normalien*, professor na Sorbonne, "*caïman*" [preparador ou orientador de estudos na École Normale Supérieure] de filosofia em 1922 na ENS (onde tem como alunos Sartre, Nizan e Aron), autor, entre outros, de *L'Idéalisme contemporain, L'Expérience humaine et la causalité physique, Le Progrès de la conscience dans la philosophie occidentale, La Physique au vingtième siècle* e editor de *Pensamentos*, de Pascal.

4. William James (1842-1910), psicólogo e filósofo americano, autor de *Psychology: The Briefer Course, As variedades da experiência religiosa, Pragmatismo* e *Ensaios em empirismo radical*; Alfred North Whitehead (1861-1947), filósofo, lógico e matemático inglês, autor de *Principia Mathematica* (com Bertrand Russell), *O conceito de natureza, A ciência e o mundo moderno* e *Process and Reality*; Gabriel

defeito de adaptar tão bem o mundo ao pensamento que perde seu caráter de mundo material e diverso do pensamento. Torna-se então asseptizado por completo, e o conhecimento que dele temos é inteiramente relativo à nossa faculdade de conhecimento e às suas ferramentas teóricas: não podemos mais pensar a independência do mundo em relação à consciência. A dimensão epistemológica do conhecimento cruza, dessa forma, com a dimensão metafísica do problema da existência objetiva do mundo.

Poderíamos pensar que o realismo, respeitando a existência do mundo independentemente daquilo que podemos imaginar a seu respeito, conseguiria voltar a dar a ele seu caráter concreto. Isso não ocorre, segundo Sartre: como primeiro colocamos a independência da consciência e do mundo, não sabemos em seguida como eles podem estar ligados, como a consciência acede ao mundo, como o mundo entra na consciência. Dito de outra maneira, não saímos da relação inicialmente denunciada por Sartre — o homem em primeiro lugar, o mundo em seguida — com a questão da relação entre os dois. Problema de cara mal estabelecido: separou-se o homem do mundo, ou o mundo do homem. Ora, é preciso compreender que os dois fazem um, os dois nada mais são que uma totalidade indivisa: aí está a contribuição essencial da fenomenologia para a compreensão do concreto que Sartre descobre lendo Husserl durante seu ano berlinense.

Esse será seu ponto de partida para o concreto, tal como ele o compreende. Apoiando-se na leitura de Husserl, e mais tarde na de Heidegger (durante sua permanência no Stalag, em 1939), vai elaborar, durante uma dezena de anos, a ontologia fenomenológica que exporá em 1943, em *O ser e o nada*, propondo uma via entre o idealismo e

Marcel (1899-1973), filósofo, dramaturgo e músico, autor de *Existence et objectivité*, *Le Mystère de l'être* e *Essai de philosophie concrète*.

o realismo: o transfenomenalismo. Seguir essa via permitirá ao mesmo tempo resolver o problema metafísico da objetividade do mundo e aquele, epistemológico, do que é um conhecimento: não mais o que *constitui* o mundo e o que constitui nossa relação primeira com este, mas aquilo que o desvela, e aquilo que repousa, antes de tudo, sobre outra relação da consciência do mundo.

Há uma relação primeira, original, da consciência de mundo, diz Sartre, que é um laço de ser a ser (aquilo que ele chama de uma relação ontológica)[5], e que torna possível o conhecimento. O laço primeiro, fundamental, da consciência com o mundo já implica, olhando bem a própria estrutura da consciência, o ser do mundo, pois não há consciência que não seja consciência *de* (algo): a consciência é transcendência, ela nasce sempre levada por um ser que não é ela mesma. O que Sartre, na introdução de *O ser e o nada*, nomeia como a *prova ontológica*, e que consiste em mostrar como a consciência implica necessariamente o ser real do mundo (que não é ela e que é completamente distinto da consciência), resolve os dois problemas, epistemológico e metafísico, ao mesmo tempo, mostrando como eles se enraízam de fato numa certa concepção da consciência.

2. *A transcendência do ego* e *O imaginário*

Essa concepção da consciência vem a ser conhecida por meio de um pequeno artigo publicado em 1934,

---

5. *Ontológica*, do grego *on, ontos*, ser, e *-logos*, o discurso. A ontologia é a disciplina que se interessa pelo ser das coisas, sendo a fenomenologia (*phénoménai*: aquilo que aparece) a descrição daquilo que aparece para uma consciência. A ideia de Sartre é mostrar que há um ser do aparecer, que isso que nos aparece remete a um ser efetivo das coisas e do mundo, e não a uma pura aparência, fantasma de nossa consciência.

A transcendência do ego, escrito em Berlim. Nesse texto Sartre expõe as bases de sua ontologia, forjando o conceito de consciência pré-reflexiva, e se afasta de Husserl: ele o reprova por não ter levado até o fim a redução da consciência, e por ter deixado subsistir nela o ego, o eu (*moi*) puro, para unificar o diferente da experiência.

Um lembrete é aqui necessário: para Husserl, a consciência não recebe em si passivamente as imagens das coisas, mas dirige-se *para* o mundo, para nele apreender os objetos; não sendo continente que fecharia em si as ideias (representações das coisas do mundo em redução), ela é *transcendência*. Mas ela *constitui* seu objeto: o sentido não pertence ao objeto, ele provém da consciência. Quando percebemos uma paisagem, o olhar já é seletivo; nesse sentido, ele é intencional e também compreensivo: a paisagem já de saída tem sentido, uma ordem. Há então operações próprias à consciência, que lhe pertencem e que formam seu eu (*moi*), que podemos compreender como um polo unificador e doador de sentido ao mundo em geral.

Para aceder à função da consciência como doadora de sentido, constituindo o sentido daquilo que é percebido, Husserl havia colocado entre parênteses a relação imediata que podemos ter com o mundo a fim de apreender a contribuição da consciência na constituição dele, o que o levou a frear a operação de redução no limiar do eu (*moi*). É nesse ponto que Sartre o abandona, finalizando a redução.

Segundo Sartre, é inútil e prejudicial à compreensão da consciência como intencionalidade deixar subsistir nela o que quer que seja: se a consciência é *projeto de*, *projeto para*, pura transcendência, então ela não é nada em si mesma, nada além de um grande vento (como a descreverá "Une idée fondamentale de la phénoménologie...") que se dirige às coisas do mundo, ao seu encontro.

Assim, o ego, que podemos definir como a consistência de uma pessoa (constituída de seu passado, seus afetos, estados psicológicos, em suma, de sua memória), não pode residir na consciência — dado que esta não é um continente —, mas somente fora dela (donde o título do artigo: A *transcendência do ego*): o ego está fora da consciência, objeto quase mundano, pois constituído na confluência da consciência e do mundo, resíduo ao mesmo tempo que ator (do qual é ainda preciso descrever as modalidades de ação) da relação da consciência com o mundo.[6]

A exclusão do ego para fora da consciência leva então a modificar de maneira considerável a concepção desta: se a consciência é constituinte para Husserl, não passa de desvelante para Sartre, e espontaneamente desvelante: a consciência é de imediato lançada no mundo, ela é sempre já-consciência de alguma coisa, seu próprio ser implica que ela seja consciência de mundo. Como, entretanto, ela assegurará sua unidade, dado que não há mais um eu (*je*) transcendental na consciência (Kant) ou um eu (*moi*) puro (Husserl) para assegurar a unidade e a continuidade?

Ao dessubstancializar a consciência, Sartre a teria feito mergulhar na inconsciência de si mesma? De fato, de que serve ser consciência de mundo se não o sabemos? Não seria preciso supor, ou superpor, a essa consciência de mundo outra consciência, a que tomará precisamente consciência de ser consciência de mundo? Essa solução, que nos arrasta a uma regressão ao infinito, não é realmente factível, como vemos. É preciso supor outro tipo de consciência que faz cessar essa regressão ao infinito: uma consciência de um tipo *não reflexivo*, mas que

---

6. Voltaremos adiante sobre a constituição do ego e sua relação com a má-fé e a liberdade.

guarde o trunfo do que deve ser uma consciência, isto é, um certo saber. Simplesmente, esse saber não será objeto de uma consciência, dado que será o saber (irrefletido) que permite o conhecimento do mundo.

É assim que Sartre propõe, em *A transcendência do ego*, o conceito de *consciência pré-reflexiva*, que podemos enunciar da seguinte forma: toda consciência do mundo supõe, a título de condição de possibilidade, uma consciência de si irrefletida, isto é, que, não visando seu eu (dado que visa o mundo), o supõe. Para clareza da compreensão, a análise distingue entre consciência do mundo e consciência irrefletida: na verdade, há uma só consciência, chamada pré-reflexiva. Em *O ser e o nada*, Sartre falará de consciência tética[7], aquela que coloca tal objeto, que visa tal objeto, e de consciência não tética de si, ou consciência (de) si, com os parênteses indicando que o si não é o objeto visado pela consciência — sem o que teríamos uma consciência de si, isto é, uma consciência que toma o si como objeto da reflexão.

A consciência pré-reflexiva é, assim, a relação bem banal com o mundo — quando, não nos tomando a nós mesmos como objeto de nossa consciência (o que seria uma consciência reflexiva, e não mais pré-reflexiva), somos mergulhados em nossas atividades mundanas: escrever, ler, correr, comer, etc., toda atividade em que estamos inteiramente engajados na ação, sem que nossa

---

7. *Tética* é o adjetivo de *tese*, do grego *thesis*, ato de colocar. A consciência tética é a consciência que coloca aquilo que ela visa: a consciência tética da mesa visa a mesa, toma-a por objeto da visada. A consciência não tética é um tipo de consciência que não visa frontalmente um objeto, que não o toma por objeto (não o questiona diante de si), pois ela já é esse objeto. Quando Sartre diz que toda consciência de objeto supõe a consciência não tética de si, isso significa que a consciência é para si mesma sua própria continuidade e unidade, sem precisar colocar uma consciência que faria o papel de *eu* (*je*) no interior da consciência — dado que não há mais interioridade da consciência.

consciência se preocupe em refletir sobre o eu [*moi*] que conduz a ação.[8] Portanto, toda consciência de mundo supõe, a título de condição de possibilidade, uma consciência (de) si, dado que, lendo, correndo, etc., não duvido um instante sequer de eu(*moi*)-lendo, eu(*moi*)-correndo, etc. Tenho certa consciência daquilo que faço, sem que essa atividade seja o objeto preciso de uma reflexão. É por isso que chamamos essa consciência, subjacente à consciência de mundo, de uma consciência irrefletida. Como a consciência não pode visar dois objetos de consciência ao mesmo tempo, ela não pode ser simultaneamente mundana (isto é, pré-reflexiva) e reflexiva: ou o mundo é objeto de consciência, ou o eu [*moi*] é objeto de consciência. É claro que há alternâncias por vezes tão rápidas entre as duas que poderíamos confundi-las: assim a coquete seduz, se *vê* seduzindo, etc.

A contribuição fundamental de *A transcendência do ego* para a história da filosofia é, sem contestação, a concepção da consciência pré-reflexiva, com a evicção do ego para fora de seu campo. A consciência não é então uma faculdade ou uma propriedade, também não é um continente (nem, por conseguinte, uma memória), mas, sim, *relação a*, intencionalidade. Sartre desenvolverá as consequências dessa concepção em *A imaginação* (1936) e depois em *O imaginário* (1940): se a consciência não é um continente, a faculdade imaginativa não é a faculdade de apresentar uma imagem à consciência quando o objeto está ausente.

Para Sartre, a imaginação não é uma faculdade do espírito além da faculdade de conhecer, pela razão ou pelos sentidos, mas, sim, uma modalidade da consciência, do

---

8. Nem todo refletir é uma consciência reflexiva: refletir sobre um problema de matemática não é tomar a si mesmo por objeto, é ainda uma consciência pré-reflexiva por estar mergulhada no mundo (o dos objetos matemáticos), fora dela.

mesmo modo que a consciência perceptiva, com a diferença essencial de que o objeto colocado pela consciência imageante[9] (que produz imagens), tenha ou um suporte material (uma foto, um quadro) ou um suporte psíquico (uma lembrança, um devaneio), é sempre irreal — enquanto ele é bem real, em carne e osso, para a consciência perceptiva. A partição entre percepção e imaginação não é mais função do suporte (real ou imaginário), mas função de uma modalidade própria à consciência, que visa o objeto "em carne e osso" (na percepção) ou que visa um irreal a partir de um suporte material (a foto ou o quadro não são percebidos pelo que são, mas por aquilo a que remetem). Veremos, nos capítulos seguintes, como essa concepção da imaginação, diretamente derivada daquela da consciência, trouxe prolongamentos, sobretudo na estética e na psicologia.

3. Na direção da transfenomenalidade

O conceito de consciência pré-reflexiva permite dar conta do fato de que a consciência é sempre e já *relação ao mundo*, e que o mundo inteiro atingido por ela é mesmo o próprio mundo — e não aquele que lhe aparece. É o que Sartre chamará, em *O ser e o nada*, de dimensão transfenomenal da consciência (ou consciência pré-reflexiva), que implica também uma dimensão transfenomenal do ser dos fenômenos, consistindo em ser *em si*, isto é, independentemente da representação da ideia que dela pode se fazer uma consciência. O conceito de transfenomenalidade é, dessa forma, o meio para Sartre de sair da armadilha do idealismo e do realismo, que não podiam

---

9. *Imageant*: refere-se ao *moi* que se deixa cativar pela imagem, mas também a atribui à coisa real. [N.T.]

pensar corretamente os termos de uma relação entre o homem e o mundo. O *trans-* adicionado à *-fenomenalidade* assegura e indica a autonomia e a independência da consciência e do mundo, ou seja, simultaneamente um corte radical da consciência e do mundo, do ponto de vista de sua existência, ao mesmo tempo que sua relação, por certa maneira de ser no mundo. Em outros termos, toda consciência é consciência *de* — o que supõe, ao mesmo tempo, que ela é consciência de si.

Assim, a transfenomenalidade da consciência lhe assegura uma maneira de ser no mundo espontânea e imediatamente em relação com o mundo, mesmo que o sujeito não tenha um saber consciente ou reflexivo. Por isso Sartre fala de pré-reflexividade, sendo que o pré- não indica somente uma anterioridade cronológica[10], mas também a condição fundamental (condição que é também fundamento) da possibilidade de uma reflexão. Desde o nascimento, e talvez até mesmo antes, somos seres de relação, sempre em *relação a* — e no nascimento, em relação a tudo o que se apresenta a nós do mundo. A consciência pré-reflexiva é a atitude natural, comum, aquela de todos os dias, quando estamos mergulhados no mundo, numa atividade. A consciência não pré-reflexiva é a consciência que toma a si mesma por objeto, quando avaliamos, por exemplo, o que nos ocorreu durante o dia, ou quando tentamos compreender quem somos: a consciência não mais visa então um objeto do mundo, mas busca apreender a si mesma.

A transfenomenalidade dos objetos do mundo dá conta do fato de que aquilo que é percebido, se se trata

---

10. Assim, o bebê está numa relação *pré-reflexiva* com o mundo: se ele não está consciente daquilo que ocorre consigo, se não tem lucidez para compreender sua vida como se pode fazer depois que a linguagem está constituída, mesmo assim ele tem uma compreensão pré-ontológica, "isto é, que não é acompanhada por fixação em conceitos e por elucidação" (*L'Être et le néant*, p. 30).

de uma maneira própria à consciência (é sempre a consciência que se faz perceptiva e que apreende pela percepção), corresponde bem a um ser tal como é apreendido, e não a um fantasma de nosso espírito — sobre o qual não poderíamos jamais assegurar que é mesmo real e que ele não nos escapa. A transfenomenalidade do ser assegura que aquilo que nos aparece é também aquilo que é, que o ser da aparição, se escapa à condição fenomenal, que é de só existir na medida em que aparece a uma consciência (portanto, de só existir enquanto apreendido e durante o tempo em que é apreendido, sem poder assegurar que continue a existir quando uma consciência não o apreende), existe em si, independentemente de como ele nos aparece.

Isso não significa que ele nos escapa, que há um ser por trás disso que nos aparece, que não poderíamos apreender; não, nós percebemos tudo aquilo que há para ser percebido do ser, a totalidade daquilo que ele é. Simplesmente, o ser daquilo que nos aparece não se eclipsa nessas aparições, mas persevera além delas, mesmo quando nenhuma consciência o percebe — e é isso o que indica o *trans-* da transfenomenalidade: além e através de suas aparições, há um ser que persiste, ou melhor, que é radicalmente aquilo que ele é e tudo aquilo que ele é, incluindo cada uma de suas aparições.

A transfenomenalidade do ser é, assim, a ferramenta teórica que vem confirmar aquilo que o bom senso já sabia: o mundo não desaparece quando cessamos de percebê-lo. A transfenomenalidade da consciência estende o campo da consciência à totalidade da nossa vida, rejeitando a ideia de que poderia haver uma parte de nós que permaneceria in-consciente. É uma das ideias mais importantes da filosofia de Sartre, e das mais delicadas, junto com aquela, concomitante, da relação da consciência com o ego — que conhecerá uma importante evolução: a distância entre os dois, maximizada em *A transcendência do ego* e em *O ser e o nada*, se tornará menos importante nas obras seguintes, como veremos no decorrer dos próximos capítulos.

O projeto de Sartre é então o de uma filosofia do concreto, que apreenda a realidade do homem em sua totalidade, sem separá-lo do mundo, mas compreendendo essa relação como parte integrante do humano: o homem não existe como um pedregulho ou uma couve-flor, escreve frequentemente Sartre. Precisamos então frisar o que especifica seu modo de existência por diferença com aquele dos seres tais como os pedregulhos e as couves-flores.

B

1. *As duas regiões do ser, em-si e para-si*

A transfenomenalidade da consciência e a do mundo nos remetem a duas regiões distintas do ser, ou a dois modos de ser radicalmente diferentes: o da consciência, que chamaremos de *para-si*, e aquele de tudo aquilo que não é consciência, que chamaremos de *em-si*. O em-si designa os objetos inertes do mundo, que não podem ser nada além do que são, que não podem estabelecer relação com nada, pois já são tudo o que são, plenitude do ser. Não podemos dizer grande coisa sobre eles — exceto que eles são. As relações entre as coisas no mundo só podem então provir da outra região do ser, o para-si, isto é, os humanos, dado que eles são consciência: o para-si é o ser pelo qual algo acontece no mundo. De onde vem o fato de que sua transfenomenalidade não remete à mesma forma de ser-no-mundo?

A diferença essencial entre em-si e para-si advém de que um é inteiramente aquilo que ele é, enquanto o outro jamais pode coincidir com aquilo que ele é, está em perpétua assincronia consigo mesmo — e é por isso que jamais pode ser plenamente. O *ser e o nada* é a descrição ou a declinação de tudo o que decorre dessa não coincidência a si dessa região do ser, o para-si (isto é, a consciência).

A não coincidência a si é possível porque o para-si secreta em si o nada. Contrariamente a Heidegger, que, mesmo tendo proposto a importância da negatividade pelo *Dasein*, deixa o nada no mundo, Sartre o integra à consciência; faz dele o próprio ser da consciência, que é de *nada* ser. É o que ele chamará de primeira estrutura imediata do para-si, a presença a si. Um ser que é inteiramente aquilo que ele é não pode estar presente a si; ele é, e isso é tudo. O para-si está, pela presença do nada em si, em perpétua assincronia consigo mesmo.

Essa fissura intraconsciencial, como Sartre a chama, ou esse buraco de ser, esse *nada* que separa o para-si dele mesmo é o que torna possível o decorrer do tempo (a temporização) e a transcendência (a saída de si) para o mundo, isto é, a presença no mundo. No âmago do para-si cruzam-se ainda outras duas dimensões. Uma, horizontal, a temporalidade, faz com que o para-si avance no tempo transformando, visto que é mudança perpétua, metamorfose global, o que torna a liberdade possível — e absoluta, como veremos adiante. A outra, que podemos chamar de vertical, reinsere o para-si no mundo, pela negação interna: é preciso, para transcender ao mundo, negar de si que se seja essa coisa para a qual se projeta, isso que assegura que o mundo é radicalmente outro que não aquilo que somos. O lugar do entrecruzamento dessas duas dimensões é o coração do para-si, o mais original, o mais fundamental, a partir do que tudo o que constitui sua vida, sua maneira de ser e de se relacionar com o mundo e com os outros encontrará seu desenvolvimento.

2. A má-fé

A impossibilidade de coincidir consigo é expressa pela fórmula: a consciência é aquilo que ela não é e não é aquilo que ela é, cuja reversibilidade assimétrica indica a impossibilidade para a consciência de jamais coincidir consigo mesma, em qualquer situação ou por qualquer meio que seja.

Apesar disso, tal é o desejo e a motivação profunda do para-si: ser enfim algo ou alguém que *não se move mais*, que é aquilo que ele é. O para-si é fundamentalmente *falta de*, devido à aniquilação primeira que provoca nele uma constante descompressão do ser. Assim, o para-si corre atrás de seu ser, atrás de um ser que ele seria, para nele repousar e, ao mesmo tempo, para encontrar a justificativa do fato de que sua existência aqui não tem necessidade. Para retomar o vocabulário da ontologia sartriana: a primeira estrutura imediata[11], a da presença a si, gera duas outras estruturas, tão imediatas quanto, da consciência: a facticidade e o valor, ou *em-si-para-si*.

A facticidade é a ausência de necessidade da existência do para-si (teríamos podido não nascer, ou nascer outra pessoa e em outro lugar, etc.) que, todavia, se torna incontornável e necessária uma vez que existamos. Assim, a existência do para-si é um fato simultaneamente contingente (que poderia não ter sido ou ter sido de outra maneira), mas, uma vez ocorrido, o fato de existir e de existir naquele lugar (nessa família, nesse país, etc.) se

---

11. Sartre distingue as estruturas imediatas da consciência (presença a si, facticidade, valor, possibilidade e ipseidade) e a intraestrutura da consciência, que é a temporalidade original. A descrição das estruturas imediatas corresponde a um corte instantâneo que se poderia fazer do para-si, tal que se poderia apreendê-lo sem a mediação da reflexão. As estruturas imediatas mostram, além de sua estrutura, que são todas atravessadas pela temporalidade, que cada instante compreende em si os instantes precedentes ou mobilizam os seguintes.

torna necessário. A facticidade é a conjunção dessas duas ideias aparentemente contraditórias, a da contingência do fato de existir e de sua necessidade — o que remete ao sentimento de absurdidade da existência, sem fundamento e injustificável.

Essa experiência da absurdidade é a de Roquentin, em *A náusea*. Exilado em Bouville (Normandia), Roquentin se propôs a escrever um texto sobre um aventureiro do século XVIII, Monsieur de Rollebon. *A náusea* é seu diário, no qual, dia após dia, ele conta uma experiência singular, a da sua perda de inocência. Confrontado com sua solidão e com o mundo burguês de Bouville, Roquentin perde pouco a pouco o interesse pelo seu trabalho, pois não percebe mais sua necessidade intrínseca: de que serve escrever sobre esse morto? De que serve ressuscitar um trecho de vida passada? Paralelamente a essa perda de sentido, efetua-se também uma espécie de desvelamento do mundo nisso que ele é em si mesmo, quando a linguagem não o recobre com suas categorias práticas. É a famosa experiência da raiz de castanheira, cerca de quarenta páginas depois da descoberta da inutilidade de seu trabalho sobre Rollebon: com o olhar mergulhado nas raízes de uma castanheira, num jardim público, Roquentin é novamente assaltado pela náusea. Contudo, dessa vez, a significação dessa náusea lhe é desvelada, numa iluminação: a existência é injustificável, absurda, o ser está demais, ele também está demais (não num sentido de excesso de ser, mas no sentido de que sua existência não é mais justificável que a das coisas). A existência é contingente — essa é a ideia metafísica que *A náusea* desenvolve.

Aquilo que Roquentin chama de a segunda morte de Rollebon (o abandono de Rollebon ao seu passado morto, que a obra do escritor não mais tirará de seu anonimato) ocorrera na sequência do desvelamento da presença massiva das coisas em torno dele. A evidência dessa presença se impõe por fim no jardim público a um Roquentin que aí de alguma forma se preparou, observando seus contemporâneos e suas pequenas farsas ordinárias. O mundo perdeu seu caráter sério, sua necessidade, e sua pura contingência se desvela, enfim.

A experiência que Roquentin narra em seu diário, experiência metafísica, pode ser compreendida como a transcrição, no plano de uma existência vivida, de uma espécie de redução fenomenológica. Reduz-se o mundo, tal como ele nos aparece, ao mundo tal como ele é por si mesmo, em si mesmo; retira-se-lhe o sentido que o uso lhe conferiu: jardim-para-se-passear, jardim-para-se-repousar, jardim-para-brincar, etc. O que então se descobre, sob a linguagem sempre doadora de sentido, é a ausência de sentido, a pura presença a si, a massividade do ser, sem nenhuma razão de ser. Em retorno, nossa própria existência se descobre também sem o revestimento da linguagem doadora de sentido: essa vida que é a minha não tem sentido em si, somente o sentido que lhe dou, ou que a sociedade em mim me intima a lhe dar: vida-sagrada, vida-a-preservar-a-qualquer-custo, vida-familiar, vida-responsável-de-pai-de-família, etc.[12]

---

12. Não confundamos a experiência metafísica de Roquentin com uma depressão, mesmo que, na aparência, o resultado seja semelhante (sentimento de absurdidade e de vazio da existência), mesmo que as duas possam se recobrir. Assim, Jacques Deguy, em seu comentário sobre a obra (J. Deguy, *La Nausée, de Jean-Paul Sartre*, Paris, Gallimard, Col. Foliothèque, n. 28, 1993, p. 86), aproxima o comportamento de Roquentin de "uma alternância maníaco-depressiva".

Uma primeira diferença reside na motivação: o depressivo *afunda* por razões psicológicas, por condições de vida contingentes, enquanto a experiência metafísica pode ser vivida e compreendida teoricamente por qualquer um, a qualquer momento; ela tem um alcance universal. Ela se parece com uma "descida aos infernos", mas também é lucidez. Ganha-se, então: temos mesmo tudo a ganhar com isso (a compreensão do que é a existência, da origem do sentido, etc.), enquanto o depressivo, pelo aspecto

O *ser e o nada* transcreve essa experiência vivida em descrição filosófica, mostra em que condição ela é possível: como deve existir o ser da consciência para poder sentir a absurdidade de sua vida? Ela deve ser nada, na origem, ela deve ser originalmente nada, absolutamente contingente, sem fundamento. Por isso passamos nossa vida a torná-la necessária, buscamos ininterruptamente justificar nossa existência, fundá-la.

O para-si corre, assim, atrás daquilo que imagina ser o repouso, o fim da corrida (que, é claro, só acabará com a morte do para-si), que Sartre chama de valor ou o em--si-para-si — outra estrutura imediata do para-si: deixando/faltando de ser (isto é, de em-si), o para-si busca ser em-si, e por isso Sartre aproxima essa finalidade (ser em-si) ao ser que a busca (o para-si), marcando antecipadamente a impossibilidade de sua realização. Mas é uma estrutura necessária do para-si, engendrada pela descompressão do ser, o aniquilamento.

O valor é a terceira estrutura do para-si. O ser do valor nada tem a ver com o bem e o mal, porém com o fato de que a transcendência da consciência implica que ela sempre se projeta para um termo a realizar ou a vir a ser (*ser si*) e que esse termo só se define em função daquilo que foi e é a consciência. Poderíamos dizer que o valor, em seu sentido moral, se define pelo conteúdo dado às noções de bem e de mal (ou outras: sinceridade, coragem, etc.), enquanto, em seu sentido ontológico, remete a uma pura estrutura de falta da consciência.[13]

---

psicopatológico daquilo que o afeta, tem menos chance de poder saltar da constatação da absurdidade da vida à da afirmação de sua liberdade. Por fim, a experiência metafísica é simultaneamente a conclusão de uma pesquisa sobre o sentido da vida e a possibilidade de uma nova atitude em seguida, a autenticidade (isto é, a recusa da má-fé, como veremos depois). A depressão é mais a conclusão de uma situação infeliz.

13. "Sendo o valor, sempre e em todos os lugares, o outro lado de qualquer ultrapassagem, pode ser considerado como a unidade incondicionada

É para escapar da fatalidade de jamais poder ser aquilo que se é, de não ser nada, mas não poder se impedir de tender para o ser, que o para-si cria mil desculpas, mil obrigações ou restrições, mil justificativas — que Sartre chama propriamente de *má-fé*. Ter má-fé não é querer reconhecer aquilo que somos fundamentalmente, seres que jamais podem coincidir consigo mesmos, mas querer ser por inteiro aquilo que se é, do mesmo modo que os em-si são o que são. Não se deve confundir o conceito sartriano de má-fé com a expressão comum, que consiste em acusar o outro de mentira, nem com uma mentira voluntária que se faria a si mesmo: a má-fé é sempre de boa-fé, como explicaremos adiante. O conceito, em Sartre, não tem inicialmente um sentido moral, mas contém, em seus dois termos, a descrição do único meio que encontramos para suportar a contradição ontológica de nossa estrutura, contradição que resulta da impossibilidade de coincidir consigo mesmo. Passemos a descrevê-la mais precisamente para compreender melhor em que uma fé é requisitada, e em qual sentido ela só pode ser má.

A contradição reside entre o que desejamos (ser como um em-si) e a impossibilidade de consegui-lo. Ora, esse desejo de ser nada tem de um desejo psicológico, ligado a certas circunstâncias contingentes que poderiam, se as mudássemos, alterar também seu conteúdo: ele resulta de nossa estrutura aniquilante fundamental. Por um lado, não podemos ser, como a pedra é o que é, sem a cada manhã retomar e reinventar seu projeto de ser pedra — assim, não podemos ser corajosos de uma vez por todas, a vida toda, mas é preciso, a cada manhã, retomar essa

---

de todas as ultrapassagens do ser. [...] Dessa forma, o valor tomado na sua origem, ou valor supremo, é o *além* e o *para* da transcendência." Cf. *L'Être et le néant*, pp. 129-130.

vontade como se fosse a primeira vez. Por outro lado, também não podemos ser somente esse tipo de ser que consiste em não ser, o que significaria que a cada manhã deveríamos nos dizer que, não sendo nada, devemos reinventar o sentido do mundo e de nossa vida de cabo a rabo, como se ontem jamais tivesse existido e que hoje fosse o primeiro dia.

Dessa forma, estamos sempre em busca de nós mesmos, sempre pensando que somos alguém: esse homem corajoso, esse ladrão reconhecido como tal, etc. De modo que podemos simultaneamente dizer que a busca de si, o desejo de ser, é a *finalidade* (que faz o sentido de nossa vida), isso para o que tendemos toda a nossa vida, ao mesmo tempo que é a *motivação*: é porque somos nada ou não somos nada que corremos atrás do ser. Essa corrida, ou o próprio fato da temporalização (o fato de que isso passa), é também a aniquilação: é porque há em nós essa descompressão do ser que somos temporalização ou aniquilamento incessante. O aspecto dinâmico do conceito de nada (que é o próprio fato do movimento temporal) se confunde com seu aspecto antropológico, dado que a estrutura aniquilante do para-si induz a um comportamento específico, o da má-fé, que é a maneira pela qual o para-si consegue resolver essa tensão entre uma busca perpétua de ser si e a impossibilidade de consegui-lo.

A má-fé sartriana é então um conceito que pertence ao campo da descrição ontológica de nossa estrutura. Dado que jamais podemos ser (isto é, ser definitivamente), é preciso desenvolver certa dose de crença, que deve conseguir nos convencer de sua legitimidade, tanto quanto possível, para que a vida seja factível. Nada podendo ser, acreditamos que somos: médico, operário ou pai, de uma vez por todas, como se não devêssemos retomar a cada instante esses projetos. Forçamo-nos então a acreditar que de fato somos o que somos (médico, operário, etc.), e essa crença, por sua força, tem a amplitude da fé.

Por que devemos proceder assim? Se não nos sentíssemos médico de uma vez por todas, se devêssemos reinventar a vida e reatualizar incessantemente a escolha de ser médico e, de fato, a certeza de um saber adquirido, jamais poderíamos viver em confiança e ficaríamos sempre angustiados: se não nos pensamos médico de uma vez por todas, nada impede que, uma bela manhã, mudemos de caminho, mudemos de vida, de mulher, etc. Nada nos impede de mudar, pois nada nos determina, a não ser aquilo que decidimos: somos, para nós mesmos, nossa própria determinação.

E é assim, porque jamais sou o que sou, que posso *brincar/representar*, e passar de um registro de meu ser a outro, tal como a coquete no restaurante, que *brinca/ representa* passar de sua dimensão corporal ou carnal para sua dimensão espiritual, esquecendo que tem um corpo quando lhe pegam na mão, para se fazer pura inteligência — o que lhe evita se sentir engajada numa relação sexual. Se o garçom, por demais apressado, por demais servil, representa inteiramente seu papel para se convencer e representa assim para o ser aquilo que ele é (o que, é claro, é trabalho perdido, pura ilusão), a coquete representa para não ser o que é (um corpo desejável) e para ser aquilo que ela não é somente (uma pura inteligência *sem mão*).[14]

Poderíamos observar esses *jogos* encorajadores e entusiastas: os filósofos não pararam de nos falar, da melhor

---

14. Esses dois exemplos são tirados de *L'Être et le néant* (pp. 89-90 e 94). Sartre se dedica a mostrar como a má-fé é estruturalmente possível — as motivações da jovem para ser coquete ou do garçom para ser profissional não são levadas em conta. O importante a ser compreendido é que esse *jogo de enganação* é tornado possível pela nossa estrutura, e que nós mesmos somos a *enganação*.

forma, de liberação possível — com a condição de se seguir o Bem. E eis Sartre que, de cara e em total paradoxo com a tradição, nos apresenta os para-si que somos como sendo estruturalmente livres, mas não cessando de fugir de nossa liberdade. Fugimos dela, pois precisar a cada momento escolher o sentido de sua vida é angustiante. O sentimento de angústia é a prova que fazemos de nossa liberdade.

Para compreender que somos indeterminados, Sartre dá o exemplo do momento em que, numa montanha, nos inclinamos para o abismo. O que nos impede de nos deixarmos cair no despenhadeiro? A questão é formulada de maneira negativa, pois o que sentimos naquele momento é que nada nos impede, nada nos retém, senão nós mesmos, nossa pura vontade. Se estivéssemos determinados, não sentiríamos sequer esse momento de hesitação, de escolha possível, a questão sequer se colocaria, pois não nos inclinaríamos, não *brincaríamos* de nos pôr medo. Mas brincar de se pôr medo é provar a possibilidade de fazer de outra maneira, de viver de outra forma. Essa única possibilidade basta para dizer que não somos determinados — e, portanto, que somos livres, fundamentalmente livres.

Aliás, que fazemos nós para resistir a esse apelo do vazio? Lembramo-nos de todos os bons motivos que temos para não saltar: filhos nos esperam em casa, há um trabalho urgente para ser entregue, uma reunião importante na manhã seguinte, a tristeza que causaríamos, etc. Qual é o sentido dessas justificativas? Por que a necessidade de encontrar razões para não saltar, se não porque a coisa não é fundamentalmente impossível? Pois bem, imaginemos o que seria nossa vida se, a cada instante, devêssemos reconfirmar nossas escolhas, se devêssemos, a cada instante, provar de nossa angustiante liberdade, evocando todas as outras possibilidades: seria possível viver, construir qualquer relação que seja com outros numa tal base?

No registro dos sentimentos também é difícil engajar-se amorosamente com alguém se não transformarmos a emoção afetuosa em sentimento, isto é, se não ampararmos, num ato de fé a cada manhã reconduzido, a vontade de amar essa pessoa. Isso faz com que frequentemente esse amor só resista por causa da vontade, ele se esvazia de todas as emoções que o alimentavam, sem que possamos nos dar o direito de reconhecer a própria morte do sentimento, e continuamos a representar a comédia do amor *para os outros*.

Por isso precisamos da fé, uma grande dose de fé, solidamente ancorada, para nos convencermos da necessidade da escolha que fizemos a princípio do sentido de nossa vida. Ao mesmo tempo, a fé permanece uma crença que sabe de si. Se um saber não duvida de si, qualquer forma de crença, por mais poderosa que seja, é a irmã gêmea da dúvida. Sabemos então, com um saber intuitivo, irrefletido, que nada é sério em nossa vida, isto é, que nada é absolutamente necessário. Sabemos sem querer sabê-lo, mas tomando o cuidado de pensar justamente o contrário, ou seja, que nossa vida tem um sentido em si mesma, que o mundo também é provido de um sentido que lhe pertence, que a mãe de família tem o dever de dedicar a vida ao marido e aos filhos, e que, se sou covarde ou corajoso, é porque tenho uma natureza de homem covarde ou corajoso.

Aí está o falso saber, ou a ilusão necessária para suportar viver, e é porque a fé, se é necessária para suplementar a contingência inicial de toda existência, também é má: ela conduz ao erro, no mau sentido, ela se ilude, pois diz ou crê necessário aquilo que é absolutamente contingente. Assim, não há natureza covarde ou natureza corajosa, pois não há natureza humana em geral, mas é próprio da vida humana se inventar a cada momento de sua existência — em todo caso, é sua possibilidade fundamental.

Assim, a má-fé é nossa maneira de nos adaptarmos ao mundo (evitando a angústia da liberdade) e a resultante de nossa estrutura ontológica em perpétua assincronia em relação a si. Poderíamos objetar que basta reconhecer a contingência de nossa existência para ser de boa-fé. Mas ainda seria querer colar a si mesmo, querer ser absolutamente o que se é, ou seja, um ser que não é aquilo que ele é, e que é aquilo que ele não é. A estrutura assíncrona de nosso ser interdiz de ser, de qualquer maneira que seja, e nos condena à descompressão permanente, à não coincidência. Somos estruturalmente coagidos a ser de má-fé, isto é, pressionados a justificar nossas ações e nossa vida como se estas fossem necessárias — ou para lhes conferir aquilo que sempre lhes faltará: a necessidade.

Dado que nada é necessário, pois não há natureza humana já definida, e dado que cada um deve inventar sua vida, será que isso significa que tudo é possível neste mundo? Se bastasse representar ser um garçom para sê-lo, por que não representar um capitão de navio para sê-lo? É que o mundo tem sua consistência própria, e devemos nos acomodar a ele. Assim, nem tudo é possível a um do mesmo modo que a outro. Detenhamo-nos um instante nessa última estrutura do para-si, o ser dos possíveis.

A falta gerada pelo em-si-para-si desejado e impossível de realizar faz surgir, ao mesmo tempo, isto que é possível fazer para atingir o em-si-para-si: certo para-si possível ocorre — certo para-si possível ou mais possível que outros. O valor faz surgir as possibilidades que o para-si pode ser para realizar seu valor (o *si* ideal que carrega consigo, que o totaliza, que ele busca realizar, mas que ao mesmo tempo é intransponível). O possível é isso que falta ao para-si para realizar o valor. Aí está a quarta estrutura imediata do para-si, o para-si como ser dos possíveis.

O ser do possível em questão nada tem a ver com possíveis lógicos, tais como Leibniz, por exemplo, os concebe. Segundo Leibniz, os possíveis pertencem ao discernimento de Deus, no qual todos os mundos possíveis estão contidos, sendo que a passagem à existência só permite a realização de um único mundo.[15] Os possíveis, para Sartre, são possibilidades de ser do para-si que se esboçam a partir de uma situação e em função dela: a enunciação dos possíveis não se dá no terreno exclusivo da lógica, mas no de realidades já existentes, o que, na maior parte do tempo, diminui consideravelmente o número de possíveis ou os altera por completo.

Por exemplo: qual atitude ainda é possível para Hugo, o herói de *Les Mains sales*?[16] Membro do Partido[17], intelectual delegado na redação do jornal porque é intelectual, ele quis sair da condição de "inativo" na qual os outros membros o haviam enclausurado, e pediu para participar da eliminação física de um membro importante do Partido que se tornara importuno aos olhos da maioria. Ele se torna secretário desse homem, Hoederer, com a única finalidade de assassiná-lo. Os demais não

---

15. Gottfried Wilhelm Leibniz (1646-1716), filósofo, matemático, diplomata e advogado alemão. A ideia citada é desenvolvida em *Ensaios de Teodiceia*. Ele também é autor de *Monadologia*, *Novos ensaios sobre o entendimento humano* e *Discurso de metafísica*.

16. *Les Mains sales*, peça de teatro encenada pela primeira vez em 2 de abril de 1948, cuja ação ocorre em "Illyrie", país europeu imaginário.

17. Sartre se inspira inegavelmente no Partido Comunista, mas o adjetivo jamais é usado na peça: nessa época, todos sabiam de que partido se tratava. Sartre reproduz, assim, a relação que os membros mantinham com esse *ser* singular, "o Partido". Entretanto, o que lhe interessava não era escrever uma peça política, mas *sobre* a política, como ele explica em *Un Théâtre de situations*, Paris, Gallimard, Folio essais, 1992, pp. 290 e ss.

depositam verdadeira confiança nele, o assassinato tarda, e Olga, a confidente fiel ao Partido, é enviada para ver o que se passa. Em resumo, as intenções de Hugo são descobertas por Hoederer, que escolhe fazê-lo raciocinar, em vez de pô-lo porta afora ou mandar assassiná-lo. Hugo acaba sensibilizado pelos raciocínios políticos de Hoederer, se rende aos seus motivos e se alinha ao seu lado, contra os outros.

Uma circunstância inesperada, sem consistência — o flerte passageiro e um já quase adeus, antes que tenha acontecido grande coisa entre Hoederer e a esposa de Hugo —, provoca o drama: Hugo entra no mau momento, acredita no que vê e mata Hoederer — portanto, por razões pouco políticas. Ele fica preso dois anos e, quando sai, procura Olga para solicitar sua reintegração ao Partido.

Poderíamos pensar da seguinte maneira: quando Hugo sai da prisão, quais são suas possibilidades? Ele pode: 1) procurar um trabalho e levar adiante pacificamente sua vida; 2) retomar os estudos para finalizar seu percurso intelectual; 3) procurar a esposa para recomeçarem juntos a vida; 4) encontrar outra mulher e constituir família; 5) etc. O número dos possíveis lógicos é quase infinito, é claro. Porém, não se trata de possíveis lógicos — trata-se dos possíveis do para-si que é Hugo, dado aquilo que ele é, do valor que é o seu, de seu ideal político, de coerência, de sua pureza e de sua fidelidade ao Partido (ou mesmo à razão, mais que ao Partido), sua tendência à ausência de compromisso em amizade (mas não em amor, já que seu casamento e suas relações com a mulher diziam mais respeito ao hábito que ao amor, como os dois concordam em dizer).

Assim, levando-se em conta tudo o que Hugo foi, um Hugo possível se desenhou, veio à luz aos poucos em sua existência cotidiana — mas, evidentemente, o que será

Hugo ainda não é: o para-si se determina a ser aquilo que ele não é a partir de uma situação presente, é claro, mas também a partir daquilo que ele deseja, mas ainda não é:

Ser sua própria possibilidade, isto é, se definir por ela, é se definir por essa parte de si mesmo que não se é, é se definir como escapamento de si na direção de...[18]

Esse ser que não se é é sempre função do para-si existente: qualquer possível, por exemplo, o de se tornar proprietário de terras ou industrial, não pode convir a esse Hugo, com sua história. Por isso os possíveis de um para-si não são de ordem lógica, mas ontológica: os possíveis surgem com o para-si, em função daquilo que ele é e não é.

Ainda é preciso levar em consideração a situação histórica para compreender como o possível inevitavelmente nela se insere e também dela depende. Não que a situação enclausure o para-si a ponto de que ele não tenha mais escolha — mas a escolha a ser feita, o sentido a dar a esse momento da existência se determinam, por um lado, a partir da situação mundana vivida e, por outro, em função do valor ou, mais geralmente, das preferências fundamentais que motivam e orientam, desde sua origem, o para-si. Esse valor fundamental, irrefletido (não consciente e talvez jamais dito com clareza pelo para-si) é o que Sartre chama de escolha ou projeto original. Escolha ou projeto, dado que a escolha é ao mesmo tempo origem e direção.

Há, portanto, uma associação constante entre o para-si se constituindo e a situação na qual o para-si se constitui segundo tal possível. Aí está a última estrutura imediata do para-si, o circuito da ipseidade: *ipse*, em

---

18. *L'Être et le néant*, p. 137.

latim, significa "mesmo", para indicar o retorno sobre si (si mesmo, ele mesmo). O circuito da ipseidade indica o percurso do para-si, que faz retorno sobre si mesmo depois de ter atravessado o mundo — e o para-si, enquanto transcendência, só pode se transcender para o mundo. O mundo não é neutro, nesse sentido, na escolha do possível que será o para-si: o para-si se determina a ser aquilo que será em função do mundo (e dos outros desse mundo) que se apresenta a ele naquele dado momento.

O mundo de que falamos não é um mundo em face do para-si, conhecido por ele numa relação sujeito-objeto; é o mundo atravessado pelo projeto original da consciência de si; é tudo aquilo que o cerca e faz o mundo do para-si sobre um plano original, isto é, não tético. Compreenderemos isso tudo melhor retomando o exemplo de Hugo.

A escolha consciente e exibida de Hugo é a de ser reintegrado no Partido, sem nada saber da orientação política que é a sua doravante. Por sua vez, Olga tenta compreender as verdadeiras razões que levaram Hugo a finalmente atirar em Hoederer: ciúmes ou questão política? A resposta dele determinará sua reintegração, ou não, no Partido. Notemos a arte do dramaturgo que põe o espectador no lugar de Hugo, dado que não sabemos, assim como ele, o que conviria escolher para ser reintegrado. De todo modo, ele tenta de forma muito sincera clarear seu espírito, e essa clareza parece lhe ser infinitamente mais importante que o resultado desse encontro.

Assim, o espectador avança a duras penas com Hugo em sua sinceridade, sem conseguir decidir claramente os verdadeiros motivos do assassinato. Isso acaba por se mostrar como um pesadelo e Hugo chega a duvidar da existência dessa história. Acaba então por confessar ou decidir que foram mais motivos pessoais que políticos que o levaram ao assassinato. Por fim, Olga aquiesce, parece aliviada, e declara que ele é "reciclável". A palavra choca Hugo, que assinala que esse termo é usado a propósito do lixo. Reciclável, segundo Olga, Hugo fica contente: uma nova vida se abre para ele — e para ambos, por fim, dado que se compreende nas entrelinhas que estão apaixonados um pelo outro.

Contudo, restam alguns minutos antes que os outros tomem conhecimento do veredito: se Hugo não for reciclável, deverá ser eliminado em seguida, aparentemente. Minutos que dão tempo para Olga começar a contar o que ocorreu depois da prisão dele. Minutos decisivos, que poderiam não o ser, se a narrativa de Hugo tivesse durado mais, se Olga houvesse falado de qualquer outra coisa — da mesma forma que a entrada de Hugo no momento do flerte de sua mulher com Hoederer havia sido absolutamente contingente e absurda.

Minutos fatais, portanto, durante os quais Olga revela que o Partido acabou por adotar a própria política que Hoederer defendera dois anos antes, o que torna o gesto de Hugo absurdo e o põe em contradição com a nova linha do Partido: Hoederer, depois de tudo, havia sido considerado um mártir do Partido e Hugo se tornara seu traidor. Reviravolta das posições, que nada deve nem a Hoederer, nem a Hugo — é a situação histórica em toda a sua contingência e sua absurdidade que faz com que Hugo decida morrer. No momento em que os outros chegam, ele se lança diante de seus futuros assassinos gritando: "Não reciclável."

O que não é reciclável? É justamente o si da consciência de si, esse valor de pureza, talvez esse ideal de fidelidade ou, em outros termos, a escolha original de Hugo, que permite compreender suas hesitações em suprimir um homem (que ele havia aprendido a admirar, que acabara por amar, mas que mesmo assim havia assassinado); em seguida, seu desejo de se reintegrar no Partido pelo qual ficou dois anos na prisão, escolha que ainda permite compreender por que, apesar desse tempo perdido, ele quer se reintegrar nesse mesmo Partido — e decide por fim morrer por ele. Essa escolha original não deve ser pensada como já estando lá, já tomada e guiando Hugo, a partir do passado, para tal ou tal outro ato. Se assim fosse, Hugo não hesitaria e teria uma linha de conduta mais coerente. Mas a aparente incoerência de sua conduta só é vista assim a partir do exterior, justamente sob o olhar da consciência refletida. A escolha original não se desdobra no plano da consciência refletida ou tética, mas sobre aquele da consciência irrefletida ou não tética de si. E a consciência não tética é consciência não tética de mundo também, porque ela é corpo-no-mundo e consciência de corpo e de mundo, de maneira concomitante.

É assim que Hugo tem uma compreensão imediata (pré-ontológica) da completa absurdidade na qual ele se encontra depois da mudança de linha do Partido: sua compreensão é compreensão global, e não tética, daquilo em que ele se tornou para o Partido, daquilo que não deseja ser para o Partido e para si mesmo, tudo isso se decidindo sob o olhar do ideal do Hugo que ele não é, mas para o qual jamais cessou e não cessa de se dirigir. Seu último gesto, suicida, é para ele um modo de recuperar precisamente aquilo que ele não quer deixar recuperar pelo Partido: o sentido de sua vida e daquilo que ele teria sido. Último gesto de revolta do para-si contra o poderio da História para, ao menos por si mesmo, afirmar até o fim sua liberdade.

3. *Primeiro balanço*

Nesse ponto, conhecemos a intenção de Sartre: dar conta concretamente da relação do homem com o mundo, de tudo aquilo que faz a realidade do homem, evitando as "armadilhas" das filosofias realista e idealista, o que o conceito de consciência pré-reflexiva permite, uma vez compreendida a diferença de natureza entre a realidade humana (o para-si) e aquilo que lhe faz face, o mundo em si. O exame mais aprofundado dessa diferença leva Sartre a conceber a consciência como sendo aniquilante: assim compreendemos como ela pode se transcender, isto é, se portar ao contato daquilo que não é ela e apreendê-la em sua diferença ontológica (ser em-si, e não para-si). Mas a estrutura aniquilante do para-si também revelou o comportamento de má-fé, induzido por essa estrutura. Compreendemos parcialmente que o para-si, sentindo sua inteira contingência, busca fundar sua existência de maneira necessária.

Sartre defende que o para-si, fundamentalmente, é livre, mas que passa a vida a fugir dessa liberdade, invertendo assim a compreensão clássica da liberdade como aquilo que buscamos antes de tudo, como uma coisa rara e preciosa, difícil de atingir. Para Sartre, longe de querer atingir essa coisa rara e preciosa, fugimos dela, porque ela é fonte de angústia.

Quando de sua publicação, lemos em *O ser e o nada* aquilo que provavelmente tínhamos o desejo de nele encontrar, no fim da Segunda Guerra Mundial e início da Guerra Fria: a liberdade, a esperança, e então fizemos de Sartre o solista de uma filosofia da liberdade absoluta.[19] O filósofo era aquele que havia devolvido a esperança a toda uma geração, afirmando que nosso destino só depende de nós, que podemos a qualquer momento mudar de vida, e isso que chamamos de restrições é somente o

---

19. Equivalia a não ver que a liberdade, em *O ser e o nada*, é o reverso da alienação, o que *O idiota da família* desenvolverá em todos os detalhes.

sentido que damos a uma situação. Basta mudar de sentido, e as restrições desaparecerão.

Tomar "liberdade absoluta" ao pé da letra significa que podemos fazer exatamente o que queremos, que nenhuma restrição resiste à nossa vontade ou aos nossos desejos. Mas essa definição corresponde mais a um desejo que à realidade do propósito de Sartre. De tanto sofrer restrições de todos os tipos, na vida cotidiana, podemos chegar a pensar que ser livre é o contrário daquilo que vivemos no dia a dia, que seria não ter entraves. Contudo, esse é um pensamento reativo, que corresponde a uma insatisfação psicológica e tem pouco sentido; viver sem restrição não é mais viver.

Sartre não desenvolve então a ideia de que o para-si é todo-poderoso e decide sem entraves sobre sua vida; ele quer mostrar, ao contrário, como a liberdade só tem sentido, realidade e consistência porque somos sempre, e em primeiro lugar, alienados. De fato, alienação e liberdade são as duas faces de uma mesma realidade. É o que tentaremos ver agora.

C

1. Liberdade e temporalidade

Ser livre é não ser determinado, isto é, não ser tomado numa sequência necessária de causas e de efeitos, o que faz de cada momento o efeito de uma causa anterior. Se os em-si podem ser compreendidos como os efeitos de causas anteriores, é porque em si mesmos não são relação com nada: é o para-si que estabelece (com maior ou menor sucesso, é justamente essa a dificuldade da pesquisa científica) as relações eficientes entre as coisas. Significa dizer que estas não são vistas de imediato, nem aparecem necessariamente na própria coisa.

A *contrario*, o para-si não cessa de se definir e de se contar em relação a causas anteriores: o homem de cinquenta anos justifica sua tristeza pelo fato de ter sacrificado a família em função da carreira, o soldado justifica sua covardia em relação às circunstâncias que a demandavam, etc. Porém, a busca de uma justificativa já indica que não há, fundamentalmente, aquilo que o exame da estrutura aniquilante do para-si mostrará ainda melhor: o para-si é livre, pois é temporalização, sendo a temporalidade[20] a intraestrutura do para-si.

A intraestrutura é aquilo que está no interior da estrutura (e não abaixo dela, o que seria uma infraestrutura)[21], isto é, ao mesmo tempo aquilo que se confunde com a estrutura, e aquilo que a atravessa, renovando-a sem cessar. Sem isso, não se compreenderia como, uma vez a consciência explodida no mundo, ela aí não se acabaria, sem possibilidade de perdurar. Ora, a consciência perdura, e não perdura a partir de um centro imutável, de eu (*moi*) puro ou de um eu (*je*) transcendental, dado que Sartre removeu toda interioridade da consciência.

---

20. A fenomenologia distingue a temporalidade e o tempo: o tempo é inventado pelos homens para medir suas ações e suas vidas. O relógio indica esse tempo, segundo um ritmo regular e repetitivo. Mas esse tempo permanece exterior ao homem, ele é uma medida, assim como o termômetro é a medida do calor. Entretanto, para observar, no relógio, o que está antes e o que está depois, é necessário um sujeito para o qual aquilo tenha sentido: a noção de antes e a de depois. Essa consciência de um antes e de um depois, com a consciência da passagem do antes para o depois, pertence à consciência: é a isso que chamamos de temporalidade, e que é a condição para que o tempo (do relógio) tenha sentido.

21. Quando Sartre escreve intraestrutura, não a confunde com infraestrutura, o que faria do tempo uma realidade subjacente às outras estruturas.

A consciência perdura de maneira *ekstática*[22]: sua *ekstaticidade* é perpetuamente renovada, o que significa que aniquilamento e temporalização se encavalam no âmago do para-si, de maneira inextricável, num movimento perpétuo de escape do presente para a direção do futuro. Se podemos dizer que o para-si é livre por ser temporal, é porque a temporalidade implica, entre as três instâncias temporais (passado, presente e futuro), uma relação interna — e não uma relação externa. A relação interna indica um laço de ser *ekstático* entre o presente e o passado ou o futuro: não temos um passado da forma como temos um carro, diz Sartre. A relação externa de posse não afeta os termos postos em relação, não provém ela mesma de nenhum dos termos em particular, permanece exterior a cada um deles. Entre o para-si e o carro, há uma relação externa (de propriedade), pois o carro não procede do para-si. Dessa forma, há uma diferença de relação de um objeto e um para-si, e entre o passado (ou o futuro) e o para-si: é do presente do para-si que procede o passado (ou o futuro). É nesse sentido que a relação entre as três instâncias temporais é dita interna, e não externa.

Uma relação é aquilo que *restitui*.[23] Ela pode estabelecer um laço porque *aquilo que* se restitui um ao outro

---

22. Sartre toma emprestado o termo *ek-stase* de Heidegger, que escreve *ek-sistência*, e não existência: para o autor alemão, trata-se de distinguir a maneira pela qual o ser-no-mundo *eksiste* da maneira pela qual as coisas existem.

Quando se diz de alguma coisa que ela existe, deseja-se simplesmente significar que ela está aí, real, situada num lugar e que se pode tomar conhecimento dela. Nesse sentido, a coisa está no-meio-do-mundo.

Quando se diz que a consciência *eksiste*, fazemos mais do que assinalar sua presença real, dizemos algo sobre sua maneira de estar-no-mundo, que consiste num movimento de transcendência para ir ao encontro do mundo.

23. Em francês, *rapporte*. O significado do verbo *rapporter* é polissêmico e sua tradução implica muitos problemas, pois pode ser compreendido

não é idêntico (sem o que não haveria mais a necessidade de fazer uma restituição): a relação, por mais interna que seja, implica um corte, uma ruptura, uma separação, que, entretanto, será menor que a separação bem visível que podemos ver entre um carro e seu proprietário. Esse corte é precisamente a fissura intraconsciencial, aquilo que separa o presente do passado e do futuro: é um *nada* que, entretanto, basta para afirmar que há, ao mesmo tempo, relação de continuidade e ruptura. É isso que os matemáticos chamam de uma série discreta; Sartre emprestou de Poincaré[24] esse conceito de uma continuidade descontínua ou discreta: a ruptura é tão tênue que ela separa sem, entretanto, romper a continuidade de uma série.

Contudo, isso basta para que não se possa inferir que o presente é o efeito do momento que acabou de passar: a fissura intraconsciencial proíbe que se pense a temporalidade do para-si como uma sequência causal em que cada momento segue necessariamente o precedente. É nisso que a liberdade é absoluta: cada momento de nossa vida não conserva nada, não decorre de forma alguma do passado, não há determinação necessária. O absoluto é aquilo que não é *relativo a*, aquilo que não tem *laço com*: a relação interna interdita pensar a vida do para-si sob a forma de relações causais, o que induziria ao mesmo tempo uma certa passividade do nosso ser, já que nada mais faríamos além de sofrer aquilo que nos acontece. Para Sartre, não sofremos nada: ser livre é não ser determinado, é também não ser passivo, originalmente, nada

---

  como: fazer revelações, ir buscar, recuperar, relatar, restabelecer, informar, delatar, levar de volta, ir para, relembrar, restituir, etc. [N.T.]
24. Henri Poincaré (1854-1912), matemático, físico e filósofo francês, célebre por seus trabalhos sobre óptica, relatividade, cálculo diferencial e gravidade.

receber em si que não se tenha *desejado*.²⁵ A consciência é espontaneidade. Assim, ser livre é não ser determinado por nada, nem pelo passado, nem mesmo pelo inconsciente (do qual Sartre nega a existência) — mas tudo nos condiciona e nos aliena, o que explicaremos adiante. Liberdade e determinismo se opõem de forma radical, como dois sistemas inconciliáveis. Por outro lado, toda liberdade é necessariamente alienada, o que ainda temos que entender. Sartre não afirma que podemos fazer tudo o que queremos, que não sofremos restrições verdadeiras, mas que temos a possibilidade de mudar a direção e o sentido de nossa vida — e isso continua a ser uma possibilidade, quer dizer, que a estrutura ontológica do para-si não proíbe essa possibilidade: ela é essa possibilidade. Expliquemos isso mais precisamente.

A temporalidade pura é a trama do ser do para-si, o decorrer puro da duração, ou a duração que decorre no estado puro, segundo uma perpétua desvinculação de si a si. Mesmo que nada aconteça ao para-si, se ficarmos um dia inteiro sentados numa cadeira, sem que nada ocorra, não escapamos da temporalidade, pois somos temporalização, somos escoamento puro. O que ocorre então com nossos estados psíquicos? Descrevemos o fundamento do para-si, seu escoamento puro, mas é preciso que haja algo a escoar: o para-si tem certa espessura, conferida por seus desejos, seus ódios, seus amores, etc. Como isso se organiza e como podemos dizer que nossos desejos não nos determinam?

---

25. Entretanto, esse querer não é racional, mas irrefletido. Sartre desenvolveu, em *Esboço de uma teoria das emoções*, a espontaneidade da consciência, o que o conduz à ideia de que não escolhemos nossas emoções, nossos afetos, nossas paixões. Explicitaremos esse ponto no capítulo IV.

Nossos estados psíquicos vêm tomar lugar na trama da temporalidade original assim como os motivos na trama de um tapete. Sua sucessão forma então aquilo que Sartre chamará de temporalidade psíquica, que se distingue da temporalidade original, dado que os estados psíquicos mantêm entre si relações externas, e não relações internas, como o laço particular que une (dissociando-as) as três instâncias da temporalidade original.

Distinguiremos então dois tipos de temporalidades, a temporalidade original, intraestrutura da consciência, e a temporalidade psíquica, aquela do ego, na qual vêm se imprimir, segundo sua ordem de sucessão, nossos estados psíquicos, que não pertencem à consciência (dado que esta é transcendência), mas formam uma espécie de esboço de um fora da consciência. A temporalidade psíquica é a coleção ligada dos fatos psíquicos, é ela que organiza o conteúdo de nosso ego (nosso passado). Esse ego é a unidade psíquica transcendente sobre a qual trabalham os psicólogos, e na qual nos tomam — equivocadamente segundo Sartre — por nosso ser, por aquilo que somos, como se pudéssemos *ser* alguma coisa (traços de caráter, rancorosos, etc.) de uma vez por todas.

O que decide perdurar num caráter não é então o ego, mas a consciência. O ego não decide nada, é uma massa inerte — a massa tornada inerte daquilo que constitui minha *pessoa*. A personalidade é então esse ego que, transcendendo à consciência, e a esse título quase objeto do mundo, é, entretanto, ainda eu, na medida em que é a face daquilo que os outros apreendem do que sou, é a face que eles contribuem para modelar, por seu olhar e por sua atitude em relação a mim, e é a face à qual eu mesmo me refiro para me constituir tal como sou.

O eu (*je*) e o eu (*moi*) são as duas vertentes do ego: o eu (*je*) é sua vertente ativa, a mais próxima da consciência original, resíduo da linguagem, que o francês assinala, mas outras línguas, tais como o espanhol, entre outras, não têm necessidade. Assim, mergulhados numa leitura, se alguém nos pergunta subitamente o que fazemos, respondemos: "Eu (*Je*) leio." Nessa atividade, o eu (*je*) se confunde com a atividade, ele é aquilo que ele faz; ele existe como forma gramatical na frase, mas, na vida, ele se confunde inteiramente com sua atividade. Vemos a diferença com frases que começam por "Eu (*Moi*), eu penso que...", ou mesmo: "A mim (*moi*), isso nunca aconteceria, uma tal história!" Por que a linguagem redobra um *je* por um *moi*? O que significa essa insistência?

Nossa linguagem [francesa] leva em conta as duas vertentes do ego, e expressa à sua maneira que, se o *je* é mesmo o sujeito da ação (que, ontologicamente, é a ação, define-se pela ação em curso, o que mostra sua mobilidade, sua vida), o *moi* é seu resultado. Ele é o resultado do personagem que desejo ser, personagem que resulta do encontro daquilo que sou com os outros, o mundo e as condições de vida que foram as minhas até então. Esse *moi* é constituído pela reflexão, é o objeto intencional da reflexão, isto é, conscientemente visado e constituído pela reflexão. É nesse sentido que ele não é a consciência, mas seu objeto, assim como a mesa visada de forma intencional pela consciência se torna seu objeto. Simplesmente, os objetos do mundo não são constituídos pela consciência, enquanto o *moi* é constituído pela consciência que se faz reflexão.

Entretanto, constituir o ego não é inventá-lo de todo: a base é mesmo aquilo que me acontece e o que me aconteceu. Mas o que me aconteceu não seria nada, não teria nenhuma consistência e ficaria no mundo, completamente fora de minha vida, se eu não o houvesse retomado, por um ato reflexivo, para dele me apropriar, assim como outrem pode se apropriar daquilo que sou.[26] A reflexão é sempre o esforço que o *je* faz para se apreender como os outros o apreendem. É um esforço de recuperação de si, a fim de se fazer o fundamento de si. Esforço em vão, como vimos, mas que governa ou que subtende, mesmo que não o saibamos, nossa vida e nossas ações.

Esse esforço de recuperação funda o *moi*, assim constituído na confluência de minha consciência e do mundo, ponto de encontro entre os dois, e objeto passivo disso que *je* (sou) fora daquilo que (*je*) sou. Usamos esse jogo de parênteses para indicar os dois planos sobre os quais a consciência sempre se desdobra: o plano original, que é ação (é o segundo, que põe o sujeito entre parênteses, já que ele se confunde com aquilo que faz), e o plano psíquico, que é passivo (mas ativamente constituído como passivo), constituído em em-si, e que a esse título é (o ego é minha pessoa).

Nós nos perguntaríamos: se a reflexão é o ato que constitui em nós nosso *moi* psíquico e se é esse *moi* que me aparece em primeiro lugar, a mim mesmo e aos

---

26. A memória armazena somente o que é retido pelo em-si, ou então a totalidade daquilo que é vivido, mesmo aquilo que não atrai inicialmente a atenção do para-si? A percepção de uma coisa implicando a percepção do fundo sobre o qual essa coisa aparece, optaríamos pela segunda solução. Entretanto, não encontramos um texto claro sobre a memória em Sartre, e tenderíamos, de nossa parte, a associá-la ao ego. Se tal é o caso, é necessário então concluir que a reflexão, que constitui o ego, transporta em si os elementos passivos, não refletidos como tais pelo para-si. Ora, essa passividade que seria preciso atribuir ao para-si, como veremos, contradiz a definição dada por Sartre: a consciência é pura espontaneidade, isto é, atividade fundamental. Só há passividade sobre o fundo de atividade da consciência.

Esse problema, que provém também da recusa de Sartre quanto à noção de inconsciente, é sem dúvida um ponto cego de sua teoria, como assinalava Merleau-Ponty, dizendo que faltava em Sartre uma teoria da passividade (*Sens et non-sens*, "La Querelle de l'existencialisme", Paris, Gallimard, 1996, p. 95).

outros, como então distinguir ou perceber o plano original? Quem o percebe? Quem, finalmente, foi capaz de distinguir a temporalidade original e sua estrutura, tal como a descrevemos até aqui, com suas estruturas imediatas?

Sartre distingue dois tipos de reflexão, uma dita impura, a que constitui o ego em em-si, e que acabamos de descrever brevemente; e outra, pura ou purificante, que tem a virtude, quando capta seu objeto (o escoamento original da temporalidade), de não o imobilizar. Ela não o paralisa para examiná-lo e virá-lo em todos os sentidos (o que forçosamente perverte o objeto em questão), mas o percebe sem percebê-lo, capta-o o suficiente para compreender sua estrutura, que é, precisamente, de não ser aquilo que ele é, e de ser aquilo que ele não é.

Mas é a reflexão impura que é primeira na ordem do vivido: vivemos nos constituindo, por trás de nós, em *moi*; nossa personalidade se forja aos poucos, levando em conta o que vivemos e as pessoas que encontramos. A reflexão pura, ontologicamente primeira — sem ela, a reflexão impura não poderia ser —, é segunda na ordem da descoberta daquilo que somos na origem. Desde a infância buscamos, em primeiro lugar, saber como os outros nos percebem — mesmo que aquilo *que buscamos saber* não seja dito com tanta franqueza, nem nesses termos — antes de refletir sobre o ser verdadeiro do homem.

No plano da temporalidade original, somos livres na medida em que somos aniquilação perpétua de si e do mundo; no plano psíquico, nós *somos* — para-si e para os outros —, com tal caráter e tal personalidade. Esse *ser que somos* é tranquilizador, é claro, e é isso que motiva sua constituição. Mas ele só pode ser inexato em relação ao nosso ser-tornado, dado que é sempre apreensão daquilo que fomos, daquilo que acabamos de fazer. Está então sempre atrasado, sempre ultrapassado por aquilo em que nos tornamos a partir de então; esse movimento é inelutável, é o drama do para-si: não poder coincidir consigo mesmo, *ser* de uma vez por todas. Assim, o ego se torna um entrave, uma alienação da liberdade original: do mesmo gesto, sendo qualquer coisa, somos levados, diante dos outros, a continuar a perseverar nesse ser constituído — mesmo que ele não nos corresponda mais, mesmo que não nos reconheçamos mais nele.

É o sentido da possibilidade de que falávamos anteriormente, quando escrevemos que o para-si tem sempre a possibilidade de mudar o sentido de sua vida: é uma possibilidade, pois nada o impede, a estrutura ontológica de nosso ser-para-si é mesmo sempre essa possibilidade. Contudo, não a atualizamos a cada dia: recolocar em questão aquilo que somos a cada instante de nossa vida seria uma fonte de angústia permanente. Só nos resta viver, na maior parte do tempo, de boa-fé na má-fé. É porque não podemos viver sem nos constituir um ego que somos ao mesmo tempo tranquilizados (fuga da angústia) e alienados (a esse em-si inerte que não somos mais e que, apesar de tudo, ainda somos). Expliquemos agora em que o ego é alienante.

Do ponto de vista da temporalidade original, é preciso dizer que o futuro de um amor vivido neste momento, por exemplo, é indeterminado — nada indica por quanto tempo ele se manterá. Mas, do ponto de vista da temporalidade psíquica, os dois amantes creem (ou tentam crer) que tudo indica que acabarão sua vida juntos (donde os juramentos de fidelidade), pois, asseguram, em relação às suas experiências passadas, esse amor atual é absolutamente diferente, etc. Cada um se constitui dessa forma em relação ao outro com tal rosto, tal personalidade, em toda boa-fé. É o que permite a um dos dois dizer que conhece o outro, que ele jamais seria capaz de cometer uma infidelidade, etc. Essa estimativa sobre o futuro ocupa ao mesmo tempo um lugar de exigência, mas cada um bem sabe que se exige aquilo que de todo modo continua incerto. Não se exige das maçãs que elas não caiam quando estão maduras. Que um dos dois amantes venha a faltar com o juramento de fidelidade não é então totalmente impossível. Mas tudo é feito para dificultar ao máximo essa possibilidade (pela alienação moral, da qual mostraremos a eficácia e a força no capítulo V), do ponto de vista da temporalidade psíquica. Pois é desse ponto de vista, nesse plano, que raciocinamos: "Mas eu lhe dou tudo", diz o homem à mulher, "como você pode me enganar, já que comigo é livre para fazer e para comprar o que quiser?" O raciocínio é mecanicista: a mulher tem tudo o que quer, então ela lhe será fiel. Estabelece-se de fato uma relação entre condições de vida e seu efeito sobre o comportamento, como se um ser humano se reduzisse a um encadeamento de causas e de efeitos.

Não nos reduzimos então fundamentalmente a uma temporalidade causal, mas tal é a estrutura da temporalidade psíquica que organiza o ego: os fatos e estados psíquicos vêm se alinhar em sua trama segundo uma ordem, *dentro* de uma sucessão. Esse é o motivo pelo qual, olhando essa sucessão de fatos psíquicos do exterior, temos a impressão de uma sucessão causal — e buscamos explicar tal atitude pelo que a precede, tal mau humor de hoje pela vergonha sentida ontem, tal infidelidade por uma razão forçosamente encontrada nos dias precedentes.

Talvez vejamos agora como essa evisceração de um mecanismo causal no seio da temporalidade original, em proveito de uma relação interna constituindo seu fluxo, é o fundamento da teoria da liberdade absoluta: mostrar que o para-si não obedece às leis da causalidade é mostrar que nada o determina a fazer isso e não aquilo, que ele não é submetido a leis previsíveis e que ele guarda inteiramente todas as cartas das escolhas a fazer em mãos. Donde a responsabilidade que pesa sobre ele, donde a angústia de dever escolher. É que, em todos os momentos, jamais estou seguro de fazer de fato aquilo que decidi fazer. A todo momento ainda posso mudar, nada me impede porque, originalmente, entre meu passado e meu presente, não há laços de causalidade, mas um laço *ekstático*.

Esse corte introduzido no âmago do para-si, essa aniquilação ou temporalização original, permite o desengajamento do para-si de seu passado. Falando estritamente, jamais deveríamos confiar em uma pessoa, jamais saber o que fará uma pessoa, e jamais poder dar nossa palavra. Deveríamos mesmo nos regozijar por sermos tão absolutamente livres. Apesar disso, é na angústia, mais que na felicidade, que sentimos essa liberdade, e os próprios termos de Sartre são pouco regozijantes quando ele conclui a exposição dessa magnífica liberdade: "Somos condenados a ser livres." Pois, não sendo absolutamente determinados a realizar uma ou outra ação, é preciso escolher, escolher sem cessar; não podemos deixar de fazê-lo — aí está o sentido da condenação. E sentimos bem nossa liberdade ontológica sob a forma de uma condenação penosa, já que não cessamos, em atitudes de má-fé, de nos inventar justificativas e razões para agir de tal forma e não de outra.

 A condição para que se fale de liberdade é então o desengajamento do passado, pela aniquilação, o que permite, fundamentalmente, escapar à causalidade.

 Até aqui pudemos distinguir dois planos: um plano ontológico, o da temporalidade original e da aniquilação primeira, que é aquele da fissura intraconsciencial, em que a liberdade é absoluta; e um plano existencial, o do ego, da temporalidade psíquica da personalidade, imediatamente mergulhada no seio do mundo, sempre dentro de uma certa situação e devendo compor com ela. Longe de ser o plano existencial aquele da liberdade, ele seria mais o de todas as nossas alienações[27]: alienação às situações históricas, às convenções sociais, às amizades ou inimizades por vezes incômodas, a um corpo mais ou menos belo, esportivo, em boa saúde, a uma família mais ou menos fácil ou sufocante, a um casamento mais ou menos satisfatório, etc.

Para dizer a verdade, o para-si estando necessariamente *em situação*, qualquer situação é necessariamente alienante, no sentido de que é difícil só depender de si (há uma bela ilusão em acreditar nisso). Só um ser livre pode ser alienado — a condição para que haja alienação sendo em primeiro lugar a liberdade. A alienação não deve então ser compreendida como o contrário da liberdade, o que a arruína e abole, mas como seu reverso: ao mesmo tempo, segundo o sentido próprio de reverso, aquilo que acompanha necessariamente a face (anverso), e, segundo o sentido figurado, aquilo que é seu verso, a face oculta, necessária, mas não obrigatoriamente desejada, nem cobiçada. E, apesar de tudo, nascemos no mundo, em seu âmago, portanto sempre em situação, portanto sempre já alienados.

2. *Alienações*

Podemos dizer que toda alienação provém do fato de que somos corpos, e isso por duas razões: uma, que se

---

27. Do latim *alienus*, aquilo que é estranho, estrangeiro. A alienação é aquilo que nos torna estranhos a nós mesmos, no sentido de que não desejo ser considerado tal como os outros me consideram, mas a imagem que tenho para os outros é também a minha, e devo compor com ela, mesmo que esta não me agrade. Portanto, toda situação é alienante, no sentido de que, não tendo escolhido o lugar e o momento de meu nascimento, nem meu corpo, nem a história familiar em que desembarco, sou desde o nascimento obrigado a compor com aquilo que não produzi ou decidi.

deve à própria corporalidade, da qual é preciso interrogar o sentido; a outra, que se deve ao fato de que é necessariamente pelo corpo que aparecemos aos outros e que os outros nos aparecem. Falar do corpo é, então, necessariamente falar do Outro.

Sartre não distingue a consciência irrefletida que temos de nós mesmos da consciência dos nossos corpos para-nós. Consciência (de) si e consciência (de) corpo são a mesma coisa. Ele não concebe uma consciência distinta de um corpo, ou uma consciência que não estivesse ao mesmo tempo no meio do mundo, por seu corpo justamente. Os parênteses na expressão consciência (de) si e consciência (de) corpo indicam que, como já vimos para a consciência, na maior parte do tempo, não pensamos que temos um corpo, mas nós o "existimos", nós o somos.

É preciso que nos sintamos observados, olhados, para de repente nos perguntarmos se estamos bem-vestidos, se agradamos ou não, em suma, para nos interessarmos pela imagem de nosso corpo para os outros. Sartre distingue assim o corpo-para-si, que é a consciência irrefletida que temos de nosso próprio corpo (o corpo existido, vivido), e o corpo-para-outrem, que é o fato de que meu corpo existe para outrem, assim como o seu existe para mim. Em consequência disso, surge uma terceira dimensão do corpo, que é a consciência refletida que tomo de meu corpo-para-outrem. Assim, eu "existo" meu corpo em três planos, ou segundo três dimensões ontológicas, que são ainda como três planos de existência diferentes para o para-si.

A primeira dimensão é a do corpo-para-si, num plano irrefletido. Nosso corpo é "existido", isto é, ele não é o objeto visado pela minha consciência, não presto atenção nele. Ocupando certo espaço, ele é também ponto de vista sobre o mundo, ponto de vista contingente, dado que nada justifica seu lugar, nem sua forma. Nossa contingência fundamental encontra sua materialidade, de algum modo, devido ao fato de que somos corpo, o que implica ocupar sempre um ponto de vista sobre o mundo. É nesse sentido que Sartre escreve que "o corpo é a forma contingente que toma a necessidade de minha contingência".[28] A consciência irrefletida que temos de nossa contingência é importante, e até mesmo determinante, dado que é sempre essa facticidade que condicionará as relações com outrem. É necessário sublinhar que temos, até nas estruturas fundamentais de nossa consciência (de) corpo, essa consciência irrefletida de nossa facticidade.

O corpo-para-si é ponto de vista sobre o mundo, contrariamente a Descartes — que distinguia consciência (ou alma, substância pensante) de corpo, o que em seguida engendraria o problema de sua união —, Sartre confunde deliberadamente a consciência (de) si e a consciência (de) corpo: possuímos uma consciência irrefletida da extensão que ocupamos no espaço, a partir da qual o mundo se desdobra em torno de nós. Consciência e corpo são uma única e mesma coisa, no sentido de que um não se compreende sem o outro, e no sentido de que a consciência está em relação com o mundo por seu corpo. O mundo é perceptível por nossos sentidos, ou melhor, nossos sentidos nos lançam de cara no coração do mundo como não sendo o mundo (mas diante dele, sujeito para-si).

Podemos compreender esse desdobramento irrefletido do mundo em torno de nós a partir da experiência que cada um pôde fazer de voltar, depois de vinte anos, para um lugar de sua tenra infância: ficamos surpresos ao perceber que finalmente não é tão grande assim, nem tão assustador, nem tão vazio, etc.

---

28. *L'Être et le néant*, p. 348.

Na realidade, é verossímil que nada mudou: nem o espaço de um cômodo, nem a altura de um muro ou de um armário. Mas crescemos, e o mundo se desdobrou em torno de nós segundo outras distâncias: se, para a criança de dois anos, a parte superior de uma mesa de jantar é inatingível e, portanto, fonte de mistério (o que há lá em cima?), ela se torna prática para aquele que pode nela colocar seus pertences. Apesar disso, com dois anos, não refletimos para organizar o mundo em torno de nós: ele se organiza espontaneamente, o corpo desenvolve suas possibilidades espontaneamente (em atingível ou não, por exemplo) no mundo. Somos, assim, tributários daquilo que é possível ou impossível a partir de nosso corpo: o mergulho será possível para um, impossível para outro que tenha os tímpanos muito frágeis. Nada justifica essa fragilidade, não mais que meu tamanho, meu peso, ou a forma de meu corpo. Mas preciso "fazer com", esse é um fato necessário, e aí está minha *facticidade*: fato cuja origem é contingente, sem nenhum fundamento, mas cuja existência sob essa forma e não outra é necessária.

É nesse sentido que o corpo é a forma contingente (eu não escolho meu corpo) que toma a necessidade de minha contingência: uma vez que esse corpo existe, existo em função dele e meu mundo se organiza segundo suas possibilidades: certa montanha me parece assim pitoresca ou transponível, segundo eu atribua a meu corpo (de maneira espontânea e irrefletida) o sentido de ser mais ou menos feito para a contemplação ou para o esforço. Pois a forma de meu corpo não determina, é claro, a minha vida — mas a condiciona amplamente: se sou pequeno e frágil, a possibilidade de ser jogador profissional de basquete não pertence ao meu horizonte de ação, assim como também podemos dizer que, tendo um espírito marcadamente literário, me tornar um grande matemático também não pertence ao meu escopo de possibilidades. Estamos então sempre especificamente engajados no mundo, no âmago do mundo, pelo nosso corpo. Nesse sentido, as dificuldades que sentimos em nosso caminho devem sua realidade ao fato de que é ele que tomamos, e não outro. A pobreza é, assim, uma dificuldade se acalento a ideia de ser um senhor de castelo — a quem falta exatamente esse castelo. Só ficamos infelizes por não ter filhos porque a princípio fizemos o projeto de tê-los. Poder-se-ia objetar que há situações que ninguém escolheu: assim, seguramente não escolho ser torturado; se o sou, e, o sendo, o que me cabe escolher? Sartre vai até o fim de sua teoria: escolho falar ou calar-me, suicidar-me, fugir. Escolho, de toda forma, a partir de uma situação à qual confiro o sentido de ser suportável ou insuportável, tolerável ou intolerável, etc. Não haveria escolha a ser feita se não houvesse primeiramente algo a escolher dentro de uma situação.

Mas é também por meu corpo que os outros me percebem. Aparece, com o olhar do outro sobre mim, a segunda dimensão ontológica do corpo, o corpo-para-outrem. De início não encontramos o corpo do outro, mas seu olhar: cruzar com alguém numa rua, num café, num salão ainda não é encontrá-lo. Encontrá-lo é apercebermo-nos de que somos olhados, é sentir diante de nós um tipo de objeto capaz de fazer de nós objeto. Diante da mesa, ou cercado de objetos diversos, eu existo, ajo, faço o que tenho de fazer, no modo irrefletido: não reflito minha própria existência e não tomo consciência do fato de que existo. Sou eu o sujeito, dado que, diante de mim, só há objetos. Contudo, basta que outrem apareça em meu campo de visão e, de repente, sou visto: o olhar do outro tem esse poder de me fazer tomar consciência de que sou, e daquilo que sou. Sou eu quem está diante, que estou diante daquilo que me olha. E somente um sujeito tem esse poder de me constituir em objeto diante dele. A análise do olhar nos ensina então a necessidade da presença do outro para que eu seja eu mesmo, que eu não permaneça num estado irrefletido e me constitua em consciência refletida:

> O olhar é primeiramente um intermediário que remete de mim a mim mesmo.[29]

Por mais cruel que possa ser o olhar de outrem, que me petrifique em objeto, que me faça sentir vergonha, é por ele que me constituo como homem:

> Talvez não fosse impossível conceber um para-si totalmente livre de qualquer para-outrem e que existiria sem nem mesmo suspeitar da possibilidade de ser um objeto. Simplesmente esse para-si não seria homem.[30]

Quando Sartre, em *Entre quatro paredes*, escreve que "o inferno são os outros", ele não estigmatiza a maldade dos homens entre si, mas enfatiza o fato de que é por minha própria consciência que vivo num inferno, compreendendo que o outro só me olha, isto é, me revela a mim mesmo aquilo que sou objetivamente (quer dizer também tão verdadeiramente, a título de objeto aos olhos de todos os outros, tal como apareço para qualquer outro) para um outro, o que talvez não corresponda ao que penso ser para mim mesmo, mas que tem, dada a existência do outro e do olhar pousado sobre mim, certa consistência, e me define.

É preciso dizer que só posso aceder a tal pensamento de mim mesmo porque o outro me olha: não posso ser

---

29. Ibidem, p. 298.
30. Ibidem, p. 322.

consciência de mim mesmo, no modo reflexivo, porque o outro me leva a isso, de alguma forma, e ser humano é aceder a esse estado de consciência de si. O encontro com o outro, isto é, a possibilidade de me constituir em ser-para-outrem, é assim para mim um evento absoluto. Apesar de o olhar do outro ser penoso, por ser objetivante, e nunca é agradável se sentir objeto, essa objetivação de mim por meio de um outro é necessária para que eu aceda à segunda dimensão de meu corpo, para que a consciência se revele a si mesma como *corpo para o outro*.

Mas a análise do olhar me desvela uma terceira dimensão, que, aliás, talvez seja a primeira na ordem do vivido: constituindo-me como ser-visto, o olhar me faz tomar consciência de que aquilo que o outro vê de mim me escapa.[31] O exemplo do homem que passeia no jardim[32] já mostrava como o outro é apreendido de imediato como um outro *moi*, isto é, exatamente como um sujeito. Poderíamos dizer que só vemos chapéus e casacos. Apesar disso, escreve Sartre, aquilo que era meu mundo se desintegra para fugir para esse "objeto novo", que possui a mesma capacidade para ordenar o mundo em torno de si que eu tenho. O outro também é para si mesmo seu próprio ponto de vista sobre o mundo, assim como eu sou um — mas nossos dois pontos de vista se chocam: eles já estão em concorrência. Mais adiante, Sartre escreverá que "o conflito é o sentido original do

---

31. Donde a tentativa, pela reflexão impura, de controlar para mim o meu ser-para-outrem, tentativa que se completa na constituição do ego.
32. *L'Être et le néant*, p. 293: "Estou num jardim público. Não distante de mim, há um gramado e, ao longo desse gramado, cadeiras. Um homem passa perto das cadeiras. Vejo esse homem e o apreendo ao mesmo tempo como um objeto e como um homem. O que isso significa? Que quero dizer quando afirmo desse objeto que ele *é um homem*?" Segue--se uma das mais belas análises de Sartre.

ser-para-outrem"³³, mas tudo já está posto na análise do olhar. Ou melhor, assim como o olhar é analisado, já está inscrito que o sentido da relação original com o outro é o conflito.³⁴ O que isso significa? Em que sentido é preciso compreender o termo "conflito"?

Em *O ser e o nada*, o capítulo sobre o Olhar já contém a essência daquilo que os capítulos seguintes, sobre o corpo e as relações concretas com outrem, desenvolverão. O aparecimento de um homem é visto como aparecimento em meu universo, isto é, no mundo tal como ele se organizou espontaneamente em torno do ponto de vista que sou. É um pouco como o aparecimento de um terceiro em nossa casa, que vem de repente revelar a disposição dela.

Claro, no exemplo de Sartre, o homem não muda nada. Mas seu aparecimento vem perturbar, importunar meu próprio universo, já que introduz nele a alteridade: esse homem também olha a estátua, a aprecia ou não, me apresenta subitamente um rosto sorridente ou, ao contrário, inquieto, e aquilo que o mundo é para ele se introduz em meu mundo, vem complicá-lo — é uma perturbação. As palavras têm conotações negativas: queda, alienação, fuga para, desintegração, descentramento do universo — o outro me roubou o mundo.³⁵

---

33. Ibidem, p. 404, início do capítulo sobre a primeira atitude em relação a outrem.
34. Veremos, no capítulo III, que Sartre evoluirá para a noção de reciprocidade como relação original entre os homens — sendo o conflito uma estrutura secundária, aquela que sem dúvida aparece em primeiro em certas situações sócio-históricas. Correlativamente, Sartre infletirá sua posição naquilo que diz respeito ao caráter absoluto da liberdade, mostrando-a cada vez mais condicionada pelas diversas alienações — porém jamais recolocará em questão o postulado inicial da espontaneidade da consciência.
35. *L'Être et le néant*, p. 295.

A consciência de que sou visto por outrem como um objeto — o que me assegura que ele é sujeito — me faz aceder à dimensão de ser consciência de mim mesmo; ela também me faz aceder à ideia de que o outro possui uma consciência de mim que me escapa irremediavelmente. Essa terceira dimensão ontológica do corpo é revelada pela experiência da vergonha: surpreendido ao me olhar pelo buraco de uma fechadura, o olhar me petrifica tal como eu não me conhecia — um ser ciumento, um espião.[36] Essa imagem de mim, esse fragmento de existência que me tomaram sou eu também, ele possui uma parte de minha verdade:

> O choque do encontro com outrem é uma revelação vazia para mim da existência de meu corpo, fora, como um em-si para o outro.[37]

Existo doravante por uma outra consciência, sem nenhuma possibilidade de modificar ou anular a imagem que ela tem de mim. O outro tomou um ponto de vista sobre mim que também me define, com o qual devo contar, mesmo que não me sinta o produtor dele — mas sou a origem e também me torno responsável. Foi o que Sartre pôde sentir quando se tornou um personagem público do qual se esperava ter uma opinião sobre tudo. É como se meu ser não me pertencesse, ou não me pertencesse mais, em sua totalidade; uma parte de mim, tão real quanto a consciência que pude ter de mim, está fora de mim, para os outros. Devo também "existir" meu corpo na medida em que ele é conhecido por outrem, e que esse conhecimento, se bem que me escape, apesar de tudo me constitui.

---

36. Ibidem, p. 298.
37. Ibidem, p. 392.

Assim se explica a timidez: não ruborizamos quando estamos sozinhos numa sala, quando não somos vistos, pois não temos consciência de nosso corpo (ou temos uma consciência irrefletida). Por outro lado, ruborizamos (todo o nosso corpo) quando somos vistos por um outro: temos então certa consciência e ela toma tal importância que nos vemos de súbito quase como o outro nos vê — sem poder atingir, evidentemente, esse objeto para o outro que nosso corpo se tornou. Pois jamais poderei recuperar meu corpo-para-outrem — para isso, seria preciso ser o outro — e então é essa corrida-perseguição junto ao olhar do outro sobre mim que vai gerar minhas condutas em relação a ele.

O para-si sente sua facticidade (a necessidade de ser contingente) duplamente: por si mesmo, pois a consciência irrefletida dessa facticidade engendra uma busca de fundamento de si, e por outrem, que me remete a mim mesmo e à minha contingência fundamental. O outro vai então desempenhar também um papel em minha tentativa de recuperar meu ser para fundá-lo. É essa tentativa que engendrará duas atitudes contraditórias, entre as quais não cessamos de oscilar perpetuamente em nossas relações com o outro.

Essas duas atitudes são as relações originais com o outro. Sartre faz delas uma descrição *fundamental*, o que significa que a descrição não apresenta a verdade de todas as nossas relações, mas seu fundamento. Em seguida, a existência se encarrega de enriquecer e de modificar essas relações fundamentais, sem, entretanto, mudar a essência — e, sobretudo, seu término: Sartre mostra como cada uma dessas atitudes está destinada ao fracasso. Nos dois casos, a motivação é a mesma: o para-si tem o projeto de justificar sua existência pelo outro — por isso o insucesso também é o mesmo: é o projeto que está previamente perdido. Assim, duas vias se abrem.

A primeira solução é me afirmar como sujeito diante do outro e negar-lhe que seja um sujeito; escolho, assim, objetivá-lo. Essa primeira atitude significa que apreendo o outro e seu poder de me objetivar como destruidor de minha própria capacidade de objetivar. Contorno essa apreensão ficando, por exemplo, com ódio do outro, ou então indiferente: os outros são transparentes, não podem me afetar com seu olhar objetivante, pois este não me atinge. Vivo e ajo como se estivesse sozinho, reduzindo de passagem os outros a puras ficções. Por minha cegueira, paralisei o poder que o outro poderia ter sobre mim. Pareço tão sereno, tranquilo, tão sólido e seguro de mim, dado que o outro não pode mais me afetar, ignoro que posso ter um corpo-para-outrem.

Reduzo o outro ao estado de objeto: que ele apareça ou desapareça, que ele esteja presente ou ausente não me afeta mais do que se fossem apenas coisas. Aí está, de fato, uma atitude de profunda má-fé, que pode perdurar toda uma vida, e que não permite ao projeto fundamental do para-si de se fundar e de chegar aos seus fins, dado que a negação do fato de ser visto pelos outros não suprime o fato de ser, apesar de tudo, visto e, portanto, objetivado. Mas minha cegueira me impede de saber disso e, portanto, de sentir o outro como podendo me permitir aceder a outra consciência de mim mesmo.

Outra atitude que visa reduzir o outro ao estado de objeto é o desejo. Este não diz respeito, como se poderia crer, ao corpo do outro — em todo caso, não fundamentalmente —, mas à sua consciência encarnada em seu corpo, a uma consciência feita ou reduzida ao seu corpo. Por meio de meu desejo do outro, eu me revelo a mim mesmo como carne. Desejar é querer levar o outro a se reduzir livremente ao estado de carne, ou de consciência encarnada, isto é, de objeto submetido às minhas carícias. Assim, Sartre mostra como o desejo pode por vezes oscilar no masoquismo ou no sadismo. Este último, pela violência, escraviza o corpo do outro ao seu, e o trata como um utensílio: para o sádico, não há reciprocidade na relação sexual. O masoquismo é a atitude inversa do sadismo, e consiste em se fazer de coisa diante do outro, esperando perder sua própria subjetividade, dado que parece que esta jamais poderá ser atingida na relação com o outro.

Aí está a segunda solução possível ao problema do outro, que se expressa no amor, na linguagem ou no masoquismo. A estratégia consiste, dessa vez, para recuperar meu ser-para-outrem, em me fazer objeto diante do outro, em aceitar totalmente ser visto por um olhar objetivante. Consinto então em me deixar olhar para melhor apreender aquilo que sou pelo outro — e tentar assim justificar minha existência. Na relação amorosa, busco ser amado, para poder ser o objeto do amado. Mas se o outro começa a me amar, ele me vê como um sujeito — e sou eu, com esse gesto, quem se torna objeto. Para Sartre, não se pode estabelecer uma relação de igual para igual, isto é, de sujeito para sujeito, ou de liberdade para liberdade, pois o outro "é, por princípio, inapreensível: ele me foge quando o busco e me possui quando fujo dele".[38]

O outro continua a ser um "escândalo insuperável".[39]

A fonte desse insucesso é a própria estrutura do para-si, estrutura por essência desejante, ou perseguidora-perseguida: não há repouso possível para o para-si, nem em si mesmo, nem no outro, porque na origem ele é definido como transcendência perpétua, corrida incessante atrás de uma plenitude impossível. De modo que nossas relações com o outro nunca param de oscilar entre essas duas atitudes, em círculo, diz Sartre. Não há regra, não há

---

38. Ibidem, p. 449.
39. Ibidem, p. 504.

ordem, não há dialética entre essas duas atitudes, são possibilidades de nosso ser para-outrem que são as respostas ou as estratégias que encontramos para responder àquilo que é para nós o problema do ser, isto é, o projeto do ser em-si. Problema insolúvel, é claro, dado que somos para-si, ou seja, ao mesmo tempo temporais (donde a corrida--perseguição atrás de si, incessante) e, por nosso corpo, em necessária relação com os outros a partir de certo ponto de vista sobre o mundo que é nosso corpo. Por isso podemos dizer que somos duas vezes "falhos": falhamos em ser definitivamente aquilo que somos, e falhamos em ser em relação ao mundo. O projeto fundamental consiste em buscar estratégias para preencher essas falhas fundamentais. Assim, a mesma estrutura temporal de aniquilação que nos assegura uma liberdade absoluta, proibindo que jamais sejamos determinados por nosso passado, ao mesmo tempo nos destina a um necessário fracasso em todos os nossos empreendimentos de recuperação.

3. Segundo balanço

Essa é a tensão que a obra de Sartre visa restituir: é por sermos ontologicamente livres que também somos necessariamente alienados. As alienações são exteriores ao para-si (minha situação familiar, social e histórica), mas também, e sobretudo, internas ao para-si, na medida em que, mesmo que ontologicamente não sejamos nada, existencialmente existimos para nós, para os outros e pelos outros. Temos assim certo caráter, certa personalidade, temos um passado, pelo qual nos definimos.

Em 1943 Sartre escreve que escolhemos o sentido que damos ao nosso passado, escolhemos ser ou não ser solidários com ele.[40] De modo geral, as alienações são enunciadas ou recenseadas, mas parecem só ter o peso que o para-si lhes dá. Assim, a liberdade reside na tomada de consciência do projeto que torna uma situação alienante, para eventualmente lhe desviar o sentido ou mudar de projeto.

A confrontação de Sartre com a vida política, com a tentativa de fundar o RDR em 1947, e suas leituras marxistas, também, o levarão a oferecer outro peso às alienações e a inflectir a noção de consciência para a de *vivido*, a fim de melhor restituir a dimensão opaca da consciência a si mesma.

Até o fim de sua vida, Sartre defenderá que a consciência é espontânea, que escolhemos inclusive nossas emoções e nossos afetos (de maneira irrefletida), mas recolocará em questão a onipotência que parecia atribuir à consciência quanto ao sentido de sua vida, e acabará por estimar que o sentido que damos às situações é alienado em nossa personalidade, em nosso passado.

Duas direções de pesquisas se abrem para Sartre ao final de *O ser e o nada*. Em primeiro lugar, aquela anunciada na conclusão: se somos fundamentalmente livres, mas sempre, em primeiro lugar, de má-fé, haverá um meio de descartar essa má-fé para existir do modo autêntico, exercendo a liberdade de forma plena? É a problemática da moral, que ocupa grande espaço na obra literária do filósofo: todos os seus personagens lutam mais ou menos conscientemente para se libertar da má-fé e aceder a uma existência mais autêntica. Seus romances e peças de teatro traduzem, ao seu modo, as contradições

---

40. Ibidem, p. 548: "Não é somente sobre seu conteúdo e sobre a ordem desse conteúdo que minha escolha livre decide, é também sobre a aderência de meu passado à minha atualidade."

de tal busca. A questão se tornará aquela de saber se podemos escrever uma moral, e como.

Uma segunda direção é indicada pelo método teorizado no final de *O ser e o nada*, a psicanálise existencial, que deve permitir desvelar o projeto original de uma consciência. Como Sartre recusa a existência de um inconsciente em proveito de uma atitude de má-fé, é preciso implementar essa teoria descrevendo, com suas ferramentas, a totalidade de uma vida.

Uma terceira via emergirá logo depois da guerra: que peso dar à História e como entender o que é uma ação histórica?

O pensamento de Sartre evoluirá em alguns pontos, mas os fundamentos de sua ontologia e de sua compreensão da realidade humana não variarão: o homem é, por essência, um *ser falho* em busca de um fundamento necessário de sua existência, e é fundamentalmente livre. Resta ainda a explorar o campo aberto de todas as alienações.

III
Pensar a História

1. Tornar preciso o concreto para pensar a História

Descrever os homens tais como são, e não tais como devem ser: essa é a tarefa infinita à qual Sartre dedica à filosofia. Tarefa infinita, já que o ser do homem não é, não é nada em si, mas sempre para-si e para-outrem. Não se trata, para o fenomenólogo, de descrever a essência do homem no sentido de Rousseau, por exemplo, que também pensa descrevê-lo tal como ele é, como lembra no exórdio de *Do contrato social*: "[...] tomando os homens tais como são, e as leis tais como podem ser [...]." Pois esses *tais como são* remetem, para Rousseau, à essência original do homem, recoberta e quase irreconhecível por causa da vida em sociedade. É preciso então, segundo Rousseau, voltar a essa natureza original, sem dúvida irreconhecível, mas sempre presente no fundo de cada um, para em seguida conceber o projeto político (o tipo de contrato) que convém aos homens. O antropológico funda então o político, o que bem indica a cesura entre os dois campos.

Sartre mostrará, ao contrário, a implicação de todas as dimensões, social, afetiva, política, metafísica e antropológica, no âmago do homem: o homem é total — não por decreto de Sartre, mas porque, nada sendo em si, ele é pura transcendência no mundo, ou confluência de todas as dimensões do mundo em seu seio. É esse o sentido original que é preciso descrever: essa totalidade que o homem é, ou melhor, a atividade constante que o caracteriza, de ser a cada momento essa confluência de todas as dimensões da vida (psicológica, social, política, *projetiva*[1] e, portanto, histórica), o que Sartre chama de totalização. Esse termo, por diferença com totalidade, avança a ideia de processo constante e inacabado, remetendo, assim, à dimensão temporalizante do homem (enquanto a ideia de totalidade remete à de espaço ou de conjunto acabado).

Essa totalização tem, aliás, uma eficácia: produz aquilo a que chamamos de História. Sartre já relatava, em 1939, sua descoberta da História em *Diário de uma guerra estranha* como uma dimensão da qual até então ele não havia apreendido a medida. Contudo, nem por isso *O ser e o nada* desenvolvia uma reflexão sobre o sentido geral da História, nem se interessava pela questão de saber se há um sentido, uma unidade racional de todas as totalizações: se cada indivíduo tem uma história pessoal, o que dizer das ações comuns dos homens? Podemos conceber a ideia de uma totalidade (ou de uma totalização, dado que a História está sempre em curso) de todas as totalizações? As discussões com os comunistas, depois da guerra, iriam levar Sartre a interrogar essa dimensão superior da compreensão do que é uma sociedade e a se confrontar com o *materialismo dialético*.

---

1. Lembramos, com esse termo, que o homem não se define em corte instantâneo, mas que a temporalidade é seu sentido íntimo. A consequência é que o homem se define tanto por seu passado quanto por seu futuro, o sentido do presente e do passado sendo esclarecido pelo projeto futuro.

Chamamos de dialética o movimento de entrecruzamento de forças contrárias que produzem sua ultrapassagem. Hegel², como reconhecia Marx³, foi o primeiro a expor esse movimento de conjunto, que consiste em compreender a realidade não naquilo que ela é em si mesma (o que seria uma compreensão analítica), mas em relação à totalidade à qual ela pertence (totalidade espacial — o social, o psicológico, o político — e totalidade temporal — o que precede e o que anuncia a realidade presente). Porém, para Hegel, é o Espírito⁴ que se expressa por meio de diversas figuras da

2. Georg Wilhelm Friedrich Hegel (1770-1831), o mais representativo filósofo do idealismo alemão: teve grande influência sobre Marx, que durante muito tempo foi o cabeça dos "hegelianos de esquerda", e sobre a escola de Frankfurt (Theodor W. Adorno, Max Horkheimer, Herbert Marcuse e Walter Benjamin) no século XX; é autor, entre outras obras, de *Fenomenologia do Espírito* (em que se encontra a análise da dialética entre o mestre e o escravo), *Ciência da lógica*, *A razão na História* e *Enciclopédia das ciências filosóficas*.

3. Karl Marx (1818-83), filósofo e economista alemão, autor, entre outros títulos, do *Manifesto do Partido Comunista* e *A ideologia alemã* (com Friedrich Engels), e de *Contribuição à crítica da economia política* e *O capital*; cofundador, em 1864, da I Internacional Socialista. O texto a que nos referimos se encontra no posfácio da segunda edição alemã de *O capital* (1873) e é retomado em *Philosophie* (K. Marx, Paris, Gallimard, Folio essais, 1982, p. 510).

4. O Espírito, segundo Hegel, é o terceiro momento do desenvolvimento da Ideia. Esta é um princípio espiritual dinâmico que, antes de se tornar Espírito, se expressa em primeiro lugar como Pensamento idêntico a si mesmo (num primeiro momento, que é o da *Lógica*), depois se exterioriza na Natureza (segundo momento, da *Filosofia da Natureza*), para finalizar em sua expressão última: a Ideia volta então para si mesma e compreende a totalidade de seu percurso e de sua razão de ser (é o momento da *Filosofia do Espírito*).

A História, para Hegel, é, assim, a manifestação do processo do Espírito que, chegado ao seu termo, toma plenamente consciência de si. É nesse sentido que Marx critica o idealismo hegeliano, isto é, o fato de que a História seja compreendida como expressão da manifestação de um Espírito, e não como desenvolvimento material das forças produtivas dos homens. Assim, Marx opõe ao idealismo de Hegel um materialismo: é da matéria que é preciso partir para compreender o realidade. Marx recoloca a dialética sobre seus pés, segundo sua expressão, dado que ele parte da realidade material (e não ideal), isto é, das forças de produção antagonistas do mundo real. São essas forças que produzem nossos pensamentos e nossa reflexão, e não o Espírito.

Sartre ainda conhecia apenas aproximativamente as obras de Marx durante e logo após a guerra; começa a lê-lo a sério nos anos 1947-48, como dão testemunho os *Cahiers pour une morale*. A noção de situação se complexifica então: se o indivíduo está na origem do sentido de sua vida e da escolha de seu projeto original, ele também é, convenhamos, condicionado pelos que o cercam (seu *entourage*). Contudo, poderíamos acrescentar, é a própria noção de *entourage* que será necessário pormenorizar muito mais do que o fazia *O ser e o nada*, pois as influências de um meio (e de um indivíduo pertencente a certo meio) sobre o outro se multiplicam tantas vezes quantas forem os indivíduos. Pensar o indivíduo na História convida, então, a repensar também o ser ou a realidade ontológica disso que chamamos de História. Doravante é preciso entrar na descrição precisa do processo histórico e daquilo que o permite.

Em primeiro lugar, entrar no detalhe da relação do homem com o mundo: embora pudéssemos compreender, a partir de *O ser e o nada*, que a situação do operário contribuía para moldar um pensamento de operário, enquanto a do burguês contribuía para moldar um pensamento de burguês, ficávamos nesse resultado. Agora se trata de compreender a própria modelagem, isto é, o processo de constituição de um pensamento ou de uma realidade humana. O homem é relação com o

---

desenvolvimento da História, sendo este expresso de maneira dialética, ou seja, como ultrapassagem constante de formas contraditórias.

mundo, estamos de acordo. Mas como se constitui essa relação? Como ela se organiza e a partir de quê? De que natureza ela é?

O mundo se apresenta sob a forma de coisas inertes, mas também sob a forma dos outros, com os quais se há de compor para viver juntos — ou, em primeiro lugar, para não morrer pelo outro. *O ser e o nada* apresentava, na realidade, figuras abstratas daquilo que, apesar de tudo, era intitulado "relações concretas com outrem". *Crítica da razão dialética* entra no processo de constituição da própria possibilidade de que haja relações, com o mundo e com os outros, descrevendo essas novas estruturas que desenvolveremos, por nossa vez, a partir da análise da noção de *praxis*.

Sartre também se questiona quanto à possibilidade de uma inteligibilidade de todas as totalizações singulares que formam vidas singulares. Essa questão é a do sentido da História, segundo o campo de investigação de *Crítica da razão dialética*; nós a trataremos em último lugar.

2. Do *para-si* à praxis

O ser e o nada, descrevendo as estruturas ontológicas do para-si, mostrava que a totalidade do para-si jamais poderia ser acabada enquanto a vida continuasse. A totalidade era assim qualificada, em primeiro lugar, de totalização (para marcar o fato de que ela está sempre em curso), mas também de destotalizada, a fim de indicar o movimento incessante do trabalho da temporalidade sobre a totalidade do para-si: a cada instante desfeito por aquilo que ocorre e a cada momento se recompondo, se totalizando sobre as bases da *acabando-de-acontecer* destotalização.

Crítica da razão dialética leva um pouco mais adiante a compreensão da atividade propriamente humana, que é dupla: atividade de constituição do sentido do mundo, mas também de recepção das diversas dimensões do mundo, dois movimentos que imprimem, de um modo ou de outro, seu traço no mundo. O para-si é, dessa forma, confluência ativa e eficiente, e não lugar de passagem indiferente. Alguma coisa sempre acontece, já que o para-si não pode se isolar do mundo — porque o para-si é relação com o mundo. Para marcar mais precisamente essa relação ativa (poderíamos dizer interativa), Sartre doravante chama o para-si de *praxis*.

Esse termo, que em Aristóteles designa a ação que tem seu fim em si mesma (por oposição à *poiesis*, que tem seu fim na produção de uma obra exterior ao agente), designa em Sartre a inscrição da atividade propriamente humana na matéria segundo os fins visados pelo para-si, inscrição que produzirá por retorno (direto ou indireto, a mais ou menos longo termo) outros efeitos. Se o para-si designa dessa maneira o ser da realidade humana, a *praxis* caracteriza seu fazer (que é também seu ser, considerado do ponto de vista da ação, isto é, também do ponto de vista da liberdade, e não somente do ponto de vista de suas estruturas ontológicas). Ora, esse fazer não é comparável ao fazer da aranha — comparação tomada de empréstimo a Marx: a noção de *praxis*, com o sentido que iremos detalhar, provém de sua filosofia. A comparação com a obra da aranha permite distinguir a atividade humana (ou trabalho) de qualquer outra atividade animal, mostrando que a distinção se estabelece no projeto que o homem é capaz de imaginar primeiramente em sua cabeça.[5]

---

5. K. Marx, *Le Capital*, Paris, Éditions sociales, livro I, terceira parte, p. 180.

Sartre define a *praxis* da seguinte forma:

> Projeto organizador que ultrapassa as condições materiais para um fim e que se inscreve pelo trabalho na matéria inorgânica como remanejamento do campo prático e reunificação dos meios com vistas a atingir o fim.[6]

Em outros termos, trata-se de significar simultaneamente que o homem é *projeto*, que ele só pode se projetar por sua imaginação (enquanto liberdade) a partir de uma situação presente para mudá-la — imaginando assim uma melhor, ou uma outra, situação —, que portanto ele não está assujeitado ao mundo presente, dado que ele o ultrapassa sem cessar pelo projeto que ele é (e não é), e que sabe utilizar aquilo que se lhe apresenta, a matéria do mundo, a fim de trabalhá-la para adaptar o mundo ao seu projeto.

De onde vem o projeto?, poderíamos perguntar. Do para-si, que constata a insuficiência do mundo em prover suas necessidades, e ao mesmo tempo a falta que o caracteriza enquanto para-si — falta inexoravelmente ligada ao estado do mundo, e o estado do mundo que gera também inexoravelmente um estado de falta para o para-si, que *faz o para-si entrar em atividade*. A noção de *praxis* inclui, assim, as análises precedentes de *O ser e o nada* sobre o para-si como falta e como projeto original, e integra essas descrições estruturais na atividade engendrada pela própria forma dessas estruturas, indicando a atividade própria do homem: transformando o mundo, mas sendo também transformado por aquilo que ele transformou.

Dessa forma, a fala é também *praxis* (como já indicado por Marx). Com isso, não devemos apenas compreender

---

6. *Critique de la raison dialectique*, I, p. 813.

que ela é atividade, mas que é esse tipo de atividade propriamente humana, que é um projeto visando organizar a matéria inorgânica (das palavras esparsas e dos sons, mas também a matéria ou o referente designado ou indicado pela fala) para fazer alguma coisa com isso — para fazer outra coisa que não o estado atual. Poderíamos ainda, para marcar a especificidade do conceito, dizer que a *praxis* se opõe à *theoria* (atividade contemplativa) em Aristóteles, enquanto tudo aquilo que concerne ao humano é *praxis* para Sartre. Isso inclui os escritos de Flaubert[7], que, apesar de não se considerar engajado nos acontecimentos políticos de 1848, encontra-se implicado, como todo mundo, porque o homem não pode deixar de se comprometer, sendo toda vida humana necessariamente engajamento — mesmo que no modo passivo da recusa em se afiliar.

Engajar-se não é só, como em *O ser e o nada*, ter necessariamente uma posição no mundo (não escolher ainda é escolher, escrevia Sartre nessa obra), é inserir-se materialmente, inscrever-se nas malhas materiais do mundo pelo condicionamento inevitavelmente sofrido. Então, não é tanto o efeito de transformação que importa para compreender a noção de *praxis*, mas a impossibilidade de escapar à materialidade do mundo, à inscrição em sua materialidade. O silêncio do intelectual ou sua indiferença ou sua recusa em se engajar num problema moral ou político são ainda — e apesar da ilusão do intelectual que pensa poder se abster — engajamento no mundo.

Entretanto, esse engajamento, ou inscrição no mundo, não deixa de ter eficácia — e é também o que a noção de

---

7. As rebeliões de fevereiro de 1848 em Paris, para obter o sufrágio universal (somente para os homens), depois de muitos anos de crise econômica, moral e política, finalizam na abdicação de Luís Filipe e na proclamação da Segunda República.

praxis significa: toda *praxis* é ação, mas ação *dialética*. É que, além de ser inscrição no mundo, a vida humana é dialética, e isso porque, como vimos, ela é movimento fundamental de temporalização (isto é: destotalização incessante da totalidade até então formada e retotalização incessante daquilo que não cessa de se destotalizar; movimento incessante de destotalização e de retotalização). Por conseguinte, o termo dialética também toma outra significação e se enriquece da materialidade à qual o para-si não pode não se confrontar. A filosofia de Sartre, tal como exposta em *Crítica da razão dialética*, é mesmo uma filosofia materialista, e a compreensão da História que ele desenvolverá é também dialética. Qual é a diferença, perguntaremos mais uma vez, em relação ao materialismo histórico de Marx? Entremos mais precisamente na compreensão do projeto de Sartre, tal como ele o explica em *Questão de método*.

3. *O ponto de partida deve sempre ser a consciência*[8]

Escrito em 1957, *Questão de método* foi suscitado pela polêmica com Roger Garaudy[9], a partir da Liberação.

---

8. *Critique de la raison dialectique*, p. 167 da edição francesa [trad. minha]: "O ponto de partida epistemológico deve ser sempre a consciência como certeza apodítica (de) si e como consciência de um objeto ou de outro. Contudo, não se trata aqui de questionar a consciência sobre si mesma: o objeto que ela alega se dar é precisamente a vida, isto é, o ser objetivo do pesquisador, no mundo dos outros, na qualidade de que este ser se totalize desde o nascimento e se totalizará até a morte." [Ed. bras.: *Crítica da razão dialética*, trad. de Guilherme J. F. Teixeira, São Paulo: DP&A Editora, 2002.]

9. Roger Garaudy (1913-), professor de filosofia, inicialmente cristão, adere ao Partido Comunista Francês em 1933 e se torna membro de seu comitê central em 1945. Diretor do Centro de Estudos Marxistas, ele será o defensor da ortodoxia stalinista (autor conhecido principalmente por uma tese sobre *La liberté à l'université de Moscou sur*

Então membro do PCF, Garaudy defendia o sistema "oficial" de compreensão marxista da História. Sartre já lhe opunha a ausência de consideração do indivíduo no sistema marxista. Garaudy propunha testar seus sistemas de compreensão respectivos, o existencialismo contra o marxismo. Eles escolheram Flaubert como sujeito-teste, mas não conseguiram se convencer mutuamente. De toda forma, a polêmica dará lugar, da parte de Sartre, à escritura de *Questão de método*, que será publicado em *Temps Modernes*, antes de abrir *Crítica da razão dialética*, e cuja sequência será nada menos que *O idiota da família*.

O projeto de *Questão de método* é marcar os limites da filosofia de Marx, que esquece o indivíduo enquanto livre espontaneidade, ou que privilegia as estruturas (econômicas e políticas) em detrimento do fator individual. Não se trata, para Sartre, de privilegiar o individual em detrimento do papel das estruturas na organização de uma sociedade, característica própria do sistema liberal, mas de conciliar a liberdade individual com as alienações inevitáveis que essa liberdade produz (o que Marx chama de as estruturas econômicas e as superestruturas, políticas e jurídicas), e que acabam por se voltar contra ela — tornando um pouco mais complexa a compreensão de um sentido dessa história.

O que está em jogo, na elaboração desses sistemas, é a compreensão do que é a História. Qual é a importância, diríamos? Essa não é a tarefa da filosofia teórica?

Staline), até sua exclusão do PCF em 1970. Curiosamente, R. Garaudy voltou a ser cristão até que, julgando que o cristianismo "dá continuidade a certa ideologia sionista", decide por fim se converter ao Islã. É o mesmo Garaudy que em 1996 causa escândalo com a publicação de *Les mythes fondateurs de la politique israélienne* (éditions Samiszdat), livro antissemita, apoiado pelo abade Pierre (Henri Grouès *dito* abade Pierre, 1912-2007), com quem estava ligado desde 1945. (Fonte: *Encyclopædia Universalis*, 2006).

Provavelmente, mas com mais forte razão também: a filosofia, mesmo teórica (ou se pensando como tal), é uma *praxis*; circunstâncias materiais a produziram, como toda ideologia, mesmo que ela o ignore. Por outro lado, ela tem uma eficácia prática, de um modo ou de outro. Não há atividade do homem que não tenha eficácia, e é por isso que qualquer feito, tudo o que ocorre no mundo, deve ser compreendido a partir do sujeito. Toda compreensão do mundo toma e encontra seu fundamento no sujeito, enquanto Marx compreende o movimento histórico como o resultante de relações econômicas entre as classes — isto é, fora do sujeito. A maneira pela qual se compreende a História é a maneira pela qual se compreende o presente e, por conseguinte, a margem que a gente se dá, ou a possibilidade que entrevemos de agir sobre esse presente para modificá-lo. Pensar a História nada tem, então, de um trabalho teórico sem incidência; pelo contrário, já constitui certa compreensão da relação do homem com o mundo, seja esta relação oriunda da iniciativa do homem ou seja ela, justamente, proveniente de estruturas econômicas entendidas como superiores aos indivíduos.

Sartre desenvolve dois tipos de crítica em relação ao marxismo; a primeira compreende aquilo que os comunistas (Stálin, em primeiro lugar) fizeram do marxismo: uma instituição que, do alto de suas certezas petrificadas, decreta o que deve ser o real, em detrimento daquilo que se passa na realidade. É assim que um subsolo em Budapeste, que não se presta bem a ser arrumado para que nele se faça um metrô, se torna contrarrevolucionário[10]: os comunistas perderam o senso da realidade, submetem os homens às ideias; derivaram para um novo idealismo, pois a ideia se tornou mais real que os homens e sua

---

10. *Critique de la raison dialectique*, I, p. 31.

realidade. Sartre denuncia assim cruamente, nas primeiras páginas de *Questão de método*, o absurdo em que se tornou o sistema comunista e a violência insensata na qual uma parte do mundo caiu. Os comunistas se gabam de uma filosofia que eles esclerosaram e que, por isso, está desnaturada. A dissensão com o Partido Comunista é maior: já que a análise teórica da sociedade está errada, e sendo os homens considerados peões intercambiáveis a serviço da Ideia, é a própria ação empreendida pelos comunistas para mudar a sociedade que é, ao mesmo tempo, totalmente ilegítima e escandalosa — e, além disso, destinada ao fracasso, aos olhos de Sartre.

Ora, há certa verdade na filosofia de Marx. O segundo tipo de crítica (dessa vez, no sentido kantiano)[11] se dirige, mais profundamente, ao próprio sistema (e não mais ao seu devir histórico). É por esse viés que Sartre escreve que o marxismo é o horizonte intransponível de nosso tempo, "porque as circunstâncias que o engendraram ainda não foram ultrapassadas".[12] Elas o serão, acrescenta o filósofo, quando as condições materiais de existência forem tais que o homem terá mais para pensar em seu tempo de lazer que em seu tempo de trabalho, isto é, quando a sociedade tiver tomado uma forma e induzido as relações entre os homens de tal maneira que eles serão libertos "do jugo da raridade"[13], o que o próprio Marx chamava

---

11. Habitualmente entende-se o sentido de "crítica" como um julgamento negativo e polêmico. Kant, em suas três obras maiores, emprega esse termo em seu sentido etimológico, que remete à ideia de uma delimitação dos direitos de dizer ou fazer alguma coisa. Fazer a crítica da razão é então determinar os direitos da razão em conhecer tal ou tal objeto, e estabelecer as condições de possibilidade de um conhecimento. Voltaremos posteriormente à relação entre Kant e o projeto de Sartre.
12. *Critique de la raison dialectique*, I, pp. 36 e 39.
13. Ibidem, p. 39. Explicaremos adiante por que Sartre fala aqui de raridade, conceito-chave de *Crítica da razão dialética*.

de reino da liberdade (para distingui-lo do reino do trabalho imposto pela necessidade).

A crítica, sobre esse ponto, reconhece a legitimidade das análises econômicas e sociais de Marx, mas falta-lhes um fundamento para mostrar a necessidade desse pensamento. Da mesma forma que Kant sentia necessidade de fundamentar a física de Newton — não para lhe contestar a realidade e o conteúdo, mas, ao contrário, para mostrar sua necessidade —, Sartre busca fundamentar na necessidade a teoria marxista da História.

O ponto de partida será um pouco diferente: Marx parte do indivíduo, Sartre parte da consciência (de) si, o que o leva a descrever fundamentos mais profundos, mas também mais indispensáveis, daquilo que torna possível uma História. Para Marx, o indivíduo deve ser compreendido como o resultado de forças produtivas. O pensamento dos homens é determinado por suas condições materiais de existência. Podemos ler, em *A ideologia alemã*:

> As representações, o pensamento, o comércio intelectual dos homens aparecem aqui ainda como a emanação direta de seu comportamento material.[14]

Há, então, em primeiro lugar, certas condições materiais, em seguida homens que sofrem essas condições, as quais formam neles certa maneira de pensar. Os intelectuais, que poderíamos acreditar mais lúcidos ou mais livres (menos condicionados ou tendo consciência de seu condicionamento), não escapam desse esquema:

> O mesmo ocorre com a produção intelectual tal como se apresenta na língua da política, a das leis, da moral,

---
14. K. Marx e F. Engels, *A ideologia alemã*, primeira parte, B.

da religião, da metafísica, etc. de todo um povo. São os homens os produtores de suas representações, de suas ideias, etc., mas os reais homens agentes, tais como condicionados por um desenvolvimento determinado de suas forças produtivas e das relações que a elas correspondem, inclusive as formas mais amplas que estas possam tomar.[15]

Sartre, partindo da consciência (de) si, mostra como o homem está estruturalmente na origem de seus condicionamentos. Isso não significa que ele é responsável — Sartre não moraliza, de modo algum, essa análise, mas, se quisermos compreender o sentido da História, se quisermos compreender por que a História se desenvolveu dessa forma e não de outra, é preciso voltar à estrutura ontológica primeira e original do homem, do para-si, para apreender como um ser originalmente livre produz de modo inevitável suas alienações — devido mesmo ao fato de que ele é originalmente relação com o mundo, ser-no-mundo.

Nesse sentido, *Crítica da razão dialética* aprofundaria a noção de *relação com* que é uma consciência. Sartre não esgotou todas as significações em *O ser e o nada*. É preciso mostrar como a consciência pré-reflexiva é dialética, devido à sua temporalidade. Para Marx (e segundo a interpretação que dele oferece Sartre), a dialética permanece exterior ao homem, tomada no movimento das relações de forças que ele não domina — até o momento em que, tomando justamente consciência desse movimento dialético da História, os proletários estarão prontos para fazer a Revolução. Sartre não propõe soluções para melhorar a sorte da humanidade, pois tal não é seu propósito. Sua pesquisa visa esclarecer as condições

---

15. Ibidem, sequência direta da frase precedentemente citada.

requeridas para que um pensamento da História seja possível. A intenção de Marx é pragmática (a compreensão teórica do curso da História visando tomar consciência dos mecanismos que a comandam, para poder agir sobre e se tornar doravante mestre do curso da História a devir), a de Sartre, crítica, no sentido kantiano do termo. Em outras palavras, Marx propõe uma filosofia da História na linha (clássica) de Kant e depois de Hegel; Sartre interroga as condições de possibilidade para que haja um conhecimento da História. Eis como ele explica a distância que separa seu projeto do de Marx:

> Assim nossa tarefa não pode ser, *de nenhum modo*, restituir a História real em seu desenvolvimento, da mesma forma que ela não consiste num estudo concreto das formas de produção ou dos grupos estudados pelo sociólogo e pelo etnógrafo. Nosso problema é *crítico*.[16]

4. O sentido de uma crítica da razão dialética

Trata-se de circunscrever o campo de aplicação da razão dialética, de mostrar sua legitimidade, de fundá-la como o meio mais adequado para pensar a História. O título escolhido por Sartre remete claramente a Kant e às suas três *Críticas*[17]: assim, *Crítica da razão pura* determina o campo próprio da razão científica, delimita seu território, que será o da experiência (e não o dos sonhos ou do sobrenatural), para evitar que a razão pura especulativa

---
16. *Critique de la raison dialectique*, I, p. 158.
17. *Crítica da razão pura* (1781), *Crítica da razão prática* (1788), *Crítica da faculdade de julgar* (1790).

(e o poder que lhe é próprio, de conhecimento) não transborde sobre um território que não é o seu (o mundo que pode ser pensado, mas não conhecido, como os *objetos* de crença racional: a existência da alma, de Deus e do mundo pensado em sua totalidade). Kant atribui um território próprio para cada uso da razão (a razão pura, a razão prática e a faculdade de julgar) a fim de estabelecer os direitos de cada um sobre seu território e suas condições de possibilidade. A primeira *Crítica* responde, desse modo, à questão de saber em que condições um conhecimento (científico) é possível. A proposta de Sartre é similar:

> Nossa finalidade real é teórica: podemos formulá-la nesses termos: em que condições o conhecimento de uma história é possível?[18]

Interroguemos um pouco mais o título, *Crítica da razão dialética*: podemos compreendê-lo em dois sentidos. No primeiro, a razão dialética é o objeto da crítica; no segundo, ela é o sujeito. Os dois sentidos são, de fato, pertinentes, pois se trata de estabelecer os limites e o fundamento dessa *faculdade*[19] (a razão dialética) em ação na História, mas que só pode ser pensada pela mesma faculdade — e não por uma razão analítica. Contudo, como acabamos de lembrar, a consciência se desdobra, por ser temporalidade e projeto, dialeticamente. Poderíamos dizer que a vida, em seu plano mais original, mais fundamental (o plano irrefletido), é dialética. No mínimo, seu desdobramento se efetua de certo modo

---
18. *Critique de la raison dialectique*, I, p. 185.
19. Mostraremos adiante no que a razão dialética não nos parece poder ser uma faculdade, como Kant fala, a respeito da razão pura, da razão pura prática e da faculdade de julgar.

espontaneamente, mas, assim como pudemos tomar o *cogito* reflexivo como uma verdade primeira e fundamental, também tomamos a razão analítica como verdade primeira e fundamental. Ora, assim como o *cogito* pré-reflexivo é a condição para que a reflexão seja possível, também a razão dialética é a condição para que uma razão analítica seja possível: ela é seu fundamento, não imediatamente perceptível, nem apreensível, mas é a partir da razão dialética que podemos compreender a razão analítica, e não o inverso.

Definamos esses dois tipos de razão, analítica e dialética. Bem grosseiramente, a razão é a faculdade de compreender, a capacidade que temos de refletir para buscar um sentido para aquilo que nos cerca. A razão analítica, recortando seu objeto para melhor estudá-lo, esquece essa operação inteiramente artificial e pensa o objeto como isolado do resto do mundo, como uma entidade inteira e que se basta, tal como Robinson em sua ilha.[20] Sartre não pretende denunciar esse pensamento como inconsequente, mas quer compreender o que ele é, em que condição histórica pôde nascer e ter um sentido.

A razão dialética é, ao contrário, aquela que percebe aquilo que está diante de si como uma totalidade, devendo cada elemento ser compreendido como parte de um todo do qual se trata de restituir o sentido e, portanto, as relações. Bergson faz a mesma análise quando distingue a inteligência e a intuição, mostrando como a inteligência, pensamento analítico, é a mais cômoda em sociedade e, além disso, eficaz na ciência.[21] A intuição busca, ao contrário, apreender o mundo em sua

---

20. Marx usa a imagem daquilo que ele chama de *robinsonadas* desde o início da *Introdução geral à crítica da economia política* (1857) para criticar esse mesmo pensamento analítico — no caso, o de Smith e Ricardo, economistas no século XVIII.
21. Henri Bergson, *O pensamento e o movente* (1934).

radicalidade, em sua totalidade (isto é, para Bergson, em sua duração fundamental). Mas a intuição é simbiose com a duração, enquanto a razão dialética é enunciação da totalização em curso, a fim de apreender a totalização que forma o conjunto das totalizações individuais.

Essa enunciação toma tempo, o que explica, além das 1300 páginas de *Crítica da razão dialética*, sua construção por patamares, de modo que, como para *O ser e o nada*, se a análise das relações com o outro ocorre, na ordem da redação, somente na terceira parte, o outro já está presente a partir do início da obra (na ordem do real, poderíamos dizer). Da mesma forma, se a análise da sociedade e da História ocorre, na ordem da redação, somente no segundo livro, elas já estão presentes desde o início, se aceitarmos a ideia de que a descrição de um estrato, necessária para as exigências de clareza da exposição, implica de toda forma a totalidade da realidade. A dificuldade é que enunciar a totalidade passa pela enumeração de suas partes, em seguida por aquela das relações entre cada uma dessas partes, o que pode permitir que o leitor se esqueça de que as partes só têm seu sentido sobre um fundo de totalidade. Adicionemos a isso que não se trata verdadeiramente de descrever uma simples totalidade (o que seria acabado, como pode ser a totalidade formada pelas árvores da floresta), mas uma totalização em curso, com o caráter movente de cada uma das partes. Assim, seria preciso, ainda que somente para descrever uma totalidade (e não ainda uma totalização), efetuar o estudo das partes — e, dessa forma, será bem uma razão analítica que se expressará, mas que não se esquece de onde ela vem, nem do sentido daquilo que faz. Entretanto, será que a razão analítica, caso dispuséssemos apenas desse modo de compreensão, poderia apreender seus objetos como partes de um todo se ela já não tivesse a ideia prévia do todo? Em outros termos, só uma razão dialética pode descrever o movimento dialético da totalização em curso. A razão que produz *Crítica da razão dialética* é, portanto, dialética, e o assunto do qual ela faz a crítica também é a razão dialética em suas pretensões de apreender e de pensar a História.

Essa relação entre razão analítica e razão dialética suscitou uma polêmica com Lévi-Strauss, que não via o interesse da segunda, nem compreendia a relação de englobamento que Sartre faz entre as duas.[22] Esse ponto de dissensão traduz uma divergência total de visão sobre a maneira de compreender o homem: o estruturalismo, de fato, leva a pensar o homem como um objeto constituído e determinado por estruturas invariantes (sociais e inconscientes), tais como podemos encontrá-las em qualquer sociedade, como as que comandam a troca de bens e as regras de parentesco, por exemplo.

O objeto de estudo do etnólogo estruturalista não é o homem enquanto sujeito, nem mesmo na medida em que ele pode ser *objeto-sujeito* (isto é, objeto para os sujeitos que o constituem como tal), mas as estruturas que o enclausuram e o determinam: "O fim último das ciências humanas não é constituir o homem, mas dissolvê-lo", escreve Lévi-Strauss no último capítulo de *O pensamento selvagem*. Para ele, os indivíduos são redutíveis às estruturas, que bastam para explicar suas ações. Lévi-Strauss reconhece que há uma margem de variação

---

22. C. Lévi-Strauss, *O pensamento selvagem*, capítulo IX, "História e dialética" (1962). Claude Lévi-Strauss (nascido em 1908 em Bruxelas), antropólogo, etnólogo e filósofo francês, é considerado o fundador da antropologia estrutural, que ele implementa em sua tese *As estruturas elementares do parentesco* (1949). Ele estende seu método de análise da linguagem, exposto por Ferdinand de Saussure em seu *Curso de linguística geral* (1916), às relações humanas. Assim, numa sociedade que inicialmente se apresenta como um conjunto de elementos muito diversos, o estruturalismo se esforçará para modelar as relações de uns com os outros a fim de apreender as estruturas formais.

entre os indivíduos, contanto que as relações entre eles sejam respeitadas[23], mas não estabelece explicitamente uma relação dialética entre indivíduos e estruturas que determinem suas relações, fazendo dessas estruturas elementos exteriores aos indivíduos.

Por sua vez, Sartre insiste sobre a dialética que se instaura entre os indivíduos e aquilo que estrutura suas relações. Se a noção de estrutura tem um sentido para ele, é na medida em que podemos mostrar a inteligibilidade, isto é, descrever como sua "materialidade inorgânica foi livremente interiorizada e retrabalhada pelo grupo".[24] Reconhecendo o peso que as estruturas têm sobre os comportamentos individuais, Sartre acentua o fato de que elas só adquirem sentido quando retomadas no âmago de uma liberdade em ato: as estruturas se atualizam nas e pelas ações dos indivíduos e, assim fazendo, o indivíduo se torna a mediação entre o grupo e as estruturas, assim como a estrutura se torna, ela própria, a mediação entre o indivíduo e o grupo. Sartre, longe de dissolver o homem, mostra, ao contrário, como as estruturas são, é claro, constitutivas daquilo que ele é, mas também são constituídas por ele.

Dessa forma, o escritor também não escapa da ascendência das estruturas: Sartre mostra como aquele que escreve é parte interessada de sua época e da dialética da qual se trata de expor o movimento. Para Sartre, a razão dialética não constitui seu objeto, ela o descreve em sua totalidade e permite principalmente pensar o homem

---

23. Sartre cita esta passagem de *Structures élémentaires de la parenté*, p. 145: "Essas classes são muito menos concebidas em extensão como grupos de indivíduos designados por seus caracteres objetivos do que como um sistema de posições do qual somente a estrutura permanece constante, e na qual os indivíduos podem se deslocar e mesmo trocar suas respectivas posições, *contanto que as relações entre eles sejam respeitadas*", Critique de la raison dialectique, I, p. 576.
24. *Critique de la raison dialectique*, I, p. 584.

enquanto sujeito (e não como objeto). Particularizemos este último ponto antes de entrar no conteúdo da relação dialética do homem com o mundo, lembrando que o projeto de Sartre é de

> experimentar, criticar e fundar, na História e nesse momento do desenvolvimento das sociedades humanas, os instrumentos de pensamento pelos quais a História se pensa, na medida em que eles são também os instrumentos práticos por meio dos quais ela se faz.[25]

Com isso deve-se entender que aquele que descreve o processo histórico (e que produz *Crítica da razão dialética*) é um ser histórico, produto e agente da História. Nesse sentido, os instrumentos de pensamento de que dispomos não são *para toda a eternidade*, e só são possíveis uma vez reunidas certas condições históricas. É o que Marx indicava quando pretendia engendrar a emergência de uma "consciência de classe" entre os operários: aquilo que a princípio não se pensou, aquilo que de início não foi pensado, também não pode produzir uma ação. O pensamento é *praxis* — mas ainda é preciso que tenha consciência de si.

No mesmo sentido, a razão analítica deriva da razão dialética — mas ela pode esquecê-la, não ter consciência de seu fundamento, assim como podemos viver um estado insuportável sem, entretanto, ter a ideia de mudá-lo, na medida em que o estado não é ativa e conscientemente pensado como insuportável. O papel do filósofo é esclarecer as condições de possibilidade de tal pensamento, o de Marx. Mas esse esclarecimento é ele próprio tributário de certas condições históricas: não se podia fazer a crítica da razão dialética antes do desenvolvimento

---

25. *Critique de la raison dialectique*, I, p. 158.

esclerosante que o pensamento marxista conheceu. Sartre lembra simplesmente que um intelectual só pode escrever com os instrumentos que são os seus no momento em que escreve, instrumentos de pensamento que estão em relação dialética com a História se fazendo.

5. A dialética da razão

As relações vêm do homem e pelo homem, a começar pela relação que este necessariamente estabelece com aquilo que está diante de si. Portanto, é imediata e inevitavelmente que uma relação do homem com o mundo se estabelece, e essa relação é dialética:

> A descoberta capital da experiência dialética, insisto, é que o homem é mediado pelas coisas na própria medida em que as coisas são mediadas pelo homem.[26]

Nesse sentido, a ideia de um estado de natureza tal como Rousseau o descreve no *Discurso sobre a origem e os fundamentos da desigualdade entre os homens* — em que o homem vive como um animal solitário, extraindo de uma natureza generosa e abundante tudo o que é necessário à sua sobrevivência — não tem nenhum sentido para Sartre e não permite compreender que o homem é História, inexoravelmente. É então inevitável que com o homem apareça a História.

A relação fundamental que se engaja entre os homens, e entre os homens e a natureza, é estruturada pela raridade. O conceito é importante para Sartre, pois, além de ser a estrutura formal de todas as nossas relações, ele

---

26. Ibidem, p. 193. Aqui colocamos em itálico aquilo que o autor põe entre parênteses.

permite compreender a surda violência presente em cada um de nós em estado difuso, quando ela não se expressa abertamente na revolta — ou na Revolução. A Marx, que explica a história humana pela luta de classes, Sartre replica: "Toda a aventura humana [...] é uma luta encarniçada contra a raridade."[27]

Para Marx, de fato, a luta de classes provém das relações econômicas induzidas pelo trabalho, que agrupa os indivíduos não por afinidades, mas em função do lugar que ocupam na produção, trabalho que radicaliza polarizando suas relações sociais: de um lado, aqueles que detêm as ferramentas de trabalho e o capital; de outro, aqueles que só possuem sua força de trabalho. A organização do trabalho, induzindo certa forma da sociedade, põe inevitavelmente em oposição essas duas classes. Contudo, pergunta Sartre, de onde vem essa oposição? O que explica a passagem de uma diferença de classe à luta entre elas?

Para ele, a relação negativa entre as classes não advém das formas do trabalho ou da exploração de uma classe pela outra; a negação não é exterior aos homens, ela é, *de cara*[28], interna aos homens. Sartre funda as relações políticas entre os homens em sua concepção existencialista do homem como intencionalidade, isto é, transcendência e negatividade. Sem requestionar a contribuição de Marx de forma explícita, ele funda a inteligibilidade de seu sistema evidenciando suas condições de possibilidade: claro, há contradição, há luta entre os homens, mas as razões não devem ser buscadas fora do próprio homem, na medida em que ele sempre tem necessidades além daquilo que está ao seu alcance.

---

27. Ibidem, p. 235.
28. Ibidem, p. 262.

A raridade se faz inicialmente sentir no excedente dos homens em relação aos recursos disponíveis. Mas Sartre não limita a raridade às necessidades materiais ou a determinada mercadoria — ele a estende ao conjunto da atividade humana: o tempo pode se tornar raro em nossas sociedades, ou mesmo o trabalho, ou então a possibilidade de viajar, de ler, etc. O conceito não tem conteúdo determinado porque marca a relação entre a demanda e a oferta, isto é, ele também significa o interesse de uma sociedade em dado momento de sua história por uma coisa ou por outra. Nessa corrida para completar aquilo que falta, o outro aparece então como aquele que pode tomar o *meu* lugar, e que Sartre chama de contra-homem.

Assim, quando num concurso — por exemplo, o da *agrégation* — há dez vagas para cem candidatos, as relações entre estes, durante o ano de preparação para o exame, não são suaves: não se trocam informações sobre os cursos, não se comunicam as informações sobre as mudanças de sala ou os deslocamentos de cursos, etc. A raridade das vagas, medindo-se pelo desejo de todos os candidatos de obter um lugar, engendra entre eles uma violência latente, já que cada um é um risco para o outro. Se transportarmos o exemplo para um estado de penúria alimentar, compreenderemos de imediato como a violência não é inerente ao homem. Contrariamente ao que pensa Hobbes[29], o homem não é mau por natureza, mas assim se torna: a violência é produzida pelas circunstâncias exteriores, que só têm sentido para uma consciência que as apreenda sob a forma do que é raro para ela num dado momento da História.

---

29. Thomas Hobbes (1588-1679), filósofo político inglês, teórico da luta de todos contra todos e dos meios de pôr fim a isso (um Estado forte), autor de obras como *Leviatã* e *Behemot ou o longo parlamento*.

Toda violência nada mais é que uma contraviolência, aquela que busca se bater diante de um estado de fato que é também compreendido como violento. Nesse sentido, o adolescente que começa a roubar, o indivíduo alucinado que sai na rua atirando nos transeuntes, a mãe que mata os filhos a facadas, mas também um povo que se revolta, ou os camicases, todos re-exteriorizam, à sua maneira, "o fato insuportável da reciprocidade rompida".[30] Veja-se, em *O ser e o nada*, como Sartre fala do "escândalo intransponível"[31] que o Outro é para mim, dado que ele condiciona a escolha original que faço de mim mesmo em minha relação com o mundo. O conflito pode aparecer então como a relação original dos homens entre si. *Crítica da razão dialética* mostra que o conflito só é possível sobre o fundamento de uma relação original de reciprocidade entre os homens. O outro só se torna um contra-homem, um risco para mim, porque em primeiro lugar reconheço nele outro eu, provido dos mesmos interesses e dos mesmos desejos. O conflito não é primeiro, mas segundo, produzido pela raridade, e possível porque o outro, inicialmente reconhecido como meu semelhante, de repente se torna uma ameaça — donde a ruptura da reciprocidade.

À sua maneira, Jean Améry[32] desenvolve essa mesma intuição quando descreve a situação de tortura que experimentou no início da Segunda Guerra Mundial: torturado

---

30. *Critique de la raison dialectique*, I, p. 245. Para Sartre, não se trata de dizer que é indiferente ser morto ou matar, ou que ambos têm o mesmo valor moral. Para ele, trata-se de compreender o que engendra a violência — o que evidentemente não é uma justificativa do ato de matar ou de roubar, ou uma confusão entre agressor e vítima.
31. *L'Être et le néant*, p. 504.
32. Jean Améry (anagrama de Hans Mayer), escritor e ensaísta judeu nascido em Viena em 1912; mudou-se para Bruxelas em 1938; deportado para Auschwitz, retornou a Bruxelas depois da guerra, onde se dedicou a obras de crítica literária. Suicidou-se em 1978, em Salzburgo. O livro

pela Gestapo nas masmorras de um castelo, ele experimenta a ruptura da confiança nos outros. Seus gritos não atingem seus carrascos, que estão habituados a isso; eles não ultrapassarão os muros espessos das masmorras. O torturado se vê só, absolutamente abandonado, mas diante de outros homens que não o ajudarão: nenhuma outra experiência humana permitiria pensar que tal situação fosse possível. Durante toda a nossa vida, assim que gritamos, alguém vem em nosso socorro, da mãe ao cônjuge ou ao médico, passando pela professora, pelos amigos, etc.

Améry estabelece essa relação fundamental com o outro na experiência repetitiva que fazemos da presença constante e tranquilizadora do outro ao nosso lado desde nosso nascimento: o outro nos ajuda, pode nos prestar socorro, podemos argumentar com ele. A tortura o põe diante de um mundo desumano, e o encontro com *homens desumanos* é a ruptura de confiança com o mundo em geral. A tortura não é somente um sofrimento físico, mas também uma profunda revolução (um retorno completo de tudo aquilo em que se acreditava até então, de um saber pré-reflexivo) que vem romper para sempre os laços do homem com o mundo:

> Aquele que foi submetido à tortura é doravante incapaz de se sentir à vontade no mundo. O ultraje do aniquilamento é indelével. A confiança no mundo, já minada pelo primeiro golpe recebido, e que a tortura acaba por extinguir completamente, é irrecuperável.[33]

Améry se dá conta da relação normal com os outros no momento em que a relação se torna anormal. Assim

---

evocado é *Par-delà le Crime et le châtiment*, Arles, Actes Sud, 1995 — cf. p. 72 e imediações para a passagem de que falamos.
33. Ibidem, p. 79.

fazendo, ele constata que uma relação de confiança se estabelece para cada um dentre nós, desde o nascimento, pela repetição das experiências positivas com o outro. Sartre interroga as condições de possibilidade dessa relação humana fundamental: como o outro se inscreve em meu mundo? Qual é seu estatuto e que papel ele desempenha? *O ser e o nada* já evidenciava a presença do outro como constitutivo incontornável de minha personalidade (o Outro é mediação de mim comigo mesmo); *Crítica da razão dialética* mergulha mais radicalmente na investigação do lugar do outro em minha vida, mostrando, por um lado, a contemporaneidade da relação humana com a relação com a matéria e, por outro lado, ampliando a relação binária de *O ser e o nada* com uma relação ternária. Vejamos em sequência esses dois pontos.

    A relação com o outro é contemporânea da relação com a materialidade na medida em que há emaranhamento do outro no mundo, sem confusão sobre o que é um homem com aquilo que é a matéria: a relação dialética que se engaja com a matéria, que me descobre como outro que não a matéria, se engaja também, e ao mesmo tempo, com aquele que está diante de mim — e, por ele, aprendo que não sou uma coisa, mas outro *ele*, e que ele é outro *eu*. Saber que o outro é outro homem (e não uma coisa) é espontâneo e me leva a descobrir em mim mesmo a minha própria qualidade de humano.

    Nesse sentido, encontramos a tese de *O ser e o nada* segundo a qual reconheço que o outro é um sujeito (um humano) porque somente um *sujeito* é capaz de me fazer *objeto*. Contudo, na perspectiva de *Crítica da razão dialética*, que tem como finalidade compreender a constituição de uma sociedade e os motivos de seus movimentos históricos (que Sartre chama de conjuntos práticos, segundo o subtítulo da obra), não estamos mais na apreensão das relações humanas sob as categorias opostas *sujeito-objeto*. De fato, não se trata mais apenas de compreender o que é uma consciência interrogando-a sobre si mesma, mas de entender sua *vida* em sua totalidade; isto é, de levar em conta a situação, o meio no qual *evolui* uma consciência, para mostrar que, justamente, uma consciência *não evolui* em seu meio como se pode dizer que um peixe *evolui* na água, pois essa *evolução* não deixa indiferentes nem a consciência, nem o meio.

É preciso descrever agora a inevitável dialética que se engaja entre a consciência e a matéria, entre a consciência e os outros, devido ao fato em si daquilo que é uma consciência (uma intencionalidade, transcendência e negatividade).

Por isso a descrição da relação com o outro não pode se ater a uma relação binária, mas deve incluir um terceiro: de fato, jamais encontro um outro *no absoluto*, isto é, na medida em que ele seria absolutamente outro, sem nenhum saber anterior daquilo que ele é (um humano semelhante a mim) e sem nenhuma ideia sobre o fato de que ele ocupa certo lugar no mundo, com certo estatuto social. Em suma, não sou inocente encontrando o outro — sou uma totalização constituinte, mas também e sempre já uma totalidade constituída sobre o fundamento de relações humanas anteriores. Assim, no encontro com outro, mesmo que, naquele espaço, sejamos apenas dois sujeitos face a face, cada um porta em si o grupo ao qual pertence, a humanidade de que provém e que o constitui como homem (isto é, sua historicidade como inclusão na história de seu povo), o que podemos chamar de *o terceiro*.

Imaginemos que temos duas vezes a mesma cena: dois indivíduos que se fazem face. A primeira vez, em *O ser e o nada*, a luz clareia os dois indivíduos e a relação entre eles, deixando na obscuridade o passado de cada um e o fundo da cena. A cena comporta dois indivíduos, e a análise só dá conta daquilo que ela vê. A segunda vez, em *Crítica da razão dialética*, são clareados os entornos dos dois indivíduos, o fundo da cena e também o fundo de tudo o que os constituiu até então, isto é, tudo o que permite que eles se façam face dessa maneira e não de outra: a análise põe assim em evidência uma relação — absolutamente primeira — com o outro, que é uma reciprocidade fundamental a partir da qual as relações humanas se fazem e se desfazem.

Na relação direta e aparentemente simples com o outro, em que aparecemos como somente *dois*, na realidade esse *dois* é, sem cessar, *mediado* pelo grupo ao qual cada um de nós pertence, grupo que desempenha o papel do terceiro de que falamos. A noção de reciprocidade nada diz a respeito da qualidade dos laços (nem simpatia, nem antipatia imediata), ela significa o reconhecimento do outro enquanto outro eu, e esse reconhecimento só é possível *por* mim. Nessas relações dialéticas entrecruzadas entre a matéria e o homem, e entre os homens, cada homem se torna a mediação da totalidade do mundo.

Realçar o emaranhamento da consciência na própria massa do mundo é realçar — ou levar em conta — esse fato fundamental da mediação por um terceiro (o grupo ao qual pertenço, minha historicidade) de todas as nossas relações com o outro. É levar em conta o fato de que uma consciência é sempre interiorização da totalidade daquilo que ela viveu, que ela não cessa de re-exteriorizar segundo a totalização em curso que ela não pode deixar de ser. Mas é também pôr em evidência um fundo passivo do qual toda *praxis* depende e que ela não pode contornar: o olhar do terceiro, esteja ele presente ou não, contribui para me constituir de uma forma objetiva e intransponível. Quer eu aceite ou não ser esse patife desprezível que colaborou durante a guerra, eu o sou ao olhar dos outros — é essa a realidade objetiva contra a qual me bato ou que acabo por aceitar.

Da mesma forma, de nada adianta ao jovem intelectual burguês que é Hugo, em *Les Mains sales*, aderir ao "Partido" para "se pôr a serviço dos operários", pois esse gesto não basta para fazer esquecer seu pertencimento social que, sem cessar, devido aos outros, recai sobre ele e sobre suas ações. A burguesia, ausente enquanto tal, é o grupo terceiro que constitui a mediação constante entre o Partido e ele. Há aí uma alienação fundamental e inevitável, numa dialética constante entre a atividade constituinte que é a consciência e a passividade continuamente encontrada como inevitável, sob inúmeras formas: a de meu passado, a de meu grupo social, a de minha história, a dos objetos que me cercam, que dão testemunho da atividade de outros homens, e a do olhar que dirijo a mim por meio do *terceiro* que me constitui fundamentalmente.

A partir do momento em que se leva em conta essa relação dialética entre o homem, a matéria e os outros homens, o "indivíduo", compreendido como substância autônoma e autárquica, escreve Sartre,

> desaparece das categorias históricas: a alienação, o prático-inerte, as séries, os grupos, as classes, os componentes da História, o trabalho, a *praxis* individual e comunitária — ele vive tudo isso em interioridade: se o movimento da Razão dialética existe, esse movimento produz essa vida, esse pertencimento a tal classe, a tais meios, a tais grupos, foi a própria totalização que provocou seus sucessos e insucessos, por meio das vicissitudes de sua comunidade, suas felicidades, suas tristezas particulares; são os laços dialéticos que se manifestam por meio de suas ligações amorosas ou familiares, por meio das amizades e relações de produção que marcaram sua

vida. A partir daí, a compreensão de sua própria vida deve ir até negar a determinação singular desta, para buscar a inteligibilidade dialética na aventura humana inteira.[34]

Esse desaparecimento do indivíduo não significa que as estruturas (econômicas, políticas, jurídicas) fazem o indivíduo, que seria somente o produto dessas estruturas, mas denota outra concepção da subjetividade, como *praxis* totalizante e totalizadora.

Para entender esse ponto, é preciso distinguir a totalidade constituinte e a totalidade constituída. A consciência é totalidade constituinte, isto é, totalização incessante numa relação dialética entre ela e o mundo — o particípio presente indica essa dialética incessante entre o homem e o mundo. Contudo, assim fazendo, a *praxis* é também constituída: que a temporalização (ou a totalização) seja incessante não impede que formas objetivas existam, das quais a sociedade ou o grupo são o resultado. É a realidade dessa passagem do constituinte ao constituído que instaura um problema: qual é a realidade da entidade a que chamamos sociedade? Qual é a realidade — e a verdade — daquilo que também chamamos de História, como se se tratasse de um personagem com vida própria?

Entretanto, de fato há uma realidade da sociedade, no sentido de que nela vivemos. A sociedade é uma coleção de indivíduos? Ou é uma unidade sintética (uma associação)? E a História, é a coleção de todas as histórias pessoais ou sua síntese, isto é, o produto das individualidades que, também não sendo a adição, as subsumiria todas? Vemos como a dialética se complica, dado que o constituído (sociedade e História), que é o resultado das ações constituintes de cada *praxis*, vem ele próprio *mediar* as

---

34. *Critique de la raison dialectique* I, p. 167.

praxis em sua dialética constituinte. Segundo Sartre, poderíamos definir a sociedade como o sentimento de pertencimento que cada um nutre diante de um determinado grupo, sentimento constituído por esse grupo e que ao mesmo tempo contribui para constituí-lo. Falta compreender o próprio movimento da História, ou melhor, a História que subitamente se põe em marcha: o que faz com que uma sociedade, até então mergulhada em certa apatia, fique de súbito ativa? Em suma, como explicar esses sobressaltos violentos das cidades que, de repente, se revoltam? Se *O ser e o nada* mostrou que somente uma liberdade pode se revoltar, *Crítica da razão dialética* busca entender como várias consciências podem repentinamente se encontrar num mesmo projeto, com as mesmas intenções. Para isso, é preciso entrar na descrição dos conjuntos práticos que formam os homens: como vivemos em tempo *normal* (fora da revolução, da greve, da revolta, etc.)? Como e em qual condição se constitui um grupo pronto para a revolução? E qual é seu devir?

6. A *série, o grupo, a instituição*

Algumas pessoas esperam perto de um ponto de ônibus que este chegue. Outras fazem fila diante de uma loja, esperando que ainda haja alguma coisa para comprar. Pessoas, cada uma em sua casa, ouvem o rádio, a mesma emissão, no mesmo momento. Que relação elas têm umas com as outras? *A priori*, temos vontade de responder: nenhuma.

De repente, num bairro da cidade, pessoas se revoltam e fazem barricadas. Será que elas se conhecem melhor, antes dessa insurreição, que as pessoas de nossas três situações anteriores?

Esses movimentos insurgentes, que fizeram nossa história e que continuam a fazê-la, são preparados durante muito tempo e bem amadurecidos ou são espontâneos? A questão é a da passagem da *serialidade* ao *grupo em fusão*, já que tais são as duas modalidades de ser das *praxis* entre si que acabamos de enunciar. Mais uma vez: não se trata de restituir a História tal como a conhecemos, mas de compreender suas condições de possibilidade.

A serialidade define os homens quando a relação que mantêm entre si é a indiferença quando eles são reunidos, seja diretamente (na fila que espera o ônibus ou na fila diante da loja), seja indiretamente (ouvindo o rádio, na ignorância do que fazem os outros). Podemos então fazer parte passivamente de um grupo, ou melhor, a passividade pode constituir um conjunto de homens em grupo, e esse termo designa aqui o conjunto dos homens que têm a mesma prática em dado momento do dia: de manhã, deixo o grupo que constitui minha família; indo para o ponto de ônibus, faço em seguida parte do grupo de pessoas que espera o coletivo; depois, no escritório, faço parte do grupo que nele trabalha, que tem a mesma profissão. A noção de grupo é, assim, muito vaga e flutuante, dependendo das circunstâncias, e cada grupo recebe seu significado em relação a outro grupo (aqueles que tomam o metrô, ou mesmo o grupo mais vasto da corporação à qual pertenço devido à minha profissão, invisível, mas presente — que represento).

Se por um lado falamos de grupo, por outro não podemos falar de unidade — nada liga intimamente as pessoas do ônibus, senão o fato de aguardar o coletivo, numa certa ordem, esperando encontrar um assento vago. Aliás, o que determinará o fato de nele poder subir e achar um lugar disponível nada tem a ver com o próprio mérito, mas com a ordem de chegada dos indivíduos. Claro que essa ordem é absolutamente contingente, poderia ser outra, fazendo dos indivíduos puros peões intercambiáveis, pois naquele momento nada mais são que números de certa série. Se um decidisse ir embora, seria um bom negócio para os outros, mas não criaria nenhuma descontinuidade, ou ruptura, ou revolução, nenhum transtorno: seria a indiferença. Por isso vem à tona a questão de saber como essa aparente indiferença pode de repente se transformar em um projeto comum.

Para melhor entender a razão da surpresa que essa transformação é capaz de provocar, comparemos esses movimentos súbitos e inesperados àqueles, decepcionantes, em que um sindicato prepara uma greve que os operários não irão aderir. Esse foi o caso da fracassada manifestação de 4 de junho de 1952.[35] Inicialmente o PCF havia organizado uma greve em 28 de maio para protestar contra a vinda para a França do general americano Ridgway.[36] Jacques Duclos, então deputado comunista na Assembleia, tinha sido preso sob um pretexto

---

35. Foi na sequência desses acontecimentos que Sartre escreveu o longo artigo "Les Communistes et la paix", reeditado em seguida em *Situations* VI.
36. Depois da Segunda Guerra Mundial, a Coreia havia sido dividida em duas zonas: a do Norte, sob a influência comunista, e a do Sul, sob a influência americana. Depois que a Coreia do Norte desencadeou as hostilidades em 1950 com o apoio da China, a Coreia se tornou o teatro do enfrentamento dos dois blocos, comunista e ocidental, durante três anos. O general Matthew Ridgway havia sido nomeado, em 11 de abril de 1951, à frente do comando das Forças Armadas da ONU, substituindo o general Douglas MacArthur; no ano seguinte, ele havia lançado uma contraofensiva que tinha finalizado na retomada de Seul (março de 1952). Em seguida, o movimento comunista internacional o apelidou de "Ridgway, a peste" e o acusou (de forma equivocada, como sabemos hoje) de ter usado armas bacteriológicas contra as forças norte-coreanas e chinesas — motivo da manifestação parisiense de maio de 1952.

falacioso.³⁷ O PCF havia convocado uma nova greve para protestar contra essa prisão e pedir a liberação de Duclos. Os jornais de direita, ao constatar o fracasso da mobilização, comemoraram escrevendo que, enfim, os operários haviam compreendido o que era o PCF: primeiramente um peão nas mãos de Moscou e, em seguida, um partido político que nada compreendia de economia e que manipulava os operários contra o interesse deles. Dito de outra forma, em plena Guerra Fria, o PCF não conseguia mobilizar os operários.

O que motiva então os ajuntamentos espontâneos? O que faz com que pessoas, a princípio indiferentes umas com as outras, possam de repente se unir e se encontrar num protesto comum e violento, enquanto aquele movimento que citamos, orquestrado pelo PCF, não conseguiu mover suas tropas? O interesse coletivo não é nem mais nem menos forte num caso do que no outro, nem mais nem menos conhecido ou sentido. O que, então, decide a passagem à ação?³⁸

Em 1952, foi a questão do papel do sindicato, de sua função política e de sua legitimidade que interessou Sartre. Em 1960, por ocasião da redação de *Crítica da razão dialética*, não se trata mais de legitimar as ações do PCF,

---

37. Jacques Duclos (1896-1975), então deputado na Assembleia Nacional, foi um dirigente do primeiro escalão do PCF, responsável especialmente pelas relações com o movimento comunista internacional. Como secretário-geral interino do partido (Maurice Thorez estava convalescendo em Moscou), ele havia sido preso na noite da manifestação e acusado de comprometer a segurança do Estado: a polícia encontrara no porta-malas de seu carro um revólver e dois pombos (batizados pela delegacia de "pombos-correio", suspeitos de levar mensagens secretas para Moscou). A acusação não se sustentaria e Duclos passaria apenas alguns dias na prisão da Santé.

38. Mais próximas a nós, na primavera de 2006, as manifestações dos colegiais e estudantes contra o Contrato de Primeiro Emprego (CPE) são do tipo do grupo em fusão descrito por Sartre. De fato, a história não cessa de apresentar tais mobilizações espontâneas que, em seguida, se transformam eventualmente em organização — e que se institucionalizam. Tal foi o caso das greves em 1968.

mas de compreender as condições de possibilidade das ações históricas e das diferentes formas que tomam os agrupamentos humanos. Como então explicar esses ajuntamentos repentinos? O que permite aos indivíduos sair de sua indiferença e, numa *praxis* comum, ultrapassá-las e ir além para uma finalidade comum é o sentimento de ter, de repente, *a faca na garganta*, como se diz, e que Sartre chama de uma ameaça de morte. Ameaça real ou somente temida, pouco importa: esse sentimento desempenha o papel de *cristalizador*. Se por um lado, na serialidade, cada um é apenas um número para o outro, na fusão de cada um com o grupo cada um se torna o terceiro mediador entre o grupo e os outros indivíduos que se tornaram, eles mesmos, terceiros mediadores. A reciprocidade se torna ativa e real, de alguma forma, enquanto na serialidade ela dormitava. É como se o laço social entre os indivíduos retomasse seus direitos: cada um se sente igual ao outro, fundido numa indissolúvel unidade, numa total e selvagem liberdade. Selvagem porque nada a comanda ainda, nenhuma decisão voluntária está na origem da fusão dos indivíduos na totalidade unificada: a unificação procede de um *sentir* comum, mais que de decisões racionais e amadurecidas. A passagem da serialidade à fusão efetua--se, desse modo, espontaneamente, mas só é possível sobre um fundo de reciprocidade — adormecido, sem dúvida, mas sempre fundamento de todas as nossas relações sociais.

Poderíamos dizer dessa passagem que ela é o *ponto e vírgula* que, no enunciado do pacto social que Rousseau apresenta em *Do contrato social*, separa o *Cada um de nós* do *nós*[39]: a "fusão", por sua subitaneidade, produz

---

39. Rousseau, *Do contrato social*, I, 6: "*Cada um de nós* põe em comum sua pessoa e todo o seu poder sob a suprema direção da vontade geral;

uma notável mudança no indivíduo, que, de indiferente aos outros, se torna seu irmão de armas, de combate. A *praxis* toma outra dimensão quando se torna comum, uma dimensão precisamente histórica.

Mas o grupo em fusão não pode assim permanecer indefinidamente: a fusão se enfraquece, dado que a ação do grupo teve algum sucesso diante daquilo que o ameaçava. Quando a ameaça se esquiva pouco a pouco, a fusão despareceria se o grupo não sentisse necessidade de se manter enquanto tal, em vez de recair na serialidade de indiferença — o que seria também o retorno da ameaça. O grupo em fusão irá então se organizar: cada um deve se engajar em manter a unidade do grupo, em fazer parte dele. O grupo exige o juramento de cada um a fim de se unir na e pela palavra, dessa vez, dando uma consistência legítima, um reconhecimento oficial de cada um para a legitimidade, a pertinência da ação comum do grupo. Ao se organizar, ao se institucionalizar, a fusão também esfria, perde sua espontaneidade ganhando legitimidade, e a liberdade selvagem de que falávamos anteriormente se domina, aceita ser dominada e "enquadrada" ao se pôr a serviço do grupo.

Dessa forma se explica que o grupo que de início defendia suas liberdades contra o opressor se torne seu próprio opressor, afundando-se no Terror, a fim de assegurar a coesão do grupo. Terror dos anos 1792-94, da Comuna de 1871, em seguida dos partidos totalitários do século XX, o fascismo, o nazismo e o comunismo. Pelo juramento de fidelidade ao grupo, dou a ele um direito sobre mim, o de me excluir do grupo se não mantenho sua linha. Livremente, uma subjetividade aliena sua liberdade reconhecendo a legitimidade dessa alienação, estabelecendo as

e nós recebemos no corpo cada membro como parte indivisível do todo" (grifos nossos).

ações decididas pelo grupo como as únicas possíveis e necessárias. O juramento torna visível ou atualiza o laço fundamental de reciprocidade entre os homens: esta é claramente fixada, mostrando uma solidariedade de direito e de fato entre os membros do grupo que prestaram juramento. A fraternidade surgida no momento da fusão se torna então fraternidade-terror: cada um cai sob a vigilância do outro a fim de que o grupo permaneça unificado, por medo de recair na serialidade de indiferença. Ocorre que o grupo constituído não tem um ser em si, não é uma entidade completa, que teria sua própria autonomia — e em quem se poderia confiar. Não há um ser do grupo, pois este só tem existência pelo livre consentimento de cada um em fazer parte dele e pela consciência que cada um tem de uma comunhão de interesses com outros:

> O todo [isto é, o grupo], como totalização em curso, está em cada um sob forma de unidade da multiplicidade interiorizada e *em nenhum outro lugar*.[40]

Temos o hábito de definir o grupo como um conjunto matemático. Assim, falamos do grupo escolar: é o conjunto de todos aqueles que têm em comum trabalhar no setor escolar. Mas essa definição nada diz sobre o próprio ser do grupo, sobre sua realidade ontológica: de que modo ele existe? Sartre responde que o grupo não existe *em nenhum outro lugar* que não em cada indivíduo. A realidade ontológica do grupo não é a de ser coleção, ou síntese, ou adição dos indivíduos, mas de existir na consciência de cada um "sob forma de unidade da multiplicidade interiorizada": dito de outra forma, cada consciência porta em si o poder de unificar várias consciências

---

40. *Critique de la raison dialectique*, p. 593.

individuais, de afirmar uma relação entre elas. Essa relação, interna à consciência, é nesse sentido interiorizada. Cada um porta em si a ideia do grupo (ou dos grupos) ao qual pertence, e aí reside a realidade objetiva do grupo. De modo que, se há mesmo uma realidade objetiva do grupo (a existência de um grupo é um fato objetivo, constatável por todos), não há ser em si do grupo: este não tem a permanência, a estabilidade, a segurança — em suma, o ser da pedra, por exemplo —, mas, por mais objetiva que seja sua existência (pois compartilhada por todos e para todos, mesmo aqueles que, se opondo ao grupo, apesar de tudo o reconhecem), ela tem necessidade de cada indivíduo para assegurar sua continuidade.

Cada consciência é, assim, uma ameaça potencial de dissolução ou de divisão da coesão do grupo, que só assegura sua estabilidade em virtude do juramento. Além do fato de que o terror e a violência se instalam agora no interior do grupo para manter sua coesão, e a espontaneidade que havia permitido sua formação vai se petrificar: o grupo, ao se organizar, se torna instituição.

A instituição não é então o feliz momento em que um grupo de indivíduos se organiza para juntos viverem sob a jurisdição das leis, não é o início de uma possível igualdade e justiça entre os cidadãos: a instituição, para Sartre, marca o fim (e a morte) da livre espontaneidade e da franca fraternidade que se expressavam no grupo em fusão. A instituição é o momento artificial em que o grupo, buscando assegurar sua sobrevivência ao se alienar de cada consciência, se petrifica, deixa o terreno da livre espontaneidade para mergulhar na organização do conjunto, atribuindo a cada um sua tarefa. Encarregado dessa tarefa a ser cumprida, o grupo, buscando se salvar da serialidade de indiferença, apesar de tudo nela volta a cair. Será necessária uma nova ameaça de morte para desencadear outra vez a efervescência da fusão, permitindo aos indivíduos se sentirem subitamente irmãos uns dos outros na experiência comum de um *nós*. Depois de afastada a ameaça, o grupo de novo buscará sobreviver e se petrificará em instituição.

Poderíamos pensar que a História adota, dessa forma, um movimento circular. Isso seria se colocar num nível de compreensão bem abstrato e esquecer a materialidade da *praxis*, suas condições continuamente inéditas e sua irredutibilidade. Para explicar a complexidade do tecido histórico, Sartre compara a ação histórica a um jogo de futebol: cada jogador faz livremente seu passe, mas este é condicionado pela maneira com que ele recebeu a bola e pela posição dos jogadores dos dois times. Agir demanda então uma visão de conjunto do campo com a posição de cada jogador e o conhecimento de suas intenções: a favor ou contra seu time, na direção de um goleiro ou de outro. A ação precisa ter interiorizado o conjunto dessas determinações para então produzir uma nova, irredutível às precedentes. De certa forma, o jogo é circular: depois de um primeiro gol recomeçam as mesmas operações para um segundo, e assim por diante. Haveria circularidade se o time contrário não jogasse — mas então também não haveria jogo.

O que Sartre quer explicar com essa comparação é que a História é sempre luta de classes, assim como o futebol só existe e tem realidade porque ele é embate de dois times adversos. Toda ação é sempre interiorização daquilo que a precedeu, e ultrapassagem para um fim definido. Entre as intenções revolucionárias, de construir uma sociedade mais justa, e os resultados (a passagem pelo Terror) há um abismo, o que só pode se explicar pelo seguinte: jamais fazemos a História sozinhos — da mesma forma que um só time não faz um jogo. Ora, o trabalho do historiador é restituir os movimentos da História, mostrar a distorção entre as finalidades almejadas e aquelas por fim atingidas, por vezes totalmente imprevistas ou não desejadas por ninguém. O historiador busca restituir um momento da História; o filósofo interroga sua inteligibilidade e, assim fazendo, o ser da História. Esta não pode mais ser definida como expressão de uma entidade abstrata (o Espírito, por exemplo), exterior aos homens e usando-os para chegar aos seus fins, segundo a concepção de Hegel. Mas ela poderia ter um ser próprio, que seria a totalização de todas as totalizações. Nesse caso, seria preciso pensar essa totalização independentemente de um sujeito que a encarnasse: de fato, a totalização é característica de uma consciência, de um sujeito histórico. Mas, como vimos, as ações de uns e de outros produzem, na maior parte do tempo, efeitos inesperados. Haveria um nível superior de totalização de todas as totalizações que permitiria compreender os efeitos imprevisíveis das ações históricas? Sartre constrói a hipótese de tal totalidade, a que ele chama de *envelopamento*: seria uma totalidade capaz de envelopar, de abraçar a totalidade das *praxis* individuais, assim como seus efeitos, mesmo imprevistos (e principalmente imprevistos), de suas ações, com as consequências desses efeitos sobre as *praxis*, etc. Em suma, seria uma totalização capaz, antes do início do jogo de futebol, de antever todo o seu desenrolar, antes que aconteça e tal como ele será.

Então perguntaremos: em que medida essa totalidade de envelopamento não será igual ao demônio que Laplace imaginou para defender o determinismo?[41]

---

41. Pierre-Simon Laplace (1749-1827), astrônomo, físico, matemático e político, célebre por seus trabalhos sobre o eletromagnetismo, a óptica, a mecânica celeste, o estudo dos gases, da pressão atmosférica e por sua teoria das marés.

Devemos então refletir sobre o estado presente do universo como o efeito de seu estado anterior e como a causa daquele que se seguirá. Uma inteligência que, por um dado instante, conheceria todas as forças das quais a natureza é animada e a situação respectiva dos seres que a compõem, se aliás ela fosse suficientemente vasta para submeter esses dados à análise, abraçaria na mesma fórmula os movimentos dos maiores corpos do universo e aqueles do mais leve átomo; para ela nada seria incerto, e o futuro, assim como o passado, estaria presente aos seus olhos.

O espírito humano oferece, na perfeição que soube dar à astronomia, um pálido esboço dessa inteligência. Suas descobertas na mecânica e na geometria, aliadas àquela do peso universal, lhe deram condição de compreender nas mesmas expressões analíticas os estados passados e futuros do sistema do mundo. Aplicando o mesmo método a alguns outros objetos de seus conhecimentos, conseguiu conduzir a leis gerais os fenômenos observados e prever aqueles que dadas circunstâncias devem fazer eclodir. Todos os seus esforços na busca da verdade tendem a aproximá-lo de modo incessante da inteligência que acabamos de conceber, mas da qual ele permanecerá infinitamente distante.[42]

A diferença essencial é que Laplace formulava uma hipótese, pensando que uma inteligência suficiente poderia prever a totalidade dos acontecimentos do mundo. Para ele, se não o podemos, é somente por um déficit de meios intelectuais — que sem dúvida o homem jamais irá satisfazer. A hipótese então não volta à tona: o homem

---

42. P.-S.Laplace, *Essai philosophique sur les probabilités*, Œuvres, Paris, Gauthier-Villars, 1886, vol. VII, 1, pp. 6-7.

pode, no espírito de Laplace, adotar tal visão, transcendendo ao mundo. Ora, para Sartre, além do fato de que a história dos homens decerto não é determinada, tal visão é impossível, dado que todo homem, estando necessariamente situado no mundo, já é uma *praxis*, isto é, para si mesmo, uma totalização em seu nível. Isso impediria todo pensamento totalizante da História? Se tal fosse o caso, então o empreendimento de Sartre estaria destinado ao fracasso.

Para explicar o que seria esse pensamento totalizante (ou totalidade de envelopamento), Sartre imagina o olhar de um marciano sobre a Terra e entre seus habitantes. Admitamos que esse marciano seja dotado de conhecimentos bem superiores aos nossos, que lhe permitam ver de onde viemos, mas também para onde vamos: por exemplo, que o planeta sofrerá uma catástrofe que o levará à destruição.[43] Devido a isso, as ações dos homens, ocupados com seu presente ou futuro próximo, lhe parecem extremamente derrisórias. Além disso, esse conhecimento lhe dá uma vantagem estratégica sobre os homens, dado que ele, marciano, poderia adaptar suas ações (seja para o bem, seja para o mal, segundo suas intenções em

---

43. O exemplo do marciano se encontra no segundo tomo de *Critique de la raison dialectique*, pp. 331-337. Notemos a atualidade desse exemplo, apesar de seu aspecto insensato, pois Sartre mostra, ao mesmo tempo, com a ideia dessa futura catástrofe, que mesmo que ela fosse conhecida pelos homens estes não poderiam modificar seus comportamentos e suas relações: "[...] quando soubéssemos de tal ou tal desastre que deve exterminar a espécie dentro de mil anos, de cem anos, as urgências propriamente humanas e históricas da situação em nada mudariam: para os homens de hoje, seria preciso viver, comer, trabalhar, lutar contra a exploração, contra a opressão e a colonização, pois as lutas presentes não têm *princípios teóricos ou valores* como origem (princípios e valores que a morte tão próxima da humanidade poderia pôr em questão), mas, sim — diretamente ou por meio de mediações —, a urgência absoluta das necessidades." Ibidem, p. 337.

relação a nós) ao fim conhecido, enquanto nós nem sequer suspeitaríamos que poderia haver um fim. O olhar do marciano sobre nossa história lhe permitiria prever nossas futuras reações? Ele pode prever se conseguiremos sobrepujar a prova que se anuncia ou se pereceremos? Mesmo ele, apesar de todos os seus conhecimentos, não pode prever o futuro, pois, sendo justamente exterior ao nosso mundo e à nossa história, só percebe a exterioridade e não a carrega em si, *em interioridade*; dito de outra forma, ele só vê de nossa história aquilo que ela parece, e não o que ela é e foi em intenções, em projetos. Em suma, ele não percebe a *materialidade subjetiva*, mas somente a trama objetiva.

Chegamos assim a um paradoxo. Por um lado, quereríamos pensar a História para apreendê-la objetivamente, em sua totalidade, como se lhe fôssemos exteriores — é a posição do marciano, ou totalização sem totalizador, o que permitiria ultrapassar o nível das consciências para se projetar mais adiante, na compreensão da relação das *praxis* com seus efeitos imprevisíveis. É o que Sartre chama de uma totalização diacrônica (através do tempo), além da compreensão sincrônica que é a que descrevemos até então, ligada ao plano da compreensão da dialética das *praxis*.

Contudo, por outro lado, essa posição de exterioridade nos é impossível, dado que não podemos estar na posição de sobrevoo acima do mundo, *como se* não lhe pertencêssemos. Não podemos jogar com esse *como se*: de fato, estamos situados no mundo e não o sobrevoamos.

De todo modo, se fosse possível que esse marciano tivesse tal olhar, ele nos situaria *em relação* à sua história, isto é, em relação ao conhecimento que poderia ter de sua própria história — por sua vez, esse conhecimento não saberia ser totalizante; por seu turno, ele seria suscetível de ser novamente *envelopado* por outra exterioridade (a do venusiano, etc.). Se *pensar a História* é compreendê-la de tal forma que se tenha um entendimento total e *como se fosse* exterior, então esse pensamento totalizante e de envelopamento está destinado ao fracasso.

Entretanto, nossas ações (políticas, em particular) são possíveis, e só têm lugar e sentido (para nós) em relação a projetos futuros: são esses projetos que esclarecem e dão sentido às nossas ações presentes — donde a tentativa sempre renovada, ou o fantasma de conhecer o futuro, para regular nosso presente sobre esse futuro (mesmo sendo impossível). Existe, assim, uma dialética incessante entre um pensamento *que se imagina* em exterioridade (o marciano) e sua necessária imanência ao mundo, sem que jamais possamos ter uma visão justa e exata, isto é, perfeitamente objetiva de nossa história. A razão dialética circunscreveu assim o campo de sua aplicação possível: "é o campo da interioridade prática"[44] (e não aquele de uma impossível exterioridade teórica).

7. Balanço

Sartre pretendia pôr somente um método à prova, o da compreensão totalizante do homem, mas chegou a um empreendimento de descrição dos fundamentos e alicerces dos movimentos sociais e históricos por demais gigantescos para que, esgotado pelo trabalho feito e a fazer, abandonasse esse projeto. Assim, o segundo tomo de *Crítica da razão dialética* ficou inacabado.

Dito isso, o trabalho feito amplia a inteligibilidade de nossas alienações históricas e sociais. *Crítica da razão dialética* não somente enunciou as condições de

---

44. Ibidem, p. 341.

possibilidade da teoria marxista, mas em parte a remodelou, reinserindo a *praxis* no centro da compreensão da História e exibindo o laço fundamental de reciprocidade entre os homens, mais original que os conflitos visíveis. É claro que a História faz o homem, que é também o reflexo das forças de produções históricas, mas o homem faz a História na medida em que ultrapassa seus condicionamentos para recondicionar, por sua vez, o campo histórico. Tal é o movimento da História, feita de motins ou de revoluções que parecem se repetir incansavelmente, e que sem dúvida se repetiria se o homem não fosse, em primeiro lugar, uma subjetividade irredutível ao seu passado.

Sartre acentuará sua concepção da consciência como temporalização e aniquilamento, descrita em *O ser e o nada*, para construir sua compreensão do que é uma história, aquela que várias consciências fazem juntas. Se podemos concluir de *O ser e o nada* que o homem é isso que ele se faz, *Crítica da razão dialética* mostra como ele é aquilo que faz daquilo que os outros primeiramente fizeram dele. Esse deslocamento acentua o outro lado da liberdade: a alienação. *Crítica da razão dialética* não reduz o campo da liberdade humana ou não retorna sobre seu princípio — ela confirma que só há liberdade em situação —, mas compreende e avalia o peso das alienações.

A primeira questão era saber como um *fazer junto* é possível: o conceito de *reciprocidade* permitiu compreendê-lo. Em seguida, vimos que a mesma vontade de permanecer juntos, unidos, vê o acontecimento da instituição e o desaparecimento do *grupo em fusão*. Sartre não conta nem explica nenhuma História em particular, mesmo que se refira prioritariamente à Revolução Francesa e aos acontecimentos políticos que marcaram o século XIX. O que importava era evidenciar as estruturas invariantes e os esquemas de compreensão que, apesar de emprestados de acontecimentos particulares, esclarecem todas as ações humanas e as diversas situações políticas que Sartre comentou em seu tempo.

Sublinhamos o empreendimento gigantesco que foi o de Sartre, de querer pensar as condições de possibilidade total da História — gigantesco a ponto de o projeto ultrapassar suas forças e ele abandonar o livro. Entretanto, de certa forma, o projeto de compreensão totalizante renascerá, não mais a propósito da história dos homens, mas da história de *um* homem em particular — por meio da biografia de Flaubert, em *O idiota da família*.

IV
Pensar uma história

Minha finalidade é realçar o encontro entre o desenvolvimento da pessoa, tal como a psicanálise nos explica, e o desenvolvimento da História.

Situations IX, p. 115

Depois de *Crítica da razão dialética*, o projeto de origem — oferecer um fundamento realista à filosofia, evitando o idealismo e o materialismo mecanicista — ultrapassou a si mesmo num empreendimento de compreensão total da realidade humana. Inicialmente, a noção de realidade humana era tida como sendo a compreensão de todo homem: o que constitui a relação de todo homem com o mundo e com sua história? Doravante, é a vida de um homem em particular que se trata de compreender. A psicanálise existencial, evocada até então como uma possibilidade teórica desde o final de *O ser e o nada*, vai ser posta em execução em *O idiota da família*[1]: "Que podemos saber de um homem hoje em

---

1. O idiota em questão é o escritor Gustave Flaubert (1821-80), cuja família o toma a princípio por retardado (é ao menos um ponto sobre o qual Sartre insiste bastante) por apresentar algumas inércias e por só ter aprendido a ler aos nove anos. Podemos também entender o termo "idiota" em seu sentido etimológico: o particular, cuja diferença em relação às outras crianças é surpreendente.

dia?" é a questão inicial que abre essa última grande obra de Sartre. Para ele, o "hoje em dia" remete à época em que o marxismo e a psicanálise se veem como dois modos incompatíveis de compreensão do homem. *Questão de método* mostrava como, ao contrário, seria preciso integrá-los um ao outro, um dentro do outro, já que um homem é ao mesmo tempo o produto de sua história (ela própria tomada dentro da grande História) e o agente dessa história. *O idiota da família* se propõe a mostrar isso: que nada de um homem é inexplicável, que um ato livre, se pode surpreender, não é incompreensível e que todo indivíduo, por mais original e aparentemente fora de sua época que possa aparentar, a carrega em si e, de todo modo, a manifesta. O homem é o ponto de concentração entre o comum e o individual, o ponto em que uma curiosa alquimia transforma o que é recebido em um ato livre. Dado que não somos determinados, mas amplamente condicionados, é preciso entrar no detalhe desses condicionamentos, isto é, no detalhe de uma vida em particular, para compreender como a ultrapassagem desses condicionamentos para um ato livre, sempre irredutível àquilo que ele ultrapassou, é possível. A vida que ele buscará compreender será a de Flaubert.

1. *Por que Flaubert?*

No último capítulo de *O ser e o nada*, Flaubert já aparece em algumas páginas.[2] Em *Questão de método*, que Sartre apresenta como a introdução de *O idiota da família*, também encontramos Flaubert. Aliás, de alguma forma Sartre já havia se lançado à tarefa — tentar descrever *um*

---
2. *L'Être et le néant*, pp. 618 *sq.*

homem inteiro — em *Diário de uma guerra estranha*, em que busca compreender, além das diferentes camadas de significação que compõem o tecido histórico, como Guilherme II[3] viveu a deficiência de um dos braços.[4] Depois houve *Baudelaire*[5] (escrito em 1944), *Mallarmé*[6] (escrito provavelmente entre 1947 e 1952), *Tintoretto*[7] (*O sequestrado de Veneza*, 1957) e a magistral psicanálise de Jean Genet[8], *Saint Genet: ator e mártir* (1952), na qual encontramos, no último capítulo, o enunciado desenvolvido do projeto de psicanálise existencial:

> Mostrar os limites da interpretação psicanalítica e da explicação marxista e que somente a liberdade pode dar conta de uma pessoa em sua totalidade, dar a ver essa liberdade às voltas com o destino, primeiramente esmagado por suas fatalidades, depois se voltando sobre elas para digeri-las pouco a pouco, provar que o gênio não é um dom, mas a saída que inventamos nos casos desesperados, encontrar a escolha que um escritor faz de si mesmo, de sua vida e do sentido do universo até nos caracteres formais de seu estilo e de sua composição, até na estrutura de suas imagens, e na

---

3. Guilherme II (1859-1941), imperador da Alemanha entre 1888 e 1918.
4. *Diário de uma guerra estranha*, XIV [ed. bras.: trad. de Aulyde Soares Rodrigues, Rio de Janeiro: Nova Fronteira, 2005].
5. Charles Baudelaire (1821-67), poeta francês, autor de *As flores do mal* (1857).
6. Stéphane Mallarmé (1842-98), poeta francês, mestre da geração dos poetas ditos simbolistas, autor de *L'Après-midi d'un faune*, que será musicado por Debussy.
7. Tintoretto (1518-94), pintor de Veneza. Sartre escreveu dois artigos a seu respeito, "Le Séquestré de Venise" (*Situations* IV) e "Saint Georges et le dragon" (*Situations* IX).
8. Jean Genet (1910-86), autor francês, viveu uma infância difícil e se tornou escritor depois de alguns períodos na prisão, por pequenos delitos. Autor de *Nossa Senhora das Flores* (1944), de *Miracle de la rose* (1946) e de *Querelle de Brest* (1947), entre outros.

particularidade de seus gostos, retraçar em detalhes a história de uma liberação: eis o que desejei. O leitor dirá se tive sucesso.[9]

Reconhecemos uma constante do pensamento sartriano: o homem é ontologicamente livre, mas existencialmente alienado. Por conseguinte, é sempre responsável por aquilo que é, na medida em que é aquilo que faz daquilo que fizeram dele. O problema todo consiste, então, em mostrar como a liberdade se expressa sob as aparências da alienação.

Esse projeto será retomado a propósito de Flaubert: os dois primeiros tomos serão publicados em 1971 e o último, em 1972. Não obstante, a redação terá tomado uma quinzena de anos — o que implica que Sartre teria começado *O idiota da família* depois de escrever *Questão de método* (publicado em 1957), e que o texto sobre Flaubert provavelmente teria ficado em suspenso durante a redação de *Crítica da razão dialética* (entre 1957 e 1959), cujo primeiro tomo aparece em 1960.

Por que esse interesse quase ininterrupto em Flaubert? O fato é ainda mais surpreendente se considerarmos que Sartre declarou várias vezes que não gostava nem do homem Flaubert nem de seus personagens. O projeto literário de Flaubert é diametralmente oposto ao de Sartre, para quem o escritor deve se engajar — não pode deixar de fazê-lo, é claro, mas deve escolher positivamente esse engajamento. Flaubert defende a arte pela arte, declara que nada na vida conta nem tem importância senão escrever um romance no qual o estilo — maneira de dizer, e não o conteúdo — ocuparia o primeiro lugar. Seu ideal de romance seria uma obra de arte magistral pelo estilo, com um assunto que nada seria em si

---

9. *Saint Genet*, p. 645.

mesmo. Flaubert se exaurirá trabalhando nesse estilo, dando testemunho em suas próprias cartas dos sofrimentos que se inflige, retomando incansavelmente cada uma de suas frases para cinzelá-las, tal como um ourives, fazendo-as passar pelo teste daquilo que ele chamava de *gueuloir*.[10, 11] Estamos muito distantes da escritura sartriana: excetuando-se seus romances, sobretudo os manuscritos de *A náusea* e de *As palavras*, Sartre em geral dá pouca importância ao estilo: para ele, o essencial é a ideia, o conteúdo, e não o estilo, sempre acessório, sobretudo nas obras filosóficas.

Além disso, Flaubert é um pessimista, rabugento, que raramente sente ternura por seus contemporâneos; muito pelo contrário, acha-os *bestas*, como prova seu *Dicionário das ideias feitas*, que recenseia as ideias estúpidas deles, dado que convencionadas. Flaubert escreve romances sobre o fracasso: principalmente o fracasso do amor em *Madame Bovary*, e o fracasso da inteligência em *Bouvard e Pécuchet*. Sartre ama descrever as liberações; as vidas que lhe interessam são aquelas que comprovam a vitória da liberdade sobre as alienações, aquelas que permitem mostrar como sempre escolhemos nossa vida, e o fazemos livremente — mesmo que não façamos uma escolha racional e concertada. Assim, Baudelaire, Mallarmé, Genet, como também Guilherme II e Tintoretto, são todos indivíduos que souberam ultrapassar os dramas de sua infância e de sua época. Há, desse ponto de vista,

---

10. Maupassant descreve assim esse teste que Flaubert aplicava aos seus textos: "Ele escutava o ritmo de sua prosa, detinha-se para apreender uma sonoridade que se esquivava, combinava os tons, afastava as assonâncias, dispunha as vírgulas com consciência, como se fossem paradas de um longo caminho."

11. *Gueuloir* (de *gueule*, boca): efeito produzido pelo fato de declamar um texto. [N.T.]

muito otimismo em Sartre: se cada um dentre nós não atualiza sua liberdade, pelo menos esta permanece sempre uma possibilidade real de mudança, uma possibilidade de escapar de suas alienações. Sartre se encontra dessa forma no oposto de Flaubert: este tem um caráter sombrio e uma vida solitária, aquele é alegre e despreocupado. Flaubert devota sua vida ao imaginário, à beleza estética do estilo e revisa laboriosamente seus manuscritos; Sartre busca dar conta do concreto, se interessa pela realidade política, escreve com facilidade. Stendhal, na qualidade de escritor, atraía Sartre muito mais que Flaubert — mas não dispomos, sobre Stendhal, da abundante correspondência que possuímos sobre Flaubert.

O próprio Sartre indica: a escolha de Flaubert para testar seu método foi reforçada não por um gosto ou uma admiração pessoal em relação a ele, mas pela existência dessa abundante correspondência que o filósofo leu durante a Ocupação[12]: cerca de três mil páginas nas quais Flaubert fala de si — como se estivesse num divã de psicanalista —, cartas que serão o material essencial a partir do qual Sartre trabalhará.

À leitura dessas cartas será preciso adicionar os cerca de sessenta romances e novelas de Flaubert, assim como uma copiosa documentação sobre a situação política, histórica, econômica e social não só de sua época, mas também da de seus pais e avós, além dos escritos daqueles que lhe são próximos. Essas leituras vão da correspondência do amigo Maxime du Camp e de seus escritos publicados, no *Journal* dos Goncourts, passando pela correspondência de Caroline Commanville, sobrinha de

---

12. *Situations* X (pp. 91-115), entrevista "Sobre *O idiota da família*", com Michel Contat e Michel Rybalka, publicada no *Le Monde* de 14 de maio de 1971.

Flaubert, e chegando à de Ernest Chevalier e de Louis Bouillet, amigos do escritor.

O trabalho de documentação é considerável. Imaginemos a amplitude do empreendimento de síntese e de análise, à altura do projeto de descrever a totalidade da vida de um homem. A obra permanecerá inacabada, como *Crítica da razão dialética*, mas dessa vez por uma razão exterior: Sartre perde a visão no verão de 1973 e não pode mais trabalhar como sempre fez — escrevendo. O estudo de *Madame Bovary* não será realizado; dele só possuímos fragmentos e notas de trabalho no tomo III, publicado em 1972.

Podemos interrogar o que faz o estudo de uma obra literária num projeto de psicanálise. Isso se deve ao fato daquilo que Sartre entende precisamente por psicanálise existencial: trata-se de compreender inteiramente um homem, e sua obra faz parte dele. A compreensão da vida de um homem lança luzes sobre sua obra, assim como sua obra esclarece o que foi esse homem — ainda mais, como Sartre mostra, que o homem neurótico que é Flaubert consegue escrever um livro no qual, devido à impersonalização, ele se libera dessa neurose (na obra, e não na vida). Assim, a arte é, segundo a hipótese de Sartre, o meio que Flaubert encontrou para simultaneamente viver sua neurose (fugir do real no imaginário e fazer-se a si mesmo imaginário escrevendo narrativas imaginárias) e se livrar dela (escrever uma obra na qual o *eu* do escritor desaparece).

Contudo, ficaremos surpresos com a utilização do termo psicanálise por Sartre, já que ele negará até o fim a existência de um inconsciente em nós. O que ele psicanalisa, então? Ou, mais precisamente, em que ainda se trata de uma psicanálise?

2. Psicanálise freudiana e psicanálise existencial

Três pontos essenciais distinguem a psicanálise sartriana da freudiana: Freud[13] põe na base de seu sistema a existência de um inconsciente, o que Sartre refuta. Para este último, temos má-fé, o que supõe que sabemos as razões de nossas ações — sem, contudo, percebê-las por um conhecimento reflexivo.

A consequência — esse é o segundo ponto — é que, para um, somos determinados e, para outro, somos livres, mesmo que amplamente condicionados. Como vimos, a liberdade não significa ausência total de laços com o momento passado, mas possibilidade de escapar ao condicionamento esperado. Essa possibilidade de se extrair de si e do mundo (ontologicamente possível pela aniquilação) faz com que um ato jamais seja redutível àquilo que o precede. Ao contrário da teoria freudiana, que vê, na escolha que um homem faz de uma mulher, por exemplo, a repetição de uma cena primitiva, Sartre pensa qualquer acontecimento como absolutamente irredutível a um ato passado: a vida humana é dialética, cada momento integra o precedente e o ultrapassa. Entenda-se, e isto é uma novidade: o elemento irredutível da vida de um homem faz com que o conhecimento de seu passado e de sua tenra infância não seja suficiente para compreender o que ele fará de sua vida em seguida.

Acrescentemos (terceiro ponto) que a teoria, para Freud, está presente para servir a uma terapia, enquanto Sartre não considera explicitamente essa terapia: para ele, a psicanálise existencial se dá em primeiro lugar como

---

13. Sigmund Freud (1856-1939), neurologista e psiquiatra vienense, fundador da psicanálise, autor, entre outros, de *A interpretação dos sonhos* (1900), *Três ensaios sobre a teoria da sexualidade* (1905), *Ensaios de metapsicologia* (1915), *Além do princípio do prazer* (1920) e *Cinco lições de psicanálise* (1924).

um meio de compreensão de uma vida, compreensão diferente da proposta por Freud, já que ela supõe sempre a liberdade do sujeito (e, portanto, a livre escolha de suas emoções, da maneira em geral pela qual o sujeito escolhe reagir a uma situação). Essa diferença maior ocasiona uma mudança no método: não se interpreta uma vida somente em função de sua tenra infância, mas em função daquilo que se deu como projeto em todo momento. Sartre não se furta a compreender um dado momento à luz daquilo que por fim aconteceu (por vezes comparando-o àquilo que foi desejado, mas que não pôde ocorrer). Contra o pensamento sincrético de Freud, Sartre desenvolverá uma compreensão dialética do indivíduo. É o método progressivo-regressivo.

Não há inconsciente...

Freud funda a psicanálise na virada do século XX. Essa nova disciplina defende que uma parte de nosso espírito, o inconsciente, nos é desconhecida, mas que nela residem as causas da maior parte de nossas ações. Freud situa sua descoberta na sequência de duas grandes descobertas científicas precedentes: a de Copérnico, para quem o homem não é mais o centro do universo, e a de Darwin, que mostra que o homem não é mais a imagem de Deus, mas uma espécie particular na cadeia evolutiva, provavelmente na linhagem dos grandes símios. Doravante, com Freud, o homem não pode se dizer nem mesmo o senhor em sua própria casa.

Os filósofos não ignoravam a força das paixões que, frequentemente, guiam nossas ações contra a razão, e mesmo contra nossa vontade. A frase de Ovídio "Eu vejo o melhor, aprovo-o — e faço o pior" só expressa essa cisão bem conhecida de todos no âmago do indivíduo, entre a vontade e a razão, de um lado, e a ação, de outro: entre os dois, intervém uma força psíquica que Freud reconhecerá e conceitualizará — o inconsciente.

Foi o estudo das histerias que pôs Freud na via de sua descoberta. De fato, como explicar os casos em que órgãos, tais como um olho, um braço, uma perna, em perfeito estado fisiológico, não funcionavam? Freud supôs que uma força oculta, por razões ainda desconhecidas, impedia o bom funcionamento desses órgãos. Em seguida, essa hipótese de um inconsciente ativo permitiu explicar os sonhos, os lapsos, os atos falhos e as perturbações mais graves do comportamento que dizem respeito seja à neurose, seja à psicose. Assim, a razão sem dúvida possuía sua própria lógica, com seus princípios de coerência (o princípio da não contradição e do terceiro excluído); mas o inconsciente possuía outra lógica, outra coerência, que era preciso compreender e elucidar.

Segundo a teoria de Freud, o inconsciente subjaz a todas as nossas ações e a todos os nossos pensamentos e os dirige sem que o saibamos. É preciso passar por uma *análise* para esclarecer, com a ajuda do psicanalista, as verdadeiras razões de nossos atos. E estas não se dão facilmente. Como Freud expõe, o paciente resiste. Se bastasse falar para se conhecer, a terapia seria menos longa, e sem dúvida não precisaríamos de um especialista. O que então significa essa resistência? Esse será o obstáculo a partir do qual Sartre justificará a inexistência do inconsciente.

A resistência é uma reação defensiva do paciente que constitui um obstáculo à terapia, em que ele se recusa, em dado momento, a ir adiante ou a dizer alguma coisa. Freud identifica, por meio de diversas experiências, cinco formas de resistência, das quais três têm sua origem no *eu*, uma no *isso* e a última no *supereu* [*ego, id* e *superego*, na antiga tradução].¹⁴ Em 1943, Sartre seguramente não conhece os textos mais precisos em que Freud expressa com exatidão e explicita essas diferentes formas de resistência. Mas sem dúvida isso em nada mudaria a crítica que ele faz a Freud sobre esse ponto. Que a fonte da resistência esteja no eu, no isso ou no supereu, a resistência existe, o que implica, para Sartre, um problema de lógica: como podemos resistir a um conteúdo do qual ignoraríamos absolutamente todo o teor? Se de fato há em nós uma zona inconsciente, é preciso dizer que ela está fora da consciência. Ora, para Sartre, fora da consciência só há o mundo (em face da consciência) e o ego, esse quase objeto do qual ele mostrou, em *A transcendência do ego*, que se constituía na confluência do mundo e da consciência (igualmente transcendente à consciência). O ego, constituído pela reflexão, não nos é então desconhecido — mas o fato de que ele não pertence à esfera da consciência permite que esta permaneça indivisa. Assim, Sartre pode se perguntar como uma resistência é possível: não é preciso supor que o conteúdo ao qual se resiste deve ser simultaneamente conhecido pela consciência, ser reconhecido como não desejável e ilícito, depois ser remetido, como se nada houvesse acontecido, para o limbo do inconsciente, mas sobretudo tomando-se o maior cuidado para não se lembrar de nada sobre essa operação — em particular, do conteúdo que a ocasionou?

Para Sartre, isso cria muitas condições incompatíveis entre si. Seria preciso supor que a censura é ao mesmo tempo consciente (para poder filtrar os conteúdos convenientes e os conteúdos ilícitos) e inconsciente (para poder recalcar e esquecer tudo). Essa contradição lógica marca,

---

14. Cf. E. Roudinesco e M. Plon, *Dicionário de psicanálise*, verbete "resistência".

para o filósofo, a impossibilidade de um inconsciente em nós — e ele rejeita definitivamente tal hipótese.

Entretanto, Sartre não nega a existência de certa opacidade em nós. Entre *O ser e o nada* e *O idiota da família*, a transparência da consciência se opacifica de forma considerável, e o autor diria, em 1970:

> Se por um lado a consciência existe a partir do dado, por outro isso não significa de modo algum que o dado a condiciona [...]. Mas a liberdade é simplesmente o fato de que [a] escolha é sempre incondicionada.[15]

De fato ele reconhece, nessa data, que uma criança bem-amada tem um começo melhor na existência que outra mal-amada, como mostrará que foi o caso para Flaubert. Nossas escolhas são então amplamente condicionadas pelas situações e só se constituem em função de tal situação, o que é mesmo um condicionamento. Ele também não negará nosso desconhecimento das razões de nossas formas de agir, nem o fato de que podemos nos autoenganar, de boa-fé, sobre o que desejamos de verdade. Mas questionará sempre a ideia de uma instância totalmente alheia à consciência e agindo em seu lugar. Como então explicará essa opacidade da consciência a si mesma, mas mantendo sua translucidez?

... mas má-fé.

É o conceito de má-fé que permitirá resolver essa aparente contradição. A má-fé é a capacidade que temos de mentir para nós mesmos, de nos convencermos de alguma coisa quando, no fundo, não acreditamos nela. É uma espécie de técnica de sobrevivência, para

---
15. *L'Être et le néant*, p. 523.

tornar suportável aquilo que nos faria sofrer demais se ocorresse de outra forma — em todo caso, é nisso que acreditamos. Tudo provém da impossibilidade de coincidirmos com nós mesmos. Não podemos ser aquilo que somos, pois o tempo, essa intraestrutura da consciência, está em perpétua extração[16] de si. Isso torna impossível o repouso *em si*, já que não há um si *colocado e acabado de uma vez por todas*, não há um si definitivamente *si*. Essa perpétua extração de si gera certa angústia, a de precisar sempre se escolher, decidir sobre si, mas também gera uma espécie de autoproteção, que consiste em se fazer acreditar que nossa existência é necessária — o que vimos ser o traço próprio da má-fé. Ser de má-fé é então a atitude normal e banal, que consiste em recusar nossa estrutura ontológica inventando, como se ela fosse necessária e eterna, uma justificativa para nossa existência e para todos os nossos atos.

Assim, o conceito de má-fé permite não introduzir no âmago da consciência, nem em suas imediações, um elemento que lhe seria alheio e desconhecido — ou dificilmente conhecível. Nem por isso Sartre proclama que nossas ações nos são de todo transparentes e que sempre estamos informados sobre as razões profundas e sobre os verdadeiros motivos de nossas ações. Contudo, mesmo sem ter um conhecimento preciso e refletido desses motivos, temos sobre eles um saber — irrefletido. A distinção entre um plano irrefletido (que pertence à subjetividade) e um plano reflexivo (reflexão que constitui o ego, esse quase objeto que é a representação que nos fazemos daquilo que somos, para nós e para os outros) permite, efetivamente, excluir qualquer zona de

---

16. Em francês, *arrachement*, do verbo *arracher*, que tem um sentido de violência, de arrancar, arrebatar, extrair fazendo o uso da força. [N.T.]

obscuridade da consciência: esta, como afirma *O ser e o nada*, é consciência por inteiro, transparente a si mesma, o que significa ao mesmo tempo sua indivisão e a ausência de zona opaca que escaparia à consciência irrefletida. A consequência dessa concepção da consciência não é então um conhecimento total de nós mesmos, longe disso. Sartre, aliás, como para dar testemunho disso, será levado a refinar ou ampliar cada vez mais a noção de consciência, chamando-a de *vivido* em *O idiota da família*, para nela integrar zonas cada vez menos transparentes e cada vez menos *conhecidas* do sujeito, fazendo deste um ser cada vez menos autônomo e absoluto em relação ao mundo e aos outros. Digamos que, de *O ser e o nada* a *O idiota da família*, o peso das alienações se fará cada vez mais denso, sem que, entretanto, Sartre renuncie à liberdade inicial e à atividade original do sujeito. Certamente nós nos desconhecemos, mesmo sabendo disso e mesmo perpetuando ou consolidando esse relativo desconhecimento. Esse saber de si, essa espécie de lucidez ou, como Sartre diz às vezes, esse "mistério em plena luz"[17], permite ao filósofo afirmar nossa liberdade contra o inevitável determinismo psicológico de Freud. Aí está o ganho teórico maior do conceito de má-fé.

Apesar disso, é preciso reconhecer que, se a teoria de Sartre é mais satisfatória para nossa imagem, pelo reconhecimento fundamental de nossa liberdade, ela talvez seja menos fácil de justificar nos casos patológicos demonstrados.

---

17. *L'Être et le néant*, pp. 582 e 616 (edição de 2001). Encontramos essa expressão numa nota de *Mallarmé*, p. 89: "[...] o *mistério em plena luz, a face de sombra da lucidez*. Há, de fato, um inconsciente no próprio âmago da consciência: não se trata de alguma potência tenebrosa, e sabemos que a consciência é inteiramente consciência; trata-se da finitude interiorizada." (Grafamos em itálico o que Sartre põe entre parênteses.)

No conto "O quarto"[18], Sartre explora os confins da consciência. O conto encena o amor de uma jovem, Ève, por seu marido, Pierre, atingido pela demência. Mais exatamente, Ève recusa a ideia de que Pierre possa estar louco: pelo contrário, ela quer ver em seu comportamento uma capacidade superior de apreender a realidade, de ver por trás das aparências, e tenta, em vão, chegar a esse ponto de consciência *exacerbada* do mundo. O pai de Ève tenta convencê-la de que Pierre está louco e que deve ser internado no asilo do dr. Franchot. Sartre poderia encontrar nisso o antigo tema da reversibilidade da loucura e da razão, salvo pelo fato de a loucura de Pierre não ser o inverso da razão, mas o mundo imaginário no qual o louco escolheu se enclausurar. Para dizer a verdade, a questão toda está aí: ao longo do conto paira uma dúvida, e o próprio leitor, devido às hesitações de Ève, pode se perguntar se Pierre acredita de verdade naquilo que diz, acredita sinceramente, ou então, como às vezes Ève pensa, se ele brinca de acreditar, mas que sabe muito bem fazer a diferença entre seus fantasmas e a realidade.

O que separa a loucura da má-fé? Se acreditar amar, brincar de amar e amar são um único e mesmo ato, por que ser louco não se identificaria com brincar de ser louco? Nesse caso, como Sartre faz o dr. Franchot dizer, "todos os alienados são mentirosos", e a loucura é a escolha que um indivíduo faz de si mesmo, é sua própria maneira de suportar o mundo — dele se retirando. A mãe de Ève faz a mesma escolha, salvo que ela simula fadiga e fraqueza perpétuas, guardando sua lucidez — mas ficando no quarto ao longo do dia, como Pierre.

Que sentido atribuir à loucura: será hereditária, como estão convencidos os pais e o médico? Nesse caso, o louco

---

18. Em *O muro*.

não é responsável por aquilo que acontece consigo. Como então pensar sua liberdade, ou nossa liberdade? Ève tenta alcançar Pierre em sua loucura, tenta sentir o mundo como ele — e quase consegue: ela *sente*, em dado momento, devido à autossugestão, as estátuas voarem em torno de si, se sente roçada por elas. Mas esse *sentir* dura pouco, e ela sabe que está buscando se persuadir. Ela faz uma experiência: leva sua consciência *de* estátuas-voando ao limite, se convence de que quer acreditar. De tanto treinar, será que ela conseguiria? Há um limiar de persuasão além do qual o retorno ao mundo se torna impossível? Depois de tudo, o que é a realidade do mundo? Se o mundo é em primeiro lugar aquilo que uma consciência percebe dele, qualquer percepção de mundo não seria real?

Mais precisamente, o mundo do louco não é uma percepção do mundo, é uma imaginação de mundo. As estátuas que Pierre ouve, das quais tem medo, que o roçam e parecem ameaçá-lo, são imaginárias. Mas como ter certeza, dado que, para Pierre, elas são reais a ponto de se poder ler em seu rosto o movimento que fazem? Em *Esboço de uma teoria das emoções*, Sartre escreve que "o sujeito emocionado e o objeto que emociona estão unidos numa síntese indissolúvel"[19], o que supõe que toda emoção provém de um objeto. O medo é medo *de* alguma coisa, assim como a consciência é sempre consciência *de* mundo. Mas no caso da loucura de Pierre, o que suscita o medo, visto que as estátuas não existem?

Seria preciso dizer que a consciência se emociona com aquilo que ela mesma produz, com sua própria capacidade de produzir o imaginário, que será bem forte para tomar o lugar do real. Não poderíamos esquecer que

---

19. J.-P. Sartre, *Esquisse d'une théorie des émotions*, Paris, Hermann, 1938, p. 39.

Pierre é capaz de se convencer de sua existência, mas Ève, não: apesar de seus esforços, as estátuas voadoras não existem para ela, não existem para uma consciência discernente *normal*. Toda dificuldade reside nesse *normal*, que sabe diferenciar o mundo imaginário do mundo real, que não confunde o imaginário com o real. Se por um lado a consciência discernente e a consciência imageante são mutuamente exclusivas, por outro isso não nos impede de passar de uma à outra à vontade. Todavia, isso pode deixar de ser um jogo e a consciência imageante pode, de tanto brincar, acabar por recobrir parcialmente, e depois por completo, a consciência perceptiva.

A questão é saber o que provoca a passagem no limite ou o que a proíbe: será a consciência que decide livremente permanecer no mundo imaginário (então a atitude se torna patológica), ou será que o jogo, o fato de que tal consciência tenha escolhido começar esse tipo de jogo (divertir-se, confundindo o real e o imaginário), com o risco de nele se perder, já era patológico? O que faz com que Ève não consiga se convencer da realidade das estátuas voadoras: será o sentimento difuso de que há um risco, um ponto de não retorno que é melhor não ultrapassar, uma espécie de medo, apesar de seu desejo de alcançar Pierre? Ou é mesmo uma impossibilidade real? Se a consciência é livre, ela também não é livre para se perder?

Mas será que damos o mesmo sentido à liberdade tal como acabamos de falar dela e à liberdade que consiste em hesitar entre duas opções? Vimos no segundo capítulo que é preciso distinguir dois planos de consciência: o mais aparente é o plano da reflexão impura, que constitui o ego e que escolhe *voluntariamente*[20] entre várias opções.

---

20. Para Sartre, a vontade é um fingimento que serve para ratificar racionalmente uma opção escolhida há muito tempo — isto é, *pré-reflexivamente*.

A razão, com todos os seus argumentos e sua força de convicção, pertence a esse plano. Mas o plano de superfície, reflexivo, recobre o plano do pré-reflexivo, aquele da consciência não tética (de) si. Se desejarmos que a liberdade não seja somente a ilusão que podemos nos oferecer de sermos livres, porque nossa razão pode justificar nossas ações, é esse plano que convém explorar para ver em que somos bem radicalmente, isto é, ontologicamente, livres. Se tal for o caso, é preciso concluir que somos também livres para nos perdermos, livres para escolhermos ser loucos — mas fazendo uma escolha pré-reflexiva. É o que Sartre chama de escolha original, e que agora iremos explicar.

3. A escolha original

A *escolha original* é a orientação feita pelo recém-nascido para responder às solicitações do mundo e que poderíamos chamar de problema do ser: de fato, o mundo aparece como estranho, hostil, frequentemente em contradição com os desejos do bebê — em suma, inassimilável. Assim, o mundo (e os outros) é em primeiro lugar aquilo que se opõe e que resiste ao sujeito. O problema do ser se transforma quase que imediatamente em problema de ser: como ser si mesmo em face do mundo? Esse problema surge para toda realidade humana ao mesmo tempo que seu surgimento no mundo. É evidente que o bebê não se coloca a questão em termos racionais nem dá a ela uma resposta em termos voluntários. Contudo, como escreveu Sartre a propósito das condições de existência vividas em sua tenra infância, "essa estranha condição não é vista, mas sentida."[21] O problema do ser,

---

21. *L'Idiot de la famille*, I, p. 143.

ou o problema de ser, é o mesmo no final das contas, ele não é visto ou conceitualizado, refletido, mas sentido. É que a consciência é consciência (de) corpo, isto é, necessariamente ponto de vista sobre o mundo. Mais exatamente: o corpo sente o mundo, ou seja, o recebe não de maneira passiva, mas ativa, interiorizando sua estranheza. Essa interiorização será em seguida re-exteriorizada num comportamento próprio do sujeito.

A *escolha original*, é necessário enfatizar, não se parece àquilo que em geral chamamos de uma escolha: a possibilidade consciente e racional de optar por uma ou outra solução que se apresenta a nós, como se estivéssemos na encruzilhada de dois caminhos. A tradição filosófica sempre assimilou o ato livre à possibilidade de escolher em todo conhecimento de causa. Se tal não fosse o caso, devíamos falar de reação, mais que de ação — reação conduzida pelos desejos ou paixões do corpo, o que equivalia a um determinismo fisiológico. Ser livre, para a filosofia clássica, é primeiramente a possibilidade de compreender nossos determinismos (aqueles das paixões do corpo) para deles nos livrarmos, para combatê-los. Em que uma escolha operada na obscuridade de uma consciência de bebê, muito mais próxima do sentir que da deliberação racional, pode ser chamada de "escolha"? Em que isso não é um simples determinismo? Ou, para trazer o problema em outros termos, no lugar em que a consciência ainda não adveio, podemos já falar de liberdade?

Dois problemas se entrecruzam aqui: o do nascimento de uma consciência (em que momento podemos dizer que o homenzinho possui uma consciência — já que esta aparentemente condiciona a possibilidade de ele escolher à vontade?) e o do conteúdo e do estatuto que daremos à liberdade.

Para a fenomenologia, o problema do nascimento é um falso problema: só se pode interrogar sobre o momento do nascimento uma vez já nascido. Ora, uma consciência é sempre já-nascida, ela tem sempre um já-passado, pois o tempo não deve ser compreendido como uma sucessão de três instâncias — passado, presente, futuro —, mas como uma unidade *ekstática*. Além disso, o que comumente chamamos de consciência é em primeiro lugar a consciência reflexiva, ou a consciência de si. Contudo, esta só é possível porque a consciência pré-reflexiva a precede. Ora, como vimos, a consciência pré-reflexiva é consciência de mundo e consciência (de) corpo. Se podemos nos surpreender que haja uma relação de identidade entre o bebê e aquilo em que ele se tornou vinte anos depois, é porque tomamos um ponto de vista exterior ao tempo e ao corpo, em sobrevoo, que ignora a continuidade discreta própria à existência temporal da consciência. Deve-se então concluir que não há problema de nascimento, dado que uma consciência é sempre já-nascida. Simplesmente, seu modo de ser é de ser irrefletida (isto é, de não ser refletida) e irreflexiva (isto é, de não se refletir ela mesma em si). A consciência pré-reflexiva é um sentir. Em que esse sentir não é pura recepção passiva do mundo: em que um sentir é ainda ou já uma opção livremente *com-sentida* sobre o mundo? Examinemos o segundo problema, o do estatuto da liberdade e da natureza da escolha original.

A consciência é pura espontaneidade, o que significa que jamais é passiva, que não recebe nada de que ela não tenha sido a origem. Isso significa ainda que nada age sobre ela e vice-versa: ela está "fora de alcance e não pode, por sua vez, alcançar: ela só pode se produzir".[22] De fato, se a consciência é primeiramente relação com o mundo, o que me relaciona, o que me lança no mundo e me põe em relação com ele, essa relação (transcendência) ainda

---

22. *L'Être et le néant*, p. 25. Cf. também as pp. 59 e 496.

não é uma ação somente da consciência: é a mão que age sobre o mundo, quer dizer, é preciso certa consistência material para efetuar uma ação de transformação sobre o mundo. A consciência não tem consistência material por si mesma, ela é simplesmente *relação com* (um grande vento, dizia o artigo sobre "L'Intentionnalité"). Por conseguinte, ela nada pode transformar por si mesma.

Entretanto, ela também é corpo-para-si: a ideia de uma consciência não encarnada é absurda, seria uma consciência fantasma, condenada a sobrevoar indefinidamente o mundo, sem nada poder fazer nele, sem jamais poder se engajar nele e, por ilação, sem jamais ter nada para escolher; seria indubitavelmente indeterminada, mas sua indeterminação, total, seria vã. É então necessário pensar a consciência como encarnada, engajada por seu corpo no mundo, e por esse viés podendo agir sobre ele: se a consciência nada pode tomar, a mão pode fazê-lo, e ela o faz porque uma consciência dirige (seria melhor dizer: é) essa mão.

Precisemos um pouco mais a relação do corpo e da consciência, ou melhor, como não se deve compreender essa relação. Em primeiro lugar, não há relação, já que corpo e consciência (de) corpo são uma só e mesma coisa. O corpo é consciência, é a prova que a consciência faz de seu engajamento necessário na matéria do mundo, na densidade do mundo. O corpo é ao mesmo tempo ponto de vista (engajamento necessário no mundo a partir de um lugar em torno do qual se organizarão todas as relações) e ponto de partida constantemente ultrapassado, dado que a consciência é transcendência.

Esse ponto de vista (do corpo) é necessário, pois não há consciência sem corpo, então o para-si está necessariamente situado no mundo, numa situação que ele não escolhe (não escolho minha data de nascimento, nem onde nasço, nem minha família, etc.). Mas essa situação é contingente, visto que, se é necessário estar situado, continua a ser contingente que seja nessa situação e não em outra: o conteúdo da situação não é necessário, porém contingente, mas de uma contingência necessária. É o que Sartre chama de finitude (que é também a facticidade), que é "a condição necessária do projeto inicial do para-si".[23] Há uma condição, isto é, isso sem o que não poderia haver projeto original, isso sobre o que somente um projeto pode surgir: é preciso já ser ponto de vista e ponto de partida para ter algo a ultrapassar, não há liberdade que também já não seja engajamento no ser, precisamente para ter do que se desengajar perpetuamente.

Portanto, a liberdade não consiste numa indeterminação total, já que é necessário escolher *a partir* de uma situação contingente. A questão se foca em sentir o peso "exercido" pela situação sobre uma escolha: se a escolha é livre, a situação não deveria pesar sobre ela, a escolha deveria poder ser independente da situação — a situação não deve *determinar* a escolha. Como então, em função do que, a escolha se efetua?

A situação não é determinante, mas "condicionante"; esse é o primeiro ponto que é preciso compreender e que assegura a liberdade ao para-si — sobre um fundo de alienação. Uma determinação exclui a possibilidade de uma mudança, é uma sequência causal estrita — e tal determinismo é impossível para o para-si, devido à sua temporalidade. Um determinismo é um puro acaso, sem finalidade aparente. Ora, a temporalidade original, sintética, remete o para-si a um devir, às suas possibilidades, é o próprio futuro que concede ao para-si o sentido de sua presença. É preciso então pensar a condição como sendo ao mesmo tempo necessária à liberdade e

---

23. Ibidem, p. 375.

não determinante (sem o que não haveria mais liberdade, a condição seria esmagadora). O bebê sente sua situação, recebe o mundo por meio dos cuidados dos pais, assim como recebe o sentido do mundo por meio da linguagem (um sentido que ele não escolhe, dessa vez). Mas devemos imediatamente esclarecer que esse sentir é apreendido, recebido sobre um fundo de retotalização ou de "relação original com o Todo".[24]

O que Sartre quer dizer com essa expressão é que o para-si, "recebendo" uma situação que não escolheu, se constitui a partir dela para nela responder. Contudo, uma resposta pressupõe uma questão: qual era ela?, perguntaremos. A que questão um bebê deve responder? Mais que de questão, é de problema que devemos falar, e é o do Ser. O surgimento do para-si sempre é questionamento, incompreensão, problemática, talvez dramática, pois surge em face de um mundo inassimilável, de um elemento radicalmente estrangeiro, sem ter a compreensão nem do que ele mesmo é, nem desse mundo estrangeiro. A falta que o caracteriza se faz duplamente sentir nesse surgimento, já que é falta no mundo e falta dele, em suma, falta de plenitude, falta de ser. A mesma estrutura que lhe confere essa falta e o condena a um insucesso necessário é aquela pela qual ele é livre. Assim, sua estrutura temporal o obriga a ser projeto. Mas ele é projeto de quê? É projeto de si-no-mundo, o que significa que ele surge sobre o fundo dessa relação original a si mesmo e ao mundo.

A relação original de si a si é o que Sartre chama de *presença a si*, que obriga o para-si a ser continuamente ultrapassagem de si mesmo, numa perpétua fuga para adiante. Podemos assimilar essa fuga para adiante ao dinamismo temporal, à passagem do tempo que é seu

---

24. J.-P. Sartre, *Mallarmé*, Paris, Gallimard, Col. Arcades, 1986, p. 94.

decorrer puro, sem conteúdo. O para-si é, portanto, temporalização; mas para temporalizar o quê? Para que, e em função de quê? É aí que se precisa levar em conta o entrecruzamento dessa primeira dimensão original, a relação a si, com a segunda, a relação com o mundo, que será a contribuição dos conteúdos.

O para-si é também, e ao mesmo tempo, relação original com o mundo: o mundo e o para-si não são simplesmente dois existentes correlativos, em relação de contiguidade, que seguiriam estradas paralelas, sem se encontrar. Não: há mesmo encontro, ou inserção do para--si no mundo.

Essa recepção do mundo pelo para-si é ativa: é uma interiorização dolorosa. Por um lado, o para-si aprende do mundo que ele deve ser, e portanto que ele não é, aprende que ele é falta, falta de ser; por outro lado, o para--si aprende aquilo que ele é pelo desvio do mundo. Ele acede ao que é pelo mundo, e pelo Outro, mas evidentemente o mundo e o outro não são um espelho neutro, que devolveria ao para-si sua imagem enquanto para-si: o mundo lhe devolve sua imagem tal como ele parece no mundo (e que não é necessariamente como ele pensava ser), e tal como essa aparição será retomada pelo para-si.

Por conseguinte, essa deficiência *sentida* engendra uma *tomada de ato* (o para-si toma ato de sua presença no mundo com todas as suas implicações, toma ato da existência objetiva do mundo), e ao mesmo tempo uma *apropriação*[25] do mundo, pela escolha de uma atitude em resposta à massividade de ser que aparece e que marca ainda melhor o déficit ontológico desse ponto de vista. O próprio outro aparece como um "escândalo

---

25. Cf. *L'Être et le néant*, p. 512: "relação apropriadora do para-si com o mundo."

intransponível"²⁶, uma potência de adversidade notável, ainda mais que o mundo inerte das coisas, na medida em que ele é outro centro de desejos que se opõem aos nossos.

A interiorização é também simultaneamente acusação (o fato de acusar, de tomar ato)²⁷ de minha falta de ser, e de meu dever-ser a partir disso que falta — para preenchê-lo, mas em vão, e sentindo isso. Podemos então compreender melhor como e por que, como escreve Sartre a respeito de Flaubert bebê, "essa estranha condição não é vista, mas sentida".²⁸ Esse sentimento, por ser interiorização do exterior, e daquilo que o exterior me remete disso que ele é, e de minhas relações com ele, será re-exteriorizado por meio de certa atitude, que vale como resposta àquilo que a mim se apresenta como *problema do ser* e *problema de ser*.

A *escolha original* é assim a resposta primeira, com os "meios disponíveis"²⁹,³⁰ que o para-si confere ao seu necessário ser-no-mundo. Ele é livre, uma vez que nada o determina; nada pode determiná-lo, sendo o para-si, como vimos, espontaneidade e temporalidade *ekstática*.³¹ Essa escolha original, por ser "divisa de meu ser" sobre

---

26. Ibidem, p. 515.
27. É possível que a expressão *tomar ato* provenha do Direito do Trabalho francês. Nesse caso, representa uma ruptura do contrato de trabalho, em que o empregado toma a iniciativa do afastamento, motivado por faltas graves que ele atribui ao empregador. Isso pode ocorrer principalmente em casos de discriminação, assédio, violência, não pagamento ou modificações no contrato de trabalho sem a anuência do trabalhador. De toda forma, reforça a ideia de acusação, de denúncia. [N.T.]
28. *L'Idiot de la famille*, I, p. 143.
29. Ibidem, p. 653.
30. Em francês, *moyens du bord*, usado em sentido figurado, que significa "ser do mesmo partido, da mesma opinião". [N.T.]
31. *L'Idiot de la famille*: "Nenhuma determinação é impressa num existente que este não possa ultrapassar por sua maneira de vivê-la."

seu devir³², condiciona o resto da existência do para-si. Entretanto, o que seria um condicionamento do qual não se pode desprender? Com pertinência, podemos sempre mudar, pois a temporalidade não é para nós uma sequência de encadeamentos de causalidade e necessidade: de fato, basta um instante para mudar de projeto original.³³ Aí está o que chamamos de uma conversão, tais como a de Flaubert e de Genet em particular, longamente descritas.

Vemos então como a *escolha original* é escolha irrefletida³⁴, que subentende de maneira pregnante (e constituinte) toda consciência de mundo. Nesse sentido, ela atua sobre o plano original (que é o plano fundamental e irrefletido), do qual em seguida todas as outras escolhas e atitudes são somente a expressão. Por isso podemos, partindo das atitudes atuais, tentar regressar até essa escolha original, escolha de si no mundo que não poderia deixar de se fazer, dada a temporalidade que é a da consciência, temporalidade que é sempre síntese original, isto é, sempre projeto na direção de, ultrapassagem do atual na direção de um devir.

Dado que a consciência é aniquilação imanente (de si para si no fluxo temporal) e aniquilação mundana (pela negação interna que lança a consciência no mundo), nada a determina, mas tudo a condiciona, inclusive a escolha que ela faz "a partir da origem" de si mesma no mundo. Todavia, esse condicionamento é precisamente a marca de sua liberdade: só há liberdade para o que pode ser alienado — e a alienação é, do ponto de vista

---

32. Ibidem, p. 504. Cf. também a finalidade ou causalidade revertida, p. 160.
33. Ibidem, pp. 521-522.
34. Em *L'Être et le néant*, Sartre a qualificava mesmo de afetiva e irracional (cf. p. 493).

ontológico, o fato, para o para-si, de jamais poder ser o que ele é, de dever sempre *ter de ser*.

Por fim, poderíamos nos perguntar: se a temporalidade é síntese original e já projeto, em que ela difere da *escolha original*? Ela difere como o fluxo constituinte, organizacional, *aquilo* que flui, como a forma e a cor: a temporalidade é, claro, síntese, mas síntese destotalizada, inacabada e em via de retotalização (com insucesso constante em consegui-lo). A *escolha original* é escolha global e totalizante de meu ser no mundo, da forma que escolhi me relacionar com o mundo, e do que será o sentido do mundo para mim. É a "cor" que escolhi dar à minha vida.

A noção, aparentemente contraditória, de *escolha original* (ou escolha irrefletida) concentra em si a tensão fundamental que percorre a obra de Sartre, e que consiste em conciliar a liberdade ontológica da realidade humana com sua constante alienação existencial: podemos agora compreender melhor como essa alienação sentida a cada instante da vida é só o exato inverso de nossa liberdade ontológica, o que exclui qualquer passividade e, portanto, qualquer desculpa para pensar nossas ações.

A psicanálise existencial, tal como Sartre a implementará em *O idiota da família*, é, por conseguinte, essa tentativa de apreender a escolha original do bebê Flaubert: é preciso regressar até a origem, descrever a proto-história de Flaubert para compreender o ser Flaubert.

4. *O idiota da família*

O estudo comporta três partes: "A constituição", em primeiro lugar, descreve o que fizeram de Flaubert em sua tenra infância e, em seguida, do momento da difícil aquisição da linguagem e da leitura. A segunda parte se intitula "A personalização" e descreve a maneira pela qual

Flaubert integra o que fizeram dele, sobretudo pela escolha que ele faz da escritura. A última parte é "Elbenhon ou a última espiral". Ela descreve como Flaubert restitui o que fizeram dele, pela escolha de sua doença ou neurose, por meio da experiência disso que Sartre chama de Queda.

Pelo estudo de uma vida particular, a de Flaubert, podemos ver o esboço de um esquema que podemos chamar de universal — ninguém escapa disso. Assim, a primeira parte de nossa vida é, em princípio, constituída pelos outros: somos inicialmente aquilo que os outros fazem de nós. Essa primeira constituição é em seguida retomada e interiorizada num segundo período em que nos tornamos uma pessoa, isto é, em que retomamos (positivamente ou no confronto, ou de outra forma qualquer, segundo as vidas) por nossa conta isso que fizeram de nós. Essa interiorização do que de início foi vivido em exterioridade se condensa a seguir para se re-exteriorizar num tipo de resposta às contradições vividas até então — e uma existência lisa, sem nenhuma contradição vivida, dificilmente é pensável. Trata-se, de toda forma, do momento final do desenvolvimento da neurose, sua apoteose ou sua manifestação à luz do dia, em graus de intensidade diversos, segundo a existência de cada um. Nesse sentido, Sartre sem dúvida admitia, como Freud, que somos todos mais ou menos neuróticos.

Pelo estudo mais detalhado da vida de Flaubert, precisaremos responder a duas perguntas. A primeira diz respeito à questão da liberdade, que acabamos de abordar teoricamente no item 3, e que é preciso doravante pôr em concreta execução: em que podemos ainda falar de liberdade e não de determinação sociofamiliar, se somos, desde o nascimento, *constituídos*? Em que essa constituição também não é uma determinação? A segunda pergunta diz respeito ao estatuto e ao método da psicanálise existencial: se toda psicanálise existencial é psicanálise de uma existência singular apenas, podemos corretamente extrair esquemas universais? Em que, então, a psicanálise sartriana difere da de Freud, se ela também nos propõe uma compreensão universal do homem? O ponto pelo qual Sartre entra na vida de Flaubert é uma confidência que este faz a Mademoiselle Leroyer de Chantepie:

> É pela força do trabalho que consigo calar minha melancolia nativa. Contudo, o velho fundo reaparece com frequência, o velho fundo que ninguém conhece, a ferida profunda sempre escondida.[35]

Há uma contradição aparente entre uma ferida e o fato de que ela possa ser nativa, o que leva Sartre a começar interrogando essa "ferida nativa": o que ela pode ser?

Recortando as cartas e testemunhos, Sartre ilumina outro problema: fica documentado que aquele que se tornará um dos maiores escritores do século XIX não conseguiu aprender a ler na idade dita normal, isto é, aos sete anos, e que o pai precisou intervir, não isento de certa fúria, para tirar o segundo filho de uma espécie de embotamento dos sentidos que poderia levar a crer que Gustave era idiota. Vem daí o título do livro de Sartre, que é chocante quando se pensa no escritor Flaubert. Contudo, Sartre expressa dessa maneira a retomada excepcional de Gustave, de sua vida e de seu destino: acreditava-se que ele era idiota, mas será universalmente reconhecido e celebrado por seus contemporâneos como um escritor

---

35. Carta escrita em Croisset [departamento de Seine-Maritime, na margem direita do Sena, onde Flaubert produziu a maior parte de sua obra — N.T.] em 6 de outubro de 1864, citada por Sartre desde o prefácio do primeiro tomo de *O idiota da família*.

genial. Como então explicar essa dificuldade com a linguagem?

Sartre estuda o ambiente familiar de Gustave. Ele analisa as origens sociofamiliares do pai, Achille-Cléophas, e sua ascensão social: até então, a profissão de veterinário na família era seguida de pai para filho, mas ele se tornou médico, e famoso em Rouen, o que representava certa notoriedade. Seu primogênito, Achille, será instado a seguir a carreira do pai. Por sorte, ele respondeu positivamente a essa esperança — de fato, foi uma criança brilhante, sem nenhuma dificuldade de aprendizagem. Ele será o sucessor do pai, apesar de menos brilhante, mas carregando em si o peso da destinação que lhe foi escolhida.

Sartre analisa também a relação com o mundo que pôde ser a da mãe, levando em conta sua própria história familiar: sua própria mãe havia feito um casamento por amor com seu marido e morreu ao pari-la. Daí veio o rancor do pai para com a filha, que dessa forma teve uma infância triste. Ela mesma desejava ter uma filha depois de ter dado à luz um varão, fato que satisfez os desejos do pai, que queria primeiramente um filho; apesar disso, ela teve mais dois meninos, que morreram com pouca idade, antes de uma quarta decepção, Gustave. A criança sobreviveu, mas o menino seguinte morreu; por fim, a mãe conheceu a felicidade de ter uma filha, Caroline, a última da família. Como Sartre calcula, Gustave se encontra entre dois mortos, e carrega em si a dúvida dos pais quanto à sua viabilidade: quando esse aqui também vai morrer? Isso significa que a mãe não se envolve na relação com essa criança por dois motivos: em primeiro lugar, porque ela esperava uma menina, e, em segundo, porque, dos cinco meninos que teve, três morreram, e nada garantia a sobrevivência de Gustave. Então, cuida-se dele como de um morto em *sursis*.

Esse horizonte familiar explica que Gustave bebê recebe os cuidados tecnicamente necessários à sua boa saúde, mas sem amor. Sartre escreve aqui suas mais belas páginas[36] sobre a tenra infância e sobre a influência constitutiva dos pais:

> É preciso que uma criança tenha mandato de viver: os pais são mandantes; uma graça de amor a convida a transpor a barreira do instante: ela é esperada a qualquer instante, já é adorada, tudo está preparado para recebê-la na alegria. [...] O amor dos pais a produz e reproduz incessantemente, esse amor a apoia, a carrega no dia a dia, a exige e a espera; em suma, o amor garante o sucesso da missão.[37]

A missão é aquela que consiste em acreditar que a vida tem um sentido, que a existência é justificada. O amor maternal dá ao futuro adulto a certeza desse sentido, lhe confere segurança, otimismo, dado que o bebê se sentiu considerado como um fim em si, não como um meio. Mesmo que a vida nos maltrate a seguir, que vivamos diversos dramas, saberemos responder a tudo e a tudo fazer face — e, assim, faremos tudo melhor do que se essa base original de amor fosse deficiente. O que está em jogo, em relação à mãe, é primordial: é por meio da capacidade de comunicar (principalmente as emoções), da capacidade que se tem de conferir um sentido à própria existência, assim como a capacidade que se tem (ou não) de amar e de amar a si mesmo, que advém, em suma, a confiança no mundo, nos outros e na vida em geral. A mãe põe em execução a relação com o Outro, ela

---

36. *L'Idiot de la famille*, I, pp. 133-143 — sobretudo a longa nota da p. 135.
37. Ibidem, p. 139.

simboliza o que um Outro pode ser para o recém-nascido, o que o infante pode ser para os outros — e para si mesmo, pois nos informamos no rosto dos outros, nos gestos da mãe. A relação de reciprocidade se implanta a partir da primeira infância, suas raízes nela se encontram arraigadas, e a maneira pela qual essa relação é vivida ou sentida pela criança *a constitui*, já insufla às suas futuras relações com o mundo, com os outros, com o sentido da existência, uma forma incomprimível — a de uma temporalidade orientada.

De fato, o esquema da descompressão temporal, gerada pela fissura intraconsciencial, constitui a dinâmica da temporalidade: somos transcendência, do mundo e de nós mesmos. Nós o somos de fato, pois tal é a estrutura da consciência humana. Entretanto, tudo se passa como se, para a criança que não recebeu o mandato de viver, o esquema temporal avançasse vazio, sem nada conter, em vão. A transcendência estrutural não vem acompanhada por uma razão existencial: no instante seguinte, nada espera o bebê Gustave. Não obstante, a estrutura ontológica o projeta no instante seguinte — como poderia ocorrer de outra forma? E o instante seguinte continua sem relação com o precedente e com o seguinte, os instantes permanecem numa espécie de independência, de desunificação. O tempo se faz puro fluxo sem consistência, sem sentido, sem razão.

Gustave experimenta antes da hora a absurdez da vida, sua total contingência, sua total gratuidade e vacuidade. Antes da hora no sentido de antes de ser armado para resistir e enfrentar essa verdade, segundo a qual a vida é de fato contingente e absurda. Desde o início Sartre falou sobre o tema, mas essa experiência não é a primeira numa vida *normalmente* constituída, e sim a finalização de uma busca, a descoberta que só se pode fazer porque se supunha que a vida possuía, por si mesma, um sentido. Que a vida tenha sentido, que nossas vidas tenham sentido: essa é a experiência primeira e natural para qualquer criança a quem os pais deram mandato de viver, para qualquer criança *amada*. Pois o amor dos pais permitiu dar estofo, dar consistência ao esquema temporal da transcendência, conferindo-lhe um conteúdo, o de ter sido esperado, o do sentido da espera, que permite assegurar uma ligação entre os instantes, que permite unificá-los, provendo-os de um sentido — ao mesmo tempo como significação e como direção, finalidade.

Gustave bebê não conheceu o mandato de viver para ser a alegria da mãe, dado que não representava a possibilidade desse contentamento. Ele não foi considerado como um fim em si, mas como um meio. Aquilo que deveria naturalmente encontrar sua justificativa de ser, o fato de existir para um outro, portanto para si, não encontra nada, donde a ferida profunda, a melancolia nativa de que o próprio Flaubert fala em sua carta — e sobre a qual, por conseguinte, tem certo saber, já que ele mesmo faz remontar a razão de suas perturbações ao período do nascimento.

Esses primeiros anos constituirão Gustave num ser passivo. Ou melhor, devemos dizer, a resposta de Gustave ao tratamento que recebe é se escolher passivo. A questão de saber se ele poderia ter escolhido outra via não vem à tona, pois ele não teria sido mais ou menos livre então — pelo menos, não se teria feito a mesma questão. Portanto, ser livre não é ter tido escolha, o que não tem nenhum sentido, dado que se está no plano da consciência original (não tética de si, em que a consciência reflexiva, capaz de tomar a si mesma como objeto da reflexão, ainda não existe). Contudo, a liberdade se constitui sobre os ombros da necessidade, aquela da situação em que nos encontramos.

A criancinha não é livre para não sentir a ausência do amor da mãe; ela a recebe efetivamente — e a interioriza, o que informa ao mesmo tempo sua relação com o mundo, que permanecerá uma relação passiva. Flaubert não mais poderá ser um homem de ação, não poderá se reconhecer na profissão que lhe será destinada: já que o primogênito será médico para suceder ao pai, Gustave será advogado. Entretanto, um advogado deve agir, tomar decisões, precisa estar às voltas com o real, para modificá-lo. A constituição passiva de Flaubert o proíbe de agir frontalmente, assim como o desautoriza a dizer com franqueza ao pai que ele não quer seguir a carreira do direito. Onde ainda há liberdade, então?

Há liberdade naquilo que Gustave conseguirá, com os meios que tem, isto é, *ativamente passivos*, para se tornar aquilo que desejava: escritor, e não advogado. O meio para chegar aos seus fins estará à altura de sua constituição passiva:

> Veremos que a atividade passiva, em Gustave, nada mais é que um retorno mascarado da ação imposta contra aqueles que a impõem: em outras palavras, ele jamais oporá atos aos atos dos outros. Ele obedece com zelo às ordens dos pais, se abre a novas determinações que eles desejam lhe fixar, mas se arranja com delicadeza para que as consequências sejam manifestamente desastrosas [...]. Em suma, a ação passiva consiste essencialmente numa imitação da inércia vivida.[38]

Gustave não oporá um ato aberto de recusa a seu pai, mas uma resistência passiva, até a última crise, a queda em Pont-l'Evêque, que colocará um termo definitivo à sua carreira de magistrado.

---

38. Ibidem, pp. 145-146.

Antes de chegar a esse ponto, Flaubert passará pela fase de personalização, que marca o modo pelo qual conseguirá ultrapassar aquilo que o constituiu. É o momento em que, devido à reflexão nascente, fazemos alguma coisa daquilo que fizeram de nós. Nós nos retomamos, de alguma forma, não no absoluto, como se, nesse momento, pudéssemos nos tornar aquilo que desejássemos: só nos tornaremos aquilo que somos na medida daquilo que fizeram de nós. Assim, o infante que foi constituído pela passividade não tem, no leque de suas possibilidades, aquela de se tornar um homem de ação, como podemos dizer que Napoleão o foi. Mas ele tem a possibilidade de não se deixar ser aquilo que os outros querem que ele seja, um magistrado. O momento da interiorização daquilo que fizeram de nós é também o momento em que descobrimos o mundo. Para Gustave, é o momento do internato no liceu, em que interiorizará o espírito objetivo de seu século, isto é, as estruturas históricas e sociais que governam as mentalidades em torno dele, a dos outros alunos e as de seus professores. A interiorização daquilo que se é vem acompanhada por uma retotalização de si na descoberta do mundo.

Gustave assume então aquilo que é para seus pais: um papel, uma imagem, a do segundo filho. A estrutura que Sartre percebe nesse momento é aquilo que ele chama de "quem-perde-ganha": já que meus pais não me consideram como uma substância, como um ser de peso, vou fazer de mim aquilo que eles querem, eu o serei no imaginário. A escolha de ser poeta, ator e depois escritor está no oposto da escolha racional dos pais, porém conforme àquilo que eles pensam que seu filho é: um incapaz, finalmente, incapaz de compreender o que é sério. Isso também ocorre com Genet, que, pego em flagrante delito de curiosidade bem infantil por seus pais adotivos, se vendo designado como ladrão, fará de si um ladrão, para responder à imagem que fizeram dele, retomando-a por conta própria. Não podendo contestar essa imagem (pois ele é uma criança da Assistência Pública, confiado a camponeses cheios de preconceitos tenazes — e, sobretudo, não passa de uma criança), escolhe sê-lo, para ser qualquer coisa, para ser.

Poderíamos pensar que o "quem-perde-ganha" é uma estrutura necessária da realidade humana, determinada por nossa estrutura ontológica: não estamos todos em busca de nosso ser, mesmo que sua apreensão seja ontologicamente impossível? Corrida absurda, sem dúvida, destinada de modo inexorável ao fracasso, mas corrida inevitável, portanto necessária. A partir de então, não somos coagidos a assumir, num primeiro momento, o que fizeram de nós? Precisamos lembrar aqui a diferença que fizemos entre fluxo temporal, pura forma, e o conteúdo que essa pura forma de escoamento drena necessariamente consigo. O escoamento é necessário, o fato de que o escoamento drena um conteúdo é necessário, mas o próprio conteúdo não é jamais necessário. Aí reside a liberdade, sobre os *ombros* da necessidade. Nesse sentido, estamos longe da noção de *complexo* de Freud, que desempenha um papel interpretativo muito mais preciso e diretivo que o "quem-perde-ganha", que continua a ser uma estrutura, sem dúvida, mas sem conteúdo preciso e ainda menos fixado antecipadamente.

A terceira parte é a re-exteriorização desses dois primeiros momentos, a constituição e depois a personalização. O título, "Elbenhon ou a última espiral", faz referência a uma obra inacabada de Flaubert, *La Spirale* [A espiral], e a outra, também inacabada, de Mallarmé. Entre 1867 e 1870, Mallarmé saía de uma grave crise existencial, que hoje em dia chamaríamos de depressão. Ele conta então o que lhe aconteceu sob a forma de um conto poético e filosófico, "*Igitur* ou a loucura de Elbehnon". Numa carta, explica que se trata de "um conto no qual quero sepultar o velho monstro da Impotência, seu tema, e tudo o que o acompanha [...]. Se isso der certo, estarei curado".[39]

Igitur, advérbio latino, significa *então*, o que poderia indicar uma espécie de conclusão e consequência da longa crise atravessada que, por fim, não conseguiu frear a criatividade de Mallarmé. A origem e a significação de *Elbehnon* são mais incertas. Pode-se interpretar como uma referência ao veneno empregado em *Hamlet*, de Shakespeare, que é a jusquiama, em latim *Hyoscyamus* (*hebenon*)[40], uma vez que Mallarmé, naquela época, também tinha a ideia de escrever um drama com um personagem único, a que teria chamado de *Hamlet e o vento*. Contudo, também poderíamos interpretar a proximidade desse nome e do veneno como uma referência a uma espécie de apaziguamento, de grande calma depois da crise, sendo que o veneno passa rente à morte, assim como Gustave pensa, no momento da Queda, também estar resvalando a morte. Por outro lado, dentro desse texto de Mallarmé, encontramos três ocorrências da palavra "espiral", das quais uma é retomada por Sartre em seu *Mallarmé*[41] — que faz recorrentes citações ao texto de *Igitur*. Sartre também cita inúmeras vezes o romance de Flaubert, *La Spirale*, nos dois primeiros tomos de *O idiota da família*.

Em todo caso, essa parte se abre sobre a Queda de Flaubert em Pont-l'Evêque, fato que felizmente pôs um fim aos estudos de direito que o jovem era obrigado a fazer em Paris. O pai, de fato, teve que reconhecer que seu filho tinha uma natureza por demais

---

39. Carta a Cazalis, 14 de novembro de 1869.
40. "*Upon my secure hour thy uncle stole,/ With juice of cursed* hebenon *in a vial,/ And in the porches of my ears did pour/ The leperous distilment; whose effect/ Holds such an enmity with blood of man* [...]." [N.T.]
41. J.-P. Sartre, *Mallarmé*, op. cit., p. 140.

frágil e nervosa para poder suportar a vida parisiense e os estudos, então se decidiu a trazê-lo para perto de si a fim de cuidar dele. Se Albert Thibaudet[42], em sua biografia *Gustave Flaubert*, passa por demais rapidamente sobre esse primeiro ataque, apenas sugerindo uma dúvida sobre de que doença se trata (crise de epilepsia ou outra?), Sartre dedica a ele toda a terceira parte de seu livro, depois de ter, da forma mais objetiva possível, descrito o acontecimento:

> Numa noite de janeiro de 44, Achille e Gustave estavam retornando de Deauville, onde tinham ido ver o chalé. Está escuro como o interior de um forno e Gustave conduz o cabriolé. De repente, próximo a Pont--l'Evêque, um carroceiro os ultrapassa pela direita; Gustave solta as rédeas e cai aos pés do irmão, desmaiado. Diante de sua imobilidade cadavérica, Achille pensa que está morto, ou morrendo. Veem-se, ao longe, as luzes de uma casa. O primogênito leva para lá o irmão mais novo e cuida dele com urgência. Gustave continua vários minutos nesse estado catalépico, embora sempre consciente. Quando abre os olhos, ele tem ou não convulsões? É difícil sabê-lo; em todo caso, seu irmão o leva de volta para Rouen no meio da noite.[43]

Sartre interpreta a doença de Flaubert como "um resultado sofrido, mas intencionalmente estruturado como

---

42. Albert Thibaudet (1874-1936), célebre crítico do período entreguerras, escreve uma biografia de Flaubert em 1922 (reorganizada em 1935), que pela primeira vez oferece uma visão de conjunto de sua vida e obra. A tese é mostrar que Flaubert não é um escritor romântico e naturalista, mas clássico. A passagem de sua crise é descrita na p. 31 da edição Tel Gallimard (1999).
43. *L'Idiot de la famille*, II, p. 1781.

meio".⁴⁴ Dito de outra forma, Flaubert, se por um lado não escolheu essa doença, nem talvez ficar doente, por outro faz tudo para enfatizar suas fadigas inexplicadas e sua agitação nervosa. Ele dá um sentido a esses fenômenos, um sentido que deve conduzir à doença, concluída (ou provocada) pela Queda. Dessa forma, se sofre da doença, ele não age como se isso ocorresse por um azar incrível e eminentemente lamentável, como uma profunda injustiça. Pelo contrário, ele sente, ou sabe, com um saber irrefletido, que aí está sua porta de saída. De modo que sofre com passividade aquilo com que consente positivamente — como não podendo ser obtido de outro modo, dado o resultado que deseja: parar com esses estudos de direito absurdos para ele, deixar a capital, se dedicar plenamente à escritura, isto é, à vida imaginária. Flaubert escolhe ser doente, e o faz a partir de uma escolha irrefletida. Isso quer dizer que ele *sabe* do que sofre e por que o sofre. Sartre mostra até mesmo como Flaubert pressentia que iria lhe acontecer alguma coisa, que incubava uma doença, e como, tomando excepcionalmente as rédeas do cabriolé à noite e no lugar do irmão, ele provocou (no sentido etimológico: chamou, fez brotar, antecipou) a crise.

Todo o estudo de sua vida parece então convergir para esse ponto, ao mesmo tempo culminante e derradeiro, ponto de não retorno que permitiu a Flaubert, no modo da passividade, retomar sua vida. Decerto a Queda é apresentada por Sartre como ponto inexorável, finalização necessária da pessoa de Gustave e que marca ao mesmo tempo o início de uma nova vida. Mas esse encaminhamento é tornado necessário por uma liberdade que, não podendo se afirmar positivamente, pois não foi constituída sobre um modo ativo, escolhe, apesar

---

44. Ibidem, p. 1665.

de tudo, aquilo que lhe permite chegar aos seus fins: ser escritor.

A escolha dessa doença também permite a Flaubert se afastar da vida e de suas paixões para olhá-las friamente, como um analista. A Queda não é a solução que o escritor encontrou para o problema do ser e para o problema de ser; encontrou, por fim, o modo sobre o qual viverá suas relações com o mundo: bem distante dele, ou, para dizer a verdade, solitário, no vilarejo de Croisset, na calmaria, onde ele pode se entregar à vida imaginária. Pois escrever é evitar o real, evitar o enfrentamento com a realidade que se apresentou como um fracasso, por meio dos estudos de direito laboriosos e malsucedidos. Flaubert confirma sua escolha de ser um ente do imaginário.

A Queda é então a última espiral, isto é, o último ponto nodal por meio do qual Flaubert passa, antes de se libertar, pela doença, da autoridade paterna. A espiral é um círculo, claro, que repassa então pelos mesmos pontos, mas cada um deles é um degrau mais alto que o precedente e a ele irredutível. A vida humana é uma dialética ascendente, em espiral — tal é a imagem que melhor representa essa concepção do vivido. O esquema da espiral evita, dessa forma, o da repetição, mais próprio à psicanálise freudiana.

A última parte de *O idiota da família* deveria mostrar como a obra que revela Flaubert para o público, *Madame Bovary* (1857), integra ao mesmo tempo o espírito objetivo da época do autor e o ultrapassa, dado que os romancistas do século seguinte poderão se reconhecer em sua forma de escrita. O espírito objetivo é a cultura admitida como evidente e adequada a uma dada época, como uma referência indiscutível. É a base das humanidades, do saber comum a todos — apesar disso, das elites. É a partir da integração desse espírito que se elaboram as obras futuras. Sartre descreve então longamente o conteúdo do espírito objetivo da época de Flaubert, para compreender como uma obra que, a seu ver, é em primeiro lugar a do imaginário pôde passar por um romance realista; como uma obra que, aos olhos de Flaubert, deveria descrever um vazio, um nada, pôde falar aos seus contemporâneos, que nela puderam ver seu reflexo.

Esse último momento da terceira parte (que abre o tomo III) deveria dessa vez compreender a obra na exterioridade, enquanto as duas primeiras percebiam o homem Flaubert a partir de sua proto-história. Para tanto, Sartre julga a obra não a partir dos critérios do século XX, e nem mesmo segundo os julgamentos de alguns de seus contemporâneos, mas consoante às intenções do próprio Flaubert, referindo esses critérios ao espírito objetivo da época desse autor. De certa forma, Sartre elabora um método de compreensão da história literária.

O ponto essencial do trabalho de Sartre sobre Flaubert é que a obra e o homem são indissociáveis, ou então que só se pode compreender um por meio do outro, e inversamente. Essa tese decorre da concepção totalizante da realidade humana, que faz dela uma síntese unitária. Cada acontecimento da vida de um homem *significa* sua escolha original, a maneira original pela qual ele escolheu responder aos problemas do ser. Sendo a consciência pré-reflexiva transfenomenal, cada fenômeno é coextensivo à totalidade da consciência, transbordando-a e revelando-a ao mesmo tempo. Compreender um homem é percebê-lo em sua época (o que o tomo III se propõe a estudar), mas é também regressar até a *escolha original* que, em seguida, não cessa de se manifestar em cada detalhe da vida. Equivale a dizer que não há detalhe, se tudo é significante — para quem sabe decifrar a significação.

Conclusão

O projeto de Sartre — compreender a vida de um homem — lhe era tão caro que ele se esforçou para escrever seu Flaubert durante cerca de dezessete anos. Instado por seus amigos "maoistas" da Esquerda Proletária para que abandonasse a obra, aos seus olhos por demais "burguesa" e sem nenhuma utilidade, Sartre jamais cedeu. Reconhecendo que era o trabalho de um burguês sobre um escritor burguês que, assim como ele, odiava os burgueses — e, portanto, sua classe de pertencimento —, Sartre também tinha consciência de que esse trabalho não poderia ser compreendido em sua própria época. Contudo, era ao mesmo tempo a finalização de toda a sua pesquisa filosófica e sua confirmação: para saber se um homem pode ser inteiramente explicável, é preciso tentar a experiência — e *O idiota da família* é essa experiência. Para saber se marxismo e psicanálise são conciliáveis e permitem uma compreensão mais exata, é preciso tentar essa conciliação no nível da vida de um homem.

Sartre é dessa forma levado a pôr em execução a psicanálise existencial enunciada no final de *O ser e o nada*. É claro que ele continua a não conceber o inconsciente em ação *na* consciência — visto que a consciência não é um receptáculo, mas uma *relação com* —, nem em sua proximidade — pois só há consciência, e esta se desenvolve em dois planos, irrefletido e reflexivo. Mas podemos ver que a parte de sombra conferida a esse "mistério em plena luz" se amplia cada vez mais. Poderíamos por fim nos perguntar ainda sobre a diferença essencial entre psicanálise existencial e psicanálise freudiana, a partir do momento em que Sartre retoma os conceitos-chave da teoria de Freud: a neurose de Flaubert é longamente detalhada, preparada por sua pré-neurose; ele fala ainda de recalque, de transferência, de supereu, de fixação infantil.

Para Sartre, entretanto, a neurose não é uma disfunção nas relações com os outros (os pais, na primeira infância), e não induz a um determinismo quase inexorável, como é o caso para Freud. Para o pensador francês, ela é primeiramente uma escolha de ser-no-mundo que depende de uma liberdade. A doença é a solução encontrada por Flaubert, com os meios de que dispõe, isto é, a passividade, para chegar aos seus fins. Flaubert é, assim, responsável por sua doença, na medida em que escolheu padecer dela[45] — no mesmo sentido em que Sartre dizia que os loucos são mentirosos. É claro que há várias loucuras e vários graus de loucura, e algumas delas são patológicas. Mas Sartre põe adiante, por exemplo nas histerias, a liberdade do indivíduo, sua responsabilidade, ainda que ela ocorra ao menos na engrenagem escolhida. Pode acontecer que na sequência tal caminho escolhido não permita um recuo — nesse sentido, não se pode fazer o que se deseja, mas certamente apenas o que se pode.

O que levou Freud a definir a neurose como um mau funcionamento é a ideia de que há certa normalidade. Daí a que essa ideia de normalidade receba uma conotação moral não demora muito: por exemplo, os pais dos anos 1970 se informaram sobre as teorias freudianas, revisitadas por Françoise Dolto[46], para saber como criar os filhos. Tenha Freud desejado ou não, havia uma deriva já implicada na ideia de que os complexos estruturam nosso psiquismo. Naturalmente, tenta-se evitar que esses

---

45. "Assim, a neurose — intencional e padecida — nos pareceu ser uma adaptação ao mal [...]", *L'Idiot de la famille*, II, p. 9.
46. Françoise Dolto (1908-88), pediatra e psicanalista francesa especializada no tratamento de crianças; membro fundador da Escola Freudiana de Paris, de Jacques Lacan, é autora, entre outros, de *O caso Dominique*, *A causa das crianças*, *Quando surge a criança* e *L'Échec scolaire*.

complexos de ideias se formem mal ou de maneira indevida.

O mesmo não ocorre com a psicanálise existencial, visto que nada existe para estruturar nosso espírito para que ele seja normal: a única estrutura é ontológica, sendo antes de tudo um puro fluxo sem conteúdo. A partir do momento em que não há nada de conteúdo estruturante (como se pode dizer que o complexo de Édipo é um conteúdo estruturante, por descrever uma passagem necessária da vida da criança em suas relações com seus pais), também não há julgamento moral sobre o que deve ser, teria devido ser, deveria ser. O valor é, em primeiro lugar, aquilo que cada indivíduo define a partir de seus próprios fins, e Sartre, no início do tomo III de *O idiota da família*, expõe em que o julgamento de Maxime du Camp sobre Flaubert, depois da crise de 1884, é falso: não se pode julgar um homem a partir de fins que lhe são estranhos. Se Flaubert podia parecer inferiorizado aos olhos de Maxime, era primeiramente porque este dava como evidente que a epilepsia inferioriza o doente.

Entretanto, se devemos julgar um homem a partir de seus próprios fins — como demanda Sartre e como ele assim constrói sua teoria —, de que modo uma sociedade pode se constituir senão sobre regras de moral comuns? É então o problema da moral que devemos doravante abordar.

V
Uma fenomenologia da moral

> *Não se pensa a Realidade Humana, apenas se a vive, pois ela é paradoxo, é conflito sem síntese. O Homem é esse ser que se empurra, espada nos rins, para subir no trono de Deus, e que não consegue fazê-lo. O Homem é Drama.*
>
> Mallarmé, p. 137

A moral é habitualmente definida como um sistema de regras e de normas que os homens devem observar. Esse sistema de regras repousa sobre um código de diferenciação entre o bem e o mal. O conteúdo desses dois valores, bem e mal, varia segundo as culturas e as épocas, mas nenhuma cultura ou sociedade humana pode dispensar tal código.

O filósofo, interrogando-se sobre a moral, pode tomar duas direções. Pode questionar a legitimidade dos valores, por meio da compreensão de seu fundamento: os valores provêm de um acordo tácito entre os homens, segundo seus interesses? Provêm de um sentimento moral inerente a todo ser humano, que o faz *sentir*, de maneira inata, aquilo que é o bem e aquilo que é o mal? Ou então provêm de nossa razão? Essa reflexão, interrogando o que torna legítimo ou não tal ou tal valor, não pode se impedir de ser normativa, isto é, de definir, por sua vez, *aquilo que deveria ser.* Mas nesse caso a reflexão não se torna suspeita para decidir sobre a legitimidade dos valores em nome de outra, preexistente à reflexão, enquanto esta só deveria ser seu resultado? O filósofo pode também se deter sobre o fato de que não podemos não ter valores, pois toda ação necessariamente manifesta um deles. A interrogação se desloca, da essência do valor ao ser-para-quem-o-valor-existe.

Geralmente compreende-se por valor aquilo com o que atribuímos a alguma coisa ou a um ato certa qualidade, boa ou ruim, desejável ou não, preferível ou não. Um valor se inscreve necessariamente numa escala preexistente, sendo os dois extremos previamente fixados, e pode ser econômico (do mais comum e *barato* ao mais raro e caro), seja estético (do mais feio ao mais belo), seja moral (do mal ao bem), podendo, aliás, esses extremos se confundirem (o que é belo e caro e é bom possuí-lo, etc.). Entretanto, não é isso que Sartre entende primeiramente por valor, e a definição que ele dá sobre esse conceito o leva, em nossa opinião, não na direção da constituição de uma moral que enunciaria ou justificaria uma hierarquia de valores, mas para aquela de uma fenomenologia da moral, isto é, para a descrição do que é uma experiência ética.

1. A noção de valor

Em primeiro lugar, a noção de valor não tem uma conotação moral para Sartre[1]: ela é uma estrutura imediata da consciência, e lhe é consubstancial — por isso ele pode dizer que o valor assombra o para-si. A descrição que ele dá é antes de tudo formal, e os exemplos para explicá-la nada têm de moral: é o exemplo da lua,

---

1. Resumimos brevemente aquilo que havíamos desenvolvido no capítulo II.

inicialmente. O crescente da lua só é crescente porque, vendo-o, nós o visamos como uma parte da lua total (não percebida, mas pensada ou conhecida). Há então uma parte faltante, aquela que permitirá completar o crescente para obter a totalidade da lua. O mesmo ocorre com a estrutura de cada para-si, que é falta, pois se transcende sempre (devido às aniquilações perpétuas, fundamento da transcendência), além daquilo que ela é, em vista de atingir o ser que seria se fosse inteiramente aquilo que ele é, isto é, a totalidade de seu ser (seu ser-em-si).

Sartre chama de *valor* a estrutura do para-si que consiste em ser "falta de... para...", designando esse "para" o que é visado pela consciência como devendo ser — um em-si não realizado e não realizável, por se dar como um ideal, mas por aí mesmo estabelecendo seu sentido, sua direção e sua significação à consciência — embora não podendo *ser*, pois o para-si experimenta essa falta no próprio ato pelo qual ele visa aquilo que lhe falta.

O valor tem a consistência da totalidade que seria o para-si, se pudesse ser a totalidade daquilo a que ele falta e daquilo que lhe falta. Aquilo a que o para-si falta é a si mesmo, na medida em que ele se experimenta como faltante de alguma coisa (por exemplo, o para-si se experimenta como faltante de um amor sério). O que falta é esse amor. Contudo ele, ausente e inexistente, se dá ao mesmo tempo como tendo certa consistência, a de guiar as ações do para-si para o preenchimento dessa falta. Desse modo, a falta faz surgir o que é faltado, o amor ideal em que o para-si seria totalmente amor realizado.

O que importa aqui não é o exemplo que tomamos, mas a estrutura do valor, "falta de... para...", que indica que no âmago do para-si, imanente a ele, reside na forma de uma presença-ausência sua própria transcendência, isso para o que todos os seus atos convergem e em função de que tomam sentido. Nenhuma ação ou pensamento humano escapa ao valor: consubstancial à realidade humana, ele é estrutura imediata da consciência, como dissemos acima.

Entretanto, o valor, "duplicando" todos os nossos atos, estrutura a consciência de maneira irrefletida, no plano do *cogito* pré-reflexivo. Somente a reflexão pode tomar consciência daquilo que guia a ação e, em seguida, estabelecer o valor como um fim a ser atingido. No plano reflexivo, o valor se torna moral, em primeiro lugar porque está situado numa escala axiológica (avaliamos quase instantaneamente nossos atos, assim que tomamos consciência deles); em segundo lugar, porque estabelecemos o valor enquanto tal, diante de nós, tendo como instrução realizá-lo — e, sobretudo, como se esse valor não emanasse de nós, nunca tivesse sido de início suportado pelo para-si (na medida em que ele é forçosamente assombrado pelo valor, no plano pré-reflexivo), mas existisse em-si, no mundo, como valor transcendente.

Por isso, quando Sartre escreve que o para-si é "o ser pelo qual os valores existem"[2], é preciso compreender como *valor* o em-si-para-si, a totalidade faltante (a lua cheia), que confere seu sentido ao para-si faltante, e não os valores morais tais como o bem e o mal. Essas qualidades axiológicas vêm *preencher*, de certa forma, a estrutura imediata descrita sob o nome de valor. Seria possível, mas equivocado, compreender a frase citada como o reconhecimento, por Sartre, do caráter inteiramente subjetivo dos valores, o que levaria a pensar que o para-si, sendo aquele por quem os valores advêm ao mundo, pode, por conseguinte, inventar os valores que quiser, a seu bel-prazer. Seria conceder um excesso de poder à liberdade humana. *O ser e o nada* poderia suscitar esse

---

2. *L'Être et le néant*, p. 675.

tipo de interpretação, mas as pesquisas seguintes de Sartre o invalidam completamente. *O ser e o nada* finaliza no anúncio próximo de uma moral. De fato, como a ontologia de *O ser e o nada* descreve a realidade humana tal como é, e não como deveria ser, o autor conclui que uma moral deve se seguir ao tratado de ontologia: para tirar as consequências da descrição que ele acaba de fazer e indicar em que condição é possível concretizar, em ato, nossa realidade humana, isto é, adotar uma atitude autêntica — assumindo nossa liberdade e abandonando a má-fé. Ora, uma atitude autêntica (que assumiria o ser do para-si como tal, ou seja, como insucesso a se fundar e a ser aquilo que ele é) se torna impossível, por ser contraditória, pelas próprias premissas da ontologia: se queremos ser o que não somos e não ser aquilo que somos (o que seria uma atitude autêntica), então se deseja ao menos *ser* isso, mesmo que o conteúdo desse ser se revele já contraditório. Assim que se deseja *ser*, adentra-se o inautêntico, dado que se põe esse ser (realizar a liberdade ontológica) como valor de nossas ações, exterior a elas e as comandando.

Todas as questões do último parágrafo de *O ser e o nada* se resumem em: como fazer para efetivar a liberdade sem contradição, isto é, sem que esta não se veja uma vez mais sob o jugo de um valor transcendente? Pois ter em vista a liberdade como finalidade da ação é correr o risco de interrogar as ações "a partir de[ste]" valor que não foi interrogado, dado que posto como finalidade antes mesmo de saber se é possível que isso ocorra assim. Todas essas questões remetem à condição de uma atitude autêntica, supondo-se (ou melhor, pressupondo-se, nesse estágio da reflexão) que uma ação autêntica tem mais valor que outra inautêntica, isto é, de má-fé — que Sartre chama ainda de *esprit de sérieux*: este consiste em acreditar que os valores são transcendentes, que vêm do mundo e não de nós, e que uma conformidade da ação a tal valor é inexorável. Como se diz em geral, "não temos escolha", ou "o dever não espera" ou, ainda, "não dá para não fazer".

As primeiras páginas de *Cahiers pour une morale* confirmam que a pesquisa de Sartre é enfocada sobre as condições de possibilidade de uma atitude autêntica. Notemos apenas uma frase: "Se buscas a autenticidade pela autenticidade, não és mais autêntico", cujo estilo lembra enfaticamente o das morais antigas. Sartre aponta aqui a contradição fundamental de uma moral que sabe que não se pode *ser*, mas que ainda busca como *ser* sem *ser*. Nas últimas páginas, encontramos o esboço de um plano para uma moral que tem como objetivo expor, além de uma *verdadeira* moralidade, uma "hierarquia dos valores, mostrando que eles se aproximam, assim como uma assímptota se aproxima de uma reta, da liberdade".[3] Em seguida Sartre distingue os valores mais baixos, os valores intermediários, os valores sociais e depois os valores de subjetividade, dentre os quais o mais alto seria a generosidade, pois esta é a que mais se aproxima da liberdade ou permite a ela aceder.

Contudo, o autor não publicará por si mesmo essas reflexões feitas nos anos 1947-48. Elas só aparecerão depois de sua morte, em 1983, por iniciativa de sua filha adotiva, Arlette Elkaïm-Sartre, sob o título de *Cahiers pour une morale*. O abandono do texto não significa o abandono da questão moral, amplamente presente nos textos literários e biográficos. Assim, em *Saint Genet: ator e mártir* (1952), Sartre se pergunta de forma ostensiva sobre a atração que o mal pôde exercer sobre Genet;

---

3. *Cahiers pour une morale*, p. 486. O plano esboçado tem duas seções. Essa citação se refere ao ponto VI da primeira seção.

da mesma forma, em *O diabo e o bom Deus* (1951), ele aborda novamente o tema da escolha do mal ou do bem, insistindo no fato de que, qualquer que seja essa escolha, perdemos de toda forma.

A moral só pode se encontrar no centro das reflexões de Sartre, dado que ainda se trata da liberdade e das alienações: todos buscam ser livres, e procuram agir em consequência. Naturalmente, a questão se apresenta para nós: saber o que devemos fazer, como conduzir nossas vidas para sermos livres, ou para sermos o menos *falsos* que for possível.

Façamos aqui uma nota: Sartre não explorou a matéria de *Cahiers pour une morale* nos textos que havia preparado para suas conferências na Universidade Cornell (1965), reunidas sob o título *Morale et Histoire*: nem a ideia de hierarquização dos valores nem a de uma *verdadeira* moral são nelas retomadas.

Pode-se pensar, nesse aspecto, que a escrita de *Saint Genet: ator e mártir*, em 1952, e em seguida a de *Crítica da razão dialética*, entre 1957 e 1960, permitiram a Sartre trazer à luz uma dimensão subjacente à constituição do valor (como estrutura formal de toda ação) e mostrar seu fundo *objetivo*: os valores não são transcendentes ao para-si — é somente ele que lhes confere existência e permite sua perpetuação, mas o para-si não os escolhe, eles lhe são dados ao mesmo tempo que o meio em que ele nasce.

O que deve ser o lugar do pai numa família é dado a Flaubert a partir de seu nascimento, assim como o que deve ser a inteligência de um filho de médico. É preciso então descrever a sutil dialética que se opera entre o meio objetivo em que residem também os valores (a sociedade, a família) e o meio subjetivo que reitera sua existência — e, por vezes, participa de sua modificação. A realidade humana se torna o ponto de interseção de duas dimensões que se mesclam inextricavelmente: os valores ambientes da sociedade e as aspirações pessoais e irrefletidas de uma consciência, advindas de sua historicidade. "Somos o que fazemos daquilo que os outros fizeram de nós", mas em primeiro lugar somos o que os outros fizeram de nós, e aí está nossa alienação essencial. Em outros termos, "fomos crianças antes de termos sido homens".[4]

As pesquisas de Sartre, entre 1943 e 1965, tornaram complexa e enriqueceram a noção de valor: *O ser e o nada* descrevia sua estrutura, e *Morale et Histoire* inicia a descrição de sua gênese e de seu modo de existência. Em 1965, Sartre não mais tenta dizer o que poderia ser uma vida autêntica (o que equivaleria a prescrevê-la como único fim válido), mas descreve o fenômeno ético tal como ele se apresenta aos nossos olhos, na vida cotidiana, o que o leva a construir uma fenomenologia da moral.

Notemos que essa nova concepção da moral — a de *Morale et Histoire* — torna vã, e talvez um pouco absurda ou ilusória, a ideia de propor uma atitude de vida autêntica, dado que a análise fenomenológica revelará que cada um possui uma compreensão pré-ontológica da moral. Se Sartre diz a seu próprio respeito que é "todo um homem, feito de todos os homens, que os vale todos e que vale qualquer um"[5], não há razão para que um único dentre os homens seja mais qualificado que outro para indicar um caminho. Contudo, nessa frase ou atitude não há nem humildade, nem altivez, nem mesmo uma espécie de desencantamento que se referiria à ideia que, de qualquer forma, cada um tendo o mesmo valor, todos os

---

4. A frase, retomada por Sartre em *Morale et Histoire*, é tomada emprestada de Descartes (*Discurso sobre o método*, segunda parte, e *Principes de la philosophie*).
5. *As palavras* (1964), última frase.

valores também se equivaleriam, e só se precisaria agir como puder ou quiser. Veríamos mais o reconhecimento de que a moral continua a ser o problema de cada um, às voltas com suas alienações. A obra literária de Sartre, pleiteando em favor de uma vida autêntica que assumiria sua liberdade, mostra o quanto é difícil, por vezes contraditória e fonte de ilusões, essa busca da autenticidade.

Nenhum discurso prescritivo tem razão de ser — em primeiro lugar, porque a moral é sempre de seu tempo, válida em situação; em segundo, porque o mais importante não é dizer como se deve viver, mas descrever a maneira habitual de viver: alienada. A tarefa do filósofo, se ele deseja ser útil à humanidade, jamais será prescrever — o que o assimilaria ao revolucionário tão criticado por Sartre, que carrega sob o braço sua moral da felicidade para todos e que tantas vezes provoca sofrimentos e mortes —, mas, sim, descrever as alienações, em suas diferentes manifestações, e sua gênese, para provocar a tomada de consciência da maneira como vivemos. Em seguida, cabe a cada um refletir sobre sua existência.

Dessa forma, nenhuma prescrição em *Morale et Histoire*, nenhum julgamento de valor sobre as condutas descritas (resistir à tortura, mentir), nem nenhuma tentativa de deduzir, a partir da realidade ontológica do para-si, regras ou imperativos morais. O que, então, nos ensina a descrição da experiência ética?

2. A *experiência ética*

Como se reconhece uma experiência ética? Por que Sartre fala de experiência ética em vez de ação moral? Uma ação supõe um projeto intencional que visa modificar o mundo. É dita "moral" quando essa modificação observa as regras em vigor. A ação moral requer então um pensamento consciente, uma volição prévia. A experiência ética tem um sentido muito mais amplo e muito menos preciso.

Na realidade, como Sartre mostra por meio de muitos exemplos da vida cotidiana, raros são nossos feitos e gestos que não são experiências éticas, isto é, que não nos confrontam, de modo explícito ou, mais frequentemente, implícito, com um imperativo de ordem moral. Talvez não haja um só de nossos pensamentos ou ações que não seja provido de moralidade. Por exemplo, o projeto de enterrar no mar algumas toneladas de iperita (ou "gás mostarda", de efeito mortal, amplamente utilizado durante a guerra de 1914-18) é, à primeira vista, um simples problema técnico, escreve Sartre: trata-se apenas de escolher o local adequado. Em que profundidade? Os geólogos responderão, e os técnicos e mergulhadores farão o resto. Mas, como nota o autor, o artigo de jornal que dá essa informação conclui: "*Não temos o direito* de sacrificar as futuras gerações por causa da geração presente."

De que natureza é a interdição evocada pelo jornalista que se refere às gerações futuras e que fala em nome delas? E a placa indicando uma curva perigosa, que me intima pela ordem a diminuir a velocidade na curva, ou o slogan publicitário da marca Palmolive: "Conserve a pele de garota"? Sartre lança mão de exemplos bem diversos para mostrar que estamos cercados de normas prescritivas: "Silêncio", "Não pise a grama", "É perigoso debruçar-se", etc. Se as expressões são mais ou menos suavizadas, como a última, que se apresenta como uma recomendação prudente, as intenções são muito claras para todos: nós as percebemos como proibições, como *imperativos*. É disso que fazemos experiência, e é nisso que ela é ética: a experiência ética é aquela que fazemos da maneira de apreender os imperativos como sendo indiscutíveis. Isso toca em nós uma certa fibra, que Sartre chama de automatismo de obediência.

Na publicidade, a Palmolive usa essa fibra. É claro que sempre podemos dizer que conservar um ar juvenil só visa as mulheres com falta de juventude; mas sempre decodificamos, *a posteriori*, pelo trabalho de reflexão, a dimensão absurda e cheia de preconceitos. O que importa, e o que confere a toda experiência sua dimensão ética, é que apreendemos esse slogan como um imperativo: recebemos a ordem de conservar nosso ar juvenil, ou seja, compreendemos que isso é possível, e que é preciso ser verdadeiramente estúpido para não desejá-lo quando tal é possível.

Sartre mostra quão eficaz é esse apelo discreto à nossa aptidão (mais ou menos consciente) para obedecer, usando o exemplo da escolha de John Kennedy[6] nas primárias da Virgínia Ocidental, prelúdio de sua eleição à presidência. Kennedy é católico num país majoritariamente protestante; nenhum presidente católico foi eleito até então, e os eleitores democratas devem escolher um candidato "elegível". No decorrer das primárias, Kennedy usará o seguinte argumento: a religião, num país como os Estados Unidos, não deve ser um elemento discriminante. E ele ganhará.

Segundo Sartre, os eleitores (democratas) da Virgínia Ocidental não desejaram que se pensasse que deixariam de votar em Kennedy porque ele era católico.

---

6. John Fitzgerald Kennedy (1917-63), 35º presidente dos Estados Unidos, eleito em 1960, e assassinado em 22 de novembro de 1963 em Dallas (Texas). Foi o primeiro presidente de religião católica. No sistema eleitoral americano, um candidato deve ser autorizado por seu partido para concorrer à presidência. Kennedy havia vencido outros postulantes, Hubert Humphrey, Lyndon Johnson e Adlai Stevenson, ganhando as eleições primárias (das quais só participam os membros inscritos de um partido) em certos estados-chave (Wisconsin e Virgínia Ocidental), obtendo a nomeação do Partido Democrata.

Não votaram pelo homem de bem que podia ser Kennedy, ou pelo bem que ele poderia fazer, mas, sim, sem se preocuparem com seus interesses materiais, para se comportar como pessoas de bem. A escolha política mudou para a escolha ética. O valor moral produz então um efeito real, informa a (dá forma à) realidade. O exemplo mostra que os homens podem ser sensíveis ao apelo da moralidade e, por vezes, se comportar sem levar em conta seus interesses materiais. A esse respeito, Sartre se pergunta se a moral não seria uma artimanha que a política usa para fins não morais, assim como o fazem os publicitários.

Nessa constatação da realidade da experiência ética, é preciso compreender não que se pôde acreditar ser a ética irreal, isto é, imaginária e sem importância, mas que se a pôde pensar como não encarnada, como um conjunto de prescrições sobrevoando o mundo, ditando condutas aos homens, mas sem relação com sua vida concreta. Ao contrário, Sartre mostra como cada ato, cada conduta humana supõe uma norma, ou seja, uma regra de conduta, perpetuando assim livremente sua realidade, retomando-a por si mesmo, produzindo simultaneamente, como veremos adiante, uma nova realidade. A moral é decerto um conjunto de normas que se dão como incondicionais, ultrapassando todas as condições históricas (dado que deveriam ditar uma conduta, independentemente das circunstâncias, e apesar delas), mas ela é em primeiro lugar aquilo que se vive a cada instante, mesmo que não o saibamos.

É por isso que Sartre se interessa pela *experiência ética*, e não pela *ação moral*, pois nada é empreendido, nenhuma modificação do mundo ocorre, porque se trata de obedecer. Então, lendo uma placa de proibição, fazemos a experiência de nossa faculdade ou de nossa aptidão para receber uma frase, sob a forma de uma ordem, que deve ser obedecida. Pouco importa que a ordem seja de prudência, em nosso proveito (como a curva perigosa), ou imperiosa ("Proibida a entrada"). O que importa é a maneira pela qual apreendemos essas diretivas ou recomendações, não aquilo que faremos a seguir. A placa que assinala uma curva perigosa, ou que decreta a ordem de diminuir a velocidade, pode não ser efetivamente obedecida, por variadas razões, assim como o slogan publicitário pode ser rapidamente desmascarado como um preconceito a mais em favor da juventude, contra a beleza que poderíamos encontrar na *maturidade*. Entretanto, nos dois casos, não importando o que decidamos fazer ou pensar em seguida, no decorrer de uma análise refletida, não podemos nos impedir de receber os signos como imperativos — aos quais a seguir encontraremos todos os motivos de desobedecer, talvez, mas só há desobediência sobre um fundo de obediência possível: só podemos fraudar, contestar, nos rebelar, porque em primeiro lugar percebemos uma ordem de obediência.

Nesse nível (imediato e irrefletido) de nossa percepção reside a experiência ética em sua forma mais primitiva, explica Sartre, pois é a do imperativo que desperta, em primeiro lugar, um reflexo de obediência. É esse decerto o motivo pelo qual ele chama essa experiência de "ética", e não de "moral": etimologicamente, as duas noções remetem às regras e aos comportamentos relativos aos costumes, mas a moral já implica a ideia de vontade, de intenção por parte do sujeito, de consciência, de empreendimento refletido, enquanto a ética se relaciona muito mais com aquilo que são objetivamente (e tais que não mais os notamos) os costumes na tradição.

O fato de que o título da conferência de 1965 empregue o termo "moral", sendo quase sempre questão da descrição da experiência "ética", convida a pensar que essa experiência é a primeira forma que devemos compreender e descrever, a partir da qual poderemos esclarecer o que é um ato moral, isto é, uma forma mais elaborada de nossa relação com os valores. E é nessa direção que caminha o texto de Sartre: depois de ter mostrado a pregnância da experiência ética em todas as ocasiões da vida cotidiana, por mais fúteis que sejam, ou mais aparentemente afastadas de qualquer recurso à ética (como o slogan publicitário ou o voto político), ele faz o inventário das diversas maneiras pelas quais as normas éticas nos são apresentadas na experiência. Acabamos de apreender a forma mais elementar e a mais grosseira, e também a mais facilmente revelável: o imperativo. Mas o normativo não se reduz ao interdito e à ordem, indica Sartre, "os costumes oferecem muitos exemplos de normas sem *obrigação*. São os objetos éticos a que chamamos de *valores*, *bens*, *exemplos*, *ideais*".[7]

O ideal se apresenta como que resumindo em si todas as normas — o que o torna, na maior parte do tempo, impossível, pois nosso desejo não se incomoda em mirar o que é contraditório (tal como obter um trabalho muito bem pago, interessante, mas que não nos tome muito tempo, etc.). O ideal encontra sua encarnação nos homens ditos *exemplares*, cuja conduta é admirável e que temos como modelo a seguir. Nesse sentido, nenhum homem é exemplar *em si*, mas sempre para uma dada comunidade histórica, e jamais é inofensivo quando um governo decide transformar um determinado indivíduo em exemplo para a nação.

Os bens éticos se definem como meios incondicionados para atingir uma finalidade que é, ela mesma, incondicionada. Assim, a virgindade da mulher é considerada, em algumas comunidades, como um bem (a ser preservado e defendido, como uma propriedade) com vistas ao

---

7. *Morale et Histoire*, op. cit., p. 310.

casamento. Já que a perda da virgindade de uma mulher significa o opróbrio lançado sobre toda a família, é mais que importante para ela preservar esse bem, pois caso contrário as condições de toda essa família seriam insuportáveis — salvo se fosse suprimida a fonte da vergonha, "eliminando" a mulher repreensível... O bem a ser protegido depende então diretamente dos valores morais da comunidade.

Entretanto, se o bem é aquilo que se possui no início, e que se deve proteger, o valor jamais é possuído: Sartre o define como o ser além do ser. O valor se dá como objetivo, como se se tratasse de uma verdade — sendo, portanto, indiscutível. Ao mesmo tempo, ele nada tem de um comando imperioso; não temos que obedecer a um valor: a relação do sujeito com o valor não é a mesma relação, imperativa, que o sujeito tem com o dever. A sinceridade, por exemplo, é um valor. Mas nunca somos definitivamente sinceros: esse não é nem um bem de que disporíamos na origem, tal como a virgindade, nem um fim que se pode adquirir ou realizar em definitivo.

O valor informa as condutas, sem jamais se deixar apreender definitivamente em nenhuma delas; encontra-se ao mesmo tempo imanente às condutas e fora delas, transcendente, mantendo-se indefinidamente como seu horizonte longínquo. Sartre o chama de supra-histórico, dado que é ao mesmo tempo intransponível (fim para o qual nos ultrapassamos indefinidamente, sem jamais com ele poder coincidir — não se pode *ser* sincero — e que jamais poderemos ultrapassar, deixando-o como algo transposto atrás de nós) e irrealizável[8]

---

8. Sartre se opõe aqui a Max Scheler (1874-1928, filósofo e sociólogo alemão, autor de *La Pudeur*, *Le Formalisme en éthique et l'éthique matériale des valeurs* e *L'Homme du ressentiment*), de quem leu algumas obras. Este defendia que os valores existem quando se realizam por meio das ações. Sartre discorda, afirmando que a realidade do valor

(sem o que não seria um valor, mas uma ação ou um bem material, que poria um fim à sua existência). Retomando o vocabulário platônico, Sartre escreve que nossas condutas *participam* dos valores, fazendo destes realidades objetivas.[9]

A norma, qualquer que seja a forma tomada, se define de início por sua incondicionalidade: ela não está diante de nós, como um fato ou um dado, pois justamente não depende das condições históricas. Ela não existe como nós existimos — ela é, mas de um ser que também não tem nada a ver com o ser de uma coisa: ela está além do ser, oferecendo um fim ao homem, com a possibilidade incondicional de atingi-la.

Aí reside todo o problema da experiência ética e seu paradoxo: é incondicional aquilo que não se submete às condições, aos dados de fato. Mas vivemos sempre *em situação*, dentro de circunstâncias históricas que não cessam de apresentar condições de realização diversas e por vezes impossíveis da norma. Se o incondicional é irrealizável a ponto de que ninguém busque realizá-lo, ele não tem mais sentido. Mas se nos sujeitamos às condições históricas, tentando jamais infringi-las, nossa existência se torna a de qualquer ser natural, determinado e sacudido ao sabor de diversas circunstâncias. Como pode então a norma se realizar no mundo?

Tal é o ser da norma: sua incondicionalidade a supõe realizável, quaisquer que sejam as condições, mas nada assegura que ela se realizará; sua realização e os meios de sua realização permanecem imprevisíveis. O incondicional é primeiramente uma possibilidade, e não uma necessidade, sem o que estaríamos num sistema determinista

---

consiste em seu caráter incondicional e irrealizável, encontrando-se além do ser.
9. *Morale et Histoire*, pp. 393-394.

em que o problema moral não se apresentaria. O incondicional é então sempre um possível, e essa possibilidade, cuja realização permanece imprevisível, é a estrutura permanente das condutas humanas, das quais nenhuma escapa à norma — o valor sendo uma estrutura imediata da consciência.

Mas nenhum problema moral tampouco se apresentaria se possuíssemos apenas um único incondicional em nosso sistema de valores: em seu teatro, seus contos e seus romances, Sartre não cessa de iluminar os conflitos entre valores que coexistem no âmago de um mesmo homem. É que um homem é sempre filho de seu pai; o pai, por sua vez, exerce tal profissão, pertence (ou não) a tal sindicato ou partido político, etc., o que engendra valores diferentes, mas, também, frequentemente contraditórios. E essa coexistência amiúde dolorosa é a porção cotidiana da realidade humana: viver na tensão, no dilema.

Tal é a moral, se a concebemos como a descrição daquilo que é a experiência ética, no final das contas: não o respeito a uma norma decretada universal (o que suprimiria a dificuldade da escolha e nos tornaria semelhantes a um objeto natural), mas a contradição sempre dificilmente vivida entre a norma que se tem dentro de si, a atitude que se exige de si, e a situação vivida, que raras vezes permite o respeito puro, simples e fácil, dessa norma — sendo que a situação revela na ocasião os valores *que eu não conhecia em mim*.

Apesar disso, não vivemos nossa existência como um perpétuo conflito moral e as circunstâncias correntes só raramente nos confrontam a uma escolha radical a ser operada entre dois sistemas de valores. Por isso Sartre, em seus exemplos filosóficos ou na parte literária de sua obra, fala em primeiro lugar de situações-limite, situações muito dramáticas para que uma escolha deva ser operada, sem poder se *esquivar*. É também o sentido da frase escrita no início de "A República do Silêncio": "Nunca fomos mais livres do que durante a ocupação alemã", que, mal compreendida, chocou bastante. Ocorre que nossa liberdade se expressa na necessidade de escolher, e essa escolha (resistir ou colaborar) não podia se esconder debaixo de sutilezas ou subterfúgios para ser rejeitada ou até mesmo evitada. Isso não ocorre em todas as épocas: nem todas as situações históricas nos levam a escolher um campo contra outro, jogando com nossa vida nessa escolha.

Isso não impede que o homem esteja na confluência de vários sistemas normativos, o que habitualmente ignoramos. Essa ignorância é uma das razões de nossas contradições e sofrimentos, quando uma situação revela essas contradições. Como lembra Sartre, na esteira de Descartes, "fomos crianças antes de sermos homens", fomos objeto nas mãos de nossos pais, que projetaram em nós seus próprios desejos, seus próprios fins — perpetuar seu modo de vida ou, na mão contrária, não viver como eles o fizeram. Em *O idiota da família*, Sartre fala do mandato de vida que a mãe confere ao seu bebê. É preciso pensar esse mandato como também carregando em si os valores do pai e da mãe, difusos, sem dúvida confusos, e em grande parte afetivos, dado que mergulham suas raízes na primeira infância, mas, em todo caso, *sentidos*[10] pela criança e contribuindo para formá-la.

Esses primeiros valores, sobre os quais Sartre indica não termos consciência, serão eventualmente revelados, um dia ou outro, pelas circunstâncias exteriores. Assim,

---

10. Esse mesmo "sentir", já comentado no capítulo IV, volta no final de *Morale et Histoire* para qualificar o modo de *recepção* dos valores parentais pela criança.

o filósofo cita o caso[11] de um jovem operário comunista que, num campo de concentração, se vê na contingência de coabitar com outro comunista — que ele fica sabendo ser também judeu. O operário, segundo os valores universais do Partido Comunista, deveria simpatizar de imediato com qualquer outro comunista, independentemente de sua origem. Todavia, o operário, sem compreender a proveniência de sua antipatia, não consegue se comunicar com esse outro comunista. Pouco a pouco, ele descobrirá seu antissemitismo primário graças a essa experiência, antissemitismo que lhe vem de sua tenra infância, tão profundamente enraizado em si que não lhe permitiu compreender de imediato o conflito de valores que estavam em jogo. Logicamente, não se deveria poder ser ao mesmo tempo comunista (isto é, defender que os homens são de início definidos por suas condições de existência materiais, e não por suas origens étnicas ou religiosas) e antissemita, o que condena arbitrariamente um povo a não fazer parte da universal humanidade.

Como os operários comunistas podem ser antissemitas, o que contradiz os valores de universalidade que reclamam para si? Como o comunismo poderia ser parasitado pelo antissemitismo? A esse respeito, Sartre mostra como, com frequência, os valores da alta sociedade se difundem de maneira insensível, mas muito pregnante, nas camadas menos elevadas. Nossos sentimentos, nossos gostos, nossas ideias são profundamente impregnadas de normas, a tal ponto que a norma por vezes é dificilmente reconhecível, apresentando-se mesmo sob o aspecto do feito ("não se faz isso, é assim"). Aí também está a realidade da norma: impalpável, ignorada, mas apesar de tudo conduzindo nossas ações nos gostos e desgostos que

---

11. *Morale et Histoire*, p. 335.

apresentamos, e perpetuando ou produzindo uma nova realidade.

São necessárias circunstâncias não usuais para revelar nossos conflitos de valores. O que ocorre então? As circunstâncias conseguem dobrar o incondicional às condições históricas, aceitamos suspendê-lo (pelo menos no tempo necessário para enxergar claramente, ou em que a situação evolua num sentido mais simples), ou então que o incondicional se adapte, suporte certa redução da rigidez, para tornar o conflito moral menos insuportável? Estaríamos num desses casos que diriam respeito à casuística[12] moral?

Sartre contesta a própria ideia de casuística e opõe duas atitudes. A primeira é a do radicalismo ético, que nada mais é senão o rigorismo de Kant: quaisquer que sejam as condições, o princípio normativo deve ser obedecido, o imperativo é categórico. A segunda é a da ética humanista. As duas atitudes adotam valores absolutamente contrários: a primeira estabelece o princípio como superior à vida humana e às suas condições de existência; a segunda põe a vida humana como sendo a única válida.

O exemplo que Sartre oferece é o de um jovem casal que decidiu viver na transparência, na total sinceridade. Mas, sem ter conhecimento, a jovem sofre de uma doença mortal. Somente o rapaz o sabe. O que ele deve fazer? Seguindo o princípio da sinceridade, é preciso dizer a verdade, com o risco de operar uma mudança na mulher que seja ainda mais desfavorável à sua doença, ou que até mesmo acelere seu desaparecimento. Não lhe contar é colocar o valor de vida e a preocupação do outro acima da verdade. Será que qualquer verdade é sempre boa para ser dita?

---

12. Casuística (do latim *casus*: acontecimento fortuito): método de resolução de problemas que postula a aplicação de princípios gerais a uma ação concreta, herdado da teologia.

Qualquer que seja a atitude do marido, ele operará uma escolha entre esses dois sistemas de valores. Contudo, a compreensão que terá de sua atitude pode tomar duas formas diferentes: ele pode resolutamente tomar consciência de se ver dilacerado entre dois sistemas contraditórios, e escolher às claras um dos dois; ou, então, não perceber que dois sistemas entram em conflito, já que estabelecer a vida e o cuidado do outro como fim em si também é um valor, e ele assumirá a suspensão do incondicional (dizer a verdade) como uma falta. O sentimento de culpabilidade mostra assim que o marido toma o incondicional como tal, sem o que não se sentiria cometendo uma falta. Nem tornado maleável, nem adaptado, nem recolocado em questão: o incondicional é suspenso, e a atitude de suspensão é livremente assumida e vivida como uma falta.

Não é o caso, portanto, de falar em casuística, pois jamais se *adapta* o incondicional. Os jesuítas do século XVII definiam a casuística como a disciplina que permitia resolver casos de consciência em situações em que não se sabia muito bem como se deveria comportar. Acabamos por entender a casuística como uma *adaptação* da regra às circunstâncias. Sartre mostra, ao contrário, que não somente o incondicional não pode ser adaptado sem renegar aquilo a que se propõe, mas que, além disso, as coisas jamais ocorrem dessa maneira, dado que as condições só se revelam na relação com o incondicional: é porque me proponho inicialmente como obrigação dizer sempre a verdade que sinto tal situação como não me permitindo cumpri-la. Por sua vez, o próprio incondicional só tem sentido porque a situação se mostra difícil de ser mantida.

Dessa forma, uma dialética incessante se dá entre os valores incondicionais e as situações históricas, sempre condicionadas. Somos então levados a inventar os meios de nos descondicionarmos para realizar a norma que nós nos damos como incondicional. Dito de outra forma, engendramos uma nova realidade, produzimos novas condições em virtude do incondicional que propomos como devendo ser atingido.

É um dos paradoxos que caracterizam nossas sociedades históricas, que vivem como o oposto das sociedades de tipo repetitivo, conservadas pelas tradições, nota Sartre. Pensamos a humanidade em termos de progresso, ou mesmo de evolução, e a História se reconhece por rupturas e mudanças; ao contrário, as normas aparecem como aquilo que mantém essas mesmas sociedades na repetição. A norma está fora do tempo, acima do mundo, intocada pelo processo histórico: a sinceridade, a coragem e o altruísmo continuam a ser valores que a História torna mais ou menos preferíveis, segundo o conjunto social considerado, mas que ações sinceras, corajosas ou altruístas não se esgotarão. A norma transcende o tempo histórico, dando-se como um fim incondicional à luz do qual se alteram as condições passadas e presentes para tentar realizar o valor.

A dialética entre normas e realidade histórica é sutil e complexa: se pudéssemos nos ater à incondicionalidade da norma, a História sem dúvida não teria sentido e sofreríamos as mesmas regras que o mundo natural. Mas o incondicional só tem sentido porque nasce sobre o fundo de todas as condições que fazem, que são, que cercam nossa existência. E as condições de existência só são percebidas por nós porque uma norma incondicional as faz parecer resistir ou se opor à sua realização.

Assim, Henri Alleg[13], ao ser preso no início da Guerra da Argélia, submetido à tortura, se dá como missão não

---

13. Henri Alleg, nascido em 1921, jornalista comunista franco-argelino, foi diretor do jornal *Alger republicain* em 1951. Entrou para a clandestinidade para escapar às medidas de detenção que atingiam os colaboradores do periódico depois da insurreição nacionalista; foi preso em 12 de

falar. Isso, *não falar*, é o fim, é o valor incondicional que guiará sua conduta diante das torturas. Se o caso for não falar enquanto lhe são feitas *civilizadamente* algumas perguntas, qualquer um compreenderá que o incondicional não é difícil de manter. Mas sob tortura... O valor, se é dado como incondicional, deve se realizar, quaisquer que sejam as condições, incluindo aquela que consiste em por sua vida em risco. *Não falar* se torna *escolher a morte*. O valor ético deve se fazer mais forte que o valor biológico, ou que o bem ético que era a posse da vida até então. As condições, ao se radicalizar, contribuem para desvelar ou revelar a si mesmo a força do incondicional, que por sua vez opera uma mudança *moral* em Alleg para tornar suportável aquilo que não o é: para suportar o risco da morte, o sofrimento das torturas, é preciso ver seu corpo como um objeto, repercutindo para seus carrascos a ausência de sentido do que praticam — não importa o que façam, o corpo que lhes é oposto já está como morto. E um corpo morto não fala.

O que Sartre estuda não é o modo como se deve agir ou pensar para ser um herói. Mas o que ocorre no espírito, em circunstâncias em que a escolha é entre a vida ou a morte, para que o incondicional continue a ser mais forte que as condições históricas. Dito isso, continua a ser absolutamente imprevisível saber, antes do teste, se iremos falar ou resistir. Cada um o sente e o sabe. Daí a fragilidade das normas, que sempre correm o risco de se ver encobrir pelas condições históricas. Aí também está

---

junho de 1957 pelos paraquedistas comandados pelo general Jacques Émile Massu, e torturado durante um mês — os militares buscavam obter informações sobre os grupos armados ("Le maquis rouge") formados pelos comunistas na Argélia. Ele descreveria as torturas em *La Question* (Éditions de Minuit), livro escrito na prisão e transmitido pelos seus advogados à revelia dos guardas. Publicada na França, a obra foi imediatamente proibida pelas autoridades.

sua especificidade: incondicionais, elas revelam as condições que nos impedem de realizá-las, sem nenhuma garantia de sucesso; sua incondicionalidade permanece uma possibilidade, e não uma necessidade, mas uma possibilidade a que não renunciamos manter — pois tal é a estrutura da consciência.

Apesar de tudo, nota Sartre, a imprevisibilidade da atitude de cada um num caso extremo não impede de condenar o resistente que falou, mesmo duvidando de nós mesmos, do que seríamos capazes de fazer em tais circunstâncias. Da mesma forma, Sartre cita uma sondagem efetuada num colégio de garotas a respeito da mentira: à questão de fato "Você mente?", somente 10% das jovens respondem jamais mentir, enquanto quase 50% dizem mentir frequentemente. À questão de direito "Deve-se condenar a mentira?", 95% respondem sim. Qual é o sentido dessa contradição entre o fato e o dever-ser?

É que, conhecendo por demais a força das coisas e a fragilidade daquilo que estabelecemos como incondicional, mas que continua a ser somente uma possibilidade (e não uma necessidade, sem o que não haveria permissão de falhar), reconhecemos ao mesmo tempo nossa falibilidade e exigimos nossa intransigência — e a manutenção da exigência como tal é um encorajamento, ou até mesmo uma obrigação, para não falhar. Se não estabelecêssemos a norma como incondicional, ela não seria mais uma norma, um fim em si possível de nossa ação. Se a colocarmos como incondicional, mas impossível de ser mantida, ela também perde seu sentido de norma. A norma, se for o que regra nossa conduta, toma o risco de se submeter às condições históricas para mudá-las de tal forma que se realiza nelas. É o momento da invenção.

O homem inventa: novas condições, se possível, um novo sentido para aquilo que está vivendo, ou então arranja as condições dadas para torná-las menos rígidas conforme sua finalidade. A experiência ética é o momento da invenção histórica de uma nova realidade que, por sua vez, irá modificar ou interferir no incondicional. Não há, portanto, correção do incondicional, mas, sim, uma circularidade constante entre o incondicional e as condições, para que estas últimas, pela invenção humana, se aproximem do incondicional (sobre o qual mostramos que, por essência, é irrealizável). É dessa forma que Sartre compreende o engendramento da História, por meio da dialética entre a ética e a História.

Para Sartre, o que então se chama de *casuística* mascara uma transformação da ética, que não diz seu nome. Não há correção, mas substituição de um incondicional ou de um sistema de valores (dizer a verdade) por outro (tomar cuidado com o outro). Essa substituição pode ser momentânea, o que dá a impressão de uma simples suspensão do primeiro sistema, ou pode então se tornar permanente, até que se reconheça a mudança por si mesma.[14] A situação desempenha, assim, um papel fundamental na revelação do incondicional que ela permite. Isso explica que possamos passar uma existência sem sentir um conflito moral, porque as condições permitem a realização do incondicional sem nenhum esforço de nossa parte. É isso que queremos dizer quando afirmamos a alguém: "Para você é fácil. Você não viveu a minha situação."

---

14. *O último samurai* — filme de Edward Zwick (2003), com Tom Cruise e Ken Watanabe, que conta as aventuras do capitão (americano) Nathan Algren, que se tornou, em 1876, conselheiro militar do imperador japonês, desejoso de abrir seu país para as tradições ocidentais e de erradicar a antiga casta guerreira — mostra um período de mudança de sistema de valores: passa-se do código de honra ao da eficácia e da preservação da vida. Aqueles que se agarram ao seu sistema como a um valor imutável só podem desaparecer, não podendo suportar a ideia de mudar a si mesmos. Isso mostra a força do incondicional e sua poderosa realidade: podemos efetivamente morrer por causa de ideias.

Apesar disso, será que devemos concluir que qualquer julgamento moral é impossível, uma vez que jamais se ocupará o lugar do outro? Trazer essa questão é recair na moral normativa e deixar o terreno da fenomenologia. De todo modo, a sociedade julga, e vimos amplamente que a moral impregnava o menor de nossos atos, sentimentos e afetos. É inevitável que se dê mostras de certo rigorismo, pelo menos na fala, a título de ideal e de exemplo. O incondicional é conhecido de todos e necessário para a ação. Para Sartre, não se trata de glorificar ou de condenar uma ou outra atitude, mas, sim, de desmascará-las, de descrevê-las, de explicá-las e de compreender como elas são possíveis.

3. Balanço

A moral não é condicionada apenas pelas relações econômicas, como pensava Marx, mas resulta, segundo Sartre, da relação complexa entre a História (as condições de existência materiais dentro de uma dada sociedade), a historicidade de cada um (com seus valores familiares) e a ética.

As normas informam a realidade histórica (são um descolamento do dado), conduzem as ações de todos, são contraditórias entre si e entram em conflito num mesmo indivíduo (e não somente *através* dos indivíduos), porque um sujeito é ele mesmo um ser histórico que *foi primeiramente criança antes de se tornar homem*. Requestionamos toda a nossa vida, de certo modo, por termos inicialmente sido crianças. As normas não são reflexos da sociedade — são ao mesmo tempo transcendentes e imanentes, absolutas e relativas. Quanto ao homem, é esse ser que, do oco de sua contingência e de sua facticidade, engendra um absoluto incondicionado que se dá como *ser além do ser*, intransponível e irrealizável, para que por sua vez condicione as condições históricas. Mas o incondicional provém dos homens, de sua história, de nossa infância. Nesse sentido, mesmo que ele se apresente como *não engendrado pelas condições históricas*, pura norma objetiva, como Platão pensava das Ideias, continua a ser o produto — mas o livre produto.

Parece difícil escapar às normas. Sartre já havia mostrado, em *O ser e o nada*, como a consciência é sempre ultrapassagem de si para si — sendo esse si o ser do valor. A consciência não pode deixar de se transcender na direção de um ser que ela não é, mas que deve concretizar (o ser do valor): tal é sua estrutura ontológica. Mas *O ser e o nada* ficava só nessa descrição estrutural. Em *Morale et Histoire*, Sartre interroga a gênese do valor: de onde ele provém? Qual é a parte da infância (dos pais)? Qual é a parte da História, o papel das instituições políticas? Como ele se manifesta para mim e para os outros? Sob quais formas? Há alguma de nossas ações que possa escapar à ética? A resposta é "não". Seria ainda preciso estudar as relações da moral com o econômico e o político — supondo que a análise das relações com a História tenha encontrado um desfecho.

Do ponto de vista de uma fenomenologia dos valores, a questão da hierarquização dos valores (no sentido de que um seria melhor ou mais *verdadeiro* que os outros) não se apresenta. Apesar disso, ocorre que, necessariamente engajados na existência, não podemos deixar de escolher. A resistência ou o próprio entrave ainda são engajamentos, escolhas. Ora, se hesitamos em nos engajar, é porque tentamos não nos enganar. Mas o erro só tem sentido fora do fluxo do tempo. O medo de se enganar manifesta uma confusão entre realidade histórica e realidade a-histórica, tal como a dos matemáticos, por exemplo: podemos nos enganar em um cálculo, pois existe uma verdade do cálculo. Restabelecemos assim o erro de cálculo pela relação com essa verdade eterna e absoluta, atemporal (e as consequências desses erros, quando não engajam uma ação, são nulas). Contudo, uma ação está sempre engajada na temporalidade. Qual sentido há em se falar de verdade em História — e, portanto, de erro? A ação histórica sempre se engaja na ignorância de seu devir — é isso que seria preciso aceitar, e é isso que evidentemente faz toda a dificuldade de escolher.

Não obstante, uma escolha se mostra sempre mais preferível que as outras para o ser singular que age em condições determinadas. A análise fenomenológica, revelando a gênese e a maneira pela qual existem os valores, permite conhecer nossas alienações, o que, é claro, não basta para nos livrarmos delas, mas contribui amplamente para isso — tal é, sem dúvida, a utilidade da filosofia. Podemos assim compreender quão sérios somos, em geral, em nossa crença em valores inalteráveis e incontornáveis. Basta lembrar o filme *A ponte do rio Kwai*[15], de David Lean: o coronel inglês, Nicholson, está tão convencido de que o trabalho é o único valor que mantém a ordem, a disciplina, e que torna o homem orgulhoso de si mesmo que, agarrando-se *seriamente* a esse incondicional, é incapaz de apreender a situação histórica que o torna cúmplice de seus inimigos e traidor de sua pátria — e de seus homens. O que é notável nesse filme é a total cegueira do coronel Nicholson: a crença

---

15. Filme americano-britânico (1957), inspirado num romance de Pierre Boulle: em 1943, um regimento inglês se torna prisioneiro na Birmânia. O coronel Saito lhe dá a ordem de construir uma ponte destinada a completar a rede ferroviária e facilitar o transporte das tropas de ocupação japonesas. O filme mostra como a fidelidade ao valor do trabalho bem-feito aproxima muito mais os dois coronéis inimigos que o coronel inglês de seus homens. Estes, por sua vez, procuram sabotar a ponte.

no incondicional está tão enraizada, por vezes, quanto as ilusões perceptivas. De modo que a compreensão do caráter paradoxal dos valores, a lembrança de que eles existem porque nós os fazemos existir, em suma, como escrevia Sartre na conclusão de *O ser e o nada*, a lucidez que consiste em tomar consciência do fato de que o homem é a única fonte do valor, na medida em que consente nele, deveria permitir pôr a distância esse tipo de alienação. Resta saber se podemos escapar a todas as alienações, já que não podemos deixar de criá-las para nós (levando-se em conta a estrutura ontológica da consciência, que é transcendência e ser do valor, como acabamos de lembrar). Contudo, no mínimo, um pouco mais de lucidez nos permitiria escolher nossas alienações e, fazendo isso, conhecendo-as como tais, sermos menos intolerantes com as outras escolhas. A liberdade permanece sendo a palavra-chave da moral sartriana: a liberdade de escolher suas alienações.

A luta do homem com ou contra suas alienações constitui, assim, o fundo do pensamento sartriano. Continuamente explicitada, descrita, sempre mais aprofundada nas obras filosóficas, essa luta também se encontra no centro dos romances, contos e peças de teatro de Sartre.

VI
Literatura e estética

Sartre escreveu cinco contos, reunidos sob o título do primeiro, *O muro* (1939); duas obras literárias completas, *A náusea* (1938) e *As palavras* (1964); um ciclo de romances inacabado (*Os caminhos da liberdade*, 1945 e 1949); dez peças de teatro, *Bariona* (1940), *As moscas* (1943), *Entre quatro paredes* (1944), *Morts sans sépulture* (1946), *A prostituta respeitosa* (1946), *Les Mains sales* (1948), *O diabo e o bom Deus* (1951), *Kean* (segundo A. Dumas, 1953), *Nekrassov* (1955), *Les Séquestrés d'Altona* (1959); e uma adaptação da peça de Eurípedes, *Les Troyennes*, em 1965.

Sartre também escreveu roteiros, dos quais um foi filmado, *Les Jeux sont faits*, dirigido por Jean Delannoy, e outro, publicado como livro, *L'Engrenage* (1948). *Freud, além da alma*, encomendado em 1958, não se mostrou conveniente ao solicitador, John Huston, devido à extensão do texto. Sartre concordou em retrabalhar o roteiro, mas entregou outro da mesma extensão (oitocentas páginas). Huston acabou por recorrer a dois roteiristas profissionais, Charles Kaufmann e Wolfgang Reinhart, e dirigiu *Freud, além da alma*, em 1962. Considerando que o filme não mais correspondia à sua visão sobre Freud, Sartre se recusou a ter seu nome agregado aos créditos.

Apesar de tudo, não é pelo escritor ou pelo dramaturgo, por mais importantes que tenham sido, que nos interessamos neste capítulo, mas pelo teórico da literatura, do teatro e da arte.

1. A literatura

Os primeiros escritos teóricos são os artigos de crítica literária, reunidos em *Situations* I, e elaborados entre 1938 e 1945. Por meio da análise das técnicas narrativas empregadas em obras como as de John Dos Passos, William Faulkner, Paul Nizan, Albert Camus, Georges Bataille e François Mauriac, entre outras, Sartre busca descobrir a concepção metafísica do homem que elas "implicam". Ele louva os americanos Dos Passos e Faulkner, e contribui para difundir suas obras na França. Contudo, é rígido com Mauriac, que, nas palavras do jovem crítico, não conseguiu restituir na vivência de seus personagens sua verdadeira dimensão: Sartre pensa que Mauriac faria com que insensivelmente seu leitor passasse do ponto de vista interior, da vida do herói, àquele, exterior, do "voyeur", julgando suas ações, dado que antecipadas, e compreendendo-as dessa posição de sobrevoo.

Para Sartre, a essência da literatura é "apresentar paixões e atos imprevisíveis"[1], o que significa: do ponto de vista daquele que os vive, e no seu ritmo. É o que fazem os americanos: jamais sabemos sobre o personagem além daquilo que ele pode saber sobre si mesmo. "Meus romances são experiências"[2], escreve o filósofo em seu

---

1. J.-P. Sartre, *Situations* I, Paris, Gallimard NRF, 1947, p. 37 (artigo sobre "M. François Mauriac et la liberté").
2. *Carnets de la drôle de guerre*, pp. 594-595: "Esses heróis são inviáveis. Espero que não sejam inteiramente criaturas romanescas e imaginárias, mas eles só podem existir no meio artificial que criei em torno deles para alimentá-los. [...] Meus romances são experiências e só são possíveis pela desintegração. Parece-me que o conjunto de meus livros será

diário de guerra. São experiências para o herói do romance, que vive diante de nossos olhos e nos faz viver através dele. O romance, tal como Sartre o concebe, é também uma experiência para nós, que sentimos, por meio da liberdade apresentada aos nossos olhos, por meio das escolhas que o personagem fará, nossa própria liberdade, nossa própria capacidade de escolher.

Mas um livro não existe por ele mesmo, ou em si mesmo: só existe se for lido, e no momento em que é lido. Aí está um ponto importante da teoria sartriana: o lugar do leitor no ato de escrever. Assim, o autor jamais escreve *no vazio*, para um leitor desconhecido, universal; ele escreve para seus contemporâneos e a fim de lhes desvelar seu próprio mundo, que se torna, pela leitura, o do leitor — e que não lhe é inteiramente desconhecido, de uma consciência quase irrefletida. Aí está toda a força da literatura: expressando-se por meio de uma história singular, ainda que fictícia, ela fala a cada um de nós, pois fala do humano. Por isso, querer escrever para a posteridade, numa preocupação de universalidade, é correr o risco de perder o singular. O ponto essencial a ser compreendido é que no fundo do singular reside o universal. A história de Emma Bovary, por exemplo, nos toca, apesar de se situar dentro de uma sociedade que atualmente nos é estranha, e de se tratar de uma personagem que jamais existiu: por meio dela e de suas emoções singulares se expressa aquilo que é comum a todos, qualquer que seja a época em que o livro for lido. O autor diz algo sobre o humano.

É por isso que a crítica literária, para Sartre, consiste em desalojar a concepção metafísica do mundo e do homem — toda obra digna desse nome carrega em si tal

otimista porque por esse conjunto o todo será reconstituído. Mas cada um de meus personagens é um mutilado."

concepção. Encontramos essas ideias mais amplamente desenvolvidas em *Que é a literatura?*, em que Sartre responde a três questões em especial: O que é escrever? Por que escrevemos? Para quem escrevemos? À primeira questão ele responde que escrever é "agir" ou, em outras palavras, é desvelar para o leitor a concepção que se tem do mundo e, ao mesmo tempo, apelar para a liberdade do leitor. Não há, portanto, escritor que não seja engajado; mesmo aquilo sobre o que não se escreve ainda assim segue fazendo sentido e dando mostras, de certa maneira, de ser engajado (ou *mal* engajado) no mundo. A teoria da Arte pela Arte, que faz da arte um fim em si, não tem sentido para Sartre, ou melhor, se torna cega sobre si mesma.

Por que escrevemos? Para dar um sentido ao mundo (que não o tem em si mesmo), o que torna o escritor, como Deus, criador de seu próprio universo. Ler um livro é reconhecer o escritor na qualidade de criador, reconhecimento que lhe permite ser salvo — da gratuidade da existência, de seu caráter injustificável. É o que Roquentin, o herói de *A náusea*, descobre no fim de sua aventura metafísica.[3] Escrever ou ler é uma verdadeira troca entre

---

3. "Salvos. Eles [os músicos] talvez se tenham dado como perdidos até o fim, afogados na existência. Apesar disso, ninguém poderia pensar em mim como penso neles, com essa doçura. [...] Para mim, eles são um pouco como mortos, um pouco como heróis de romance: eles se lavaram do pecado de existir. [...] Podemos então justificar sua existência? Só um pouquinho? Eu me sinto extremamente intimidado. [...] Será que eu não poderia tentar [...]?
    Precisaria ser um livro: nada sei fazer além disso. Mas não um livro de história, que fala daquilo que existiu — jamais um existente poderia justificar a existência de outro. Meu erro foi querer ressuscitar M. de Rollebon. Uma outra espécie de livro. Não sei muito bem qual — mas seria preciso adivinhar, por trás das palavras impressas, por trás das páginas, algo que não existiria, que estaria acima da existência. Uma história, por exemplo, como não acontece por aí, uma aventura. Seria preciso que fosse bela e dura como o aço e que provocasse vergonha nas pessoas por sua existência", *La Nausée*, pp. 246-247.

duas liberdades, uma que compartilha sua concepção do mundo, outra que, a recebendo, funda e justifica a existência dessa concepção — e, por conseguinte, a do escritor.

Para quem escrevemos? Jamais para a posteridade ou para a glória. Escrevemos para nossos contemporâneos, uma vez que compartilhamos seu século, seus valores, suas preocupações, seus interesses. O que torna uma obra universal e intemporal não é, portanto, a intenção de escrever para a posteridade, mas o talento do escritor, quaisquer que sejam a época e o estilo, sua capacidade de discorrer sobre a condição humana. Por isso continuamos a ser sensíveis à obra de Hesíodo[4], assim como à de Racine, de Balzac, etc.

A última parte de *Que é a literatura?* expõe a situação do escritor ao sair da guerra e, fustigando a literatura francesa como uma das mais burguesas do mundo, engaja o escritor a liberar o homem do fatalismo que Sartre pensa ver em ação em 1947. Para ele, é preciso fazer uma literatura da *praxis*:

> Precisamos revelar ao leitor, em cada caso concreto, seu poder de fazer e de desfazer, em suma, de agir. [...] Ensinemos [aos homens] que eles são ao mesmo tempo vítimas e responsáveis por tudo, um conjunto de oprimidos, opressores e cúmplices de seus próprios opressores, e que jamais podemos fazer a separação entre o que um homem sofre, o que ele aceita e o que quer; mostremos que o mundo em que [os homens] vivem só se define por referência ao futuro que projetam diante de si e, dado que a leitura lhes revela sua liberdade, aproveitemos para lembrar-lhes que esse futuro em que

---

4. Hesíodo, poeta grego do século VIII a. C., autor de *Os trabalhos e os dias*.

se inserem para julgar o presente não é senão aquele em que o homem se solda a si mesmo e se atinge enfim como totalidade pelo advento da Cidade dos fins. [...] Deve-se desejar que a literatura inteira se torne moral e problemática, como esse novo teatro. Moral — e não moralizadora: que ela mostre simplesmente que o homem é também valor e que as questões que ele se coloca são sempre morais. Sobretudo, que ela mostre o inventor que há nele. Em certo sentido, cada situação é uma ratoeira, há paredes por todos os lados: eu me expressei mal, não há saídas para escolher. Uma saída é passível de invenção. E cada um, inventando sua própria saída, inventa a si mesmo. O homem deve ser inventado a cada dia.[5]

Sartre confere então uma função "pedagógica" à literatura: provocar no homem a consciência de suas alienações, de suas evidências e de suas crenças, libertá-lo de si mesmo. O escritor é um mediador e deve saber disso, pois aí reside seu engajamento: ele revela ao homem aquilo que ele é, suas condições de existência e o caráter insuportável de certas escolhas. Por isso é tão importante, aos olhos de Sartre, que o tempo do romance corresponda também ao tempo do leitor: aquele que toma para ler, aquele no qual vive.

A literatura desvela o leitor para si mesmo, leva-o à sua própria liberdade, vendo o *caminho* percorrido pelos personagens do romance, sendo esse caminho percorrido a dois: é o do personagem no romance e é o do leitor, também, que vive através da consciência do personagem. A técnica narrativa, nesse sentido, tem uma virtude pedagógica ou filosófica.

---

5. J.-P. Sartre, *Qu'Est-ce que la Littérature?* (1947), Paris, Gallimard, Folio essais, 1997, pp. 288-290.

Que é a literatura? exerceu grande influência em seu tempo, principalmente para os autores do Terceiro Mundo, por responder à sua aspiração de mudar o mundo, levando a uma tomada de consciência de sua situação social e política. Escrever é agir, e é desvelar, por meio de certa técnica narrativa, as significações. Essa técnica narrativa é o meio, adequado ao objeto literário, de compartilhar um mundo com o leitor, remetendo-o à sua própria liberdade. A técnica narrativa adequada à literatura não o é para a poesia ou o teatro: o uso que o poeta faz das palavras não é comparável ao do romancista — a relação com o leitor não é comparável à relação que ele tem com o espectador.

2. O teatro

Não se escreve um livro da mesma forma que se escreve uma peça de teatro. Em paralelo à escritura de suas peças, Sartre desenvolveu uma reflexão sobre a especificidade ontológica do teatro para explicar isso. Partindo do modo pelo qual o espectador se relaciona com o teatro (diferentemente de sua maneira de se relacionar com o cinema e o romance), ele deduz as consequências quanto ao que o teatro deve ser, em sua forma e em seu conteúdo.

A essência do teatro é oscilar constantemente entre a ficção e o real, diz ele, o que cria uma tensão que o dramaturgo deve manter como tal.

No teatro a identificação com um personagem é difícil, ao contrário daquela, quase espontânea, que ocorre no cinema e na leitura de um romance em que vivemos literalmente as emoções do (ou dos) personagem(ns). Não há distância entre o espectador e o ator de cinema ou o herói de romance, pois a escritura própria ao cinema e ao romance faz com que se veja os acontecimentos a partir do personagem, pelo olho da câmera ou do escritor. Essa identificação existe a tal ponto que alguns espectadores começam a detestar determinado ator porque ele desempenhou um papel de vilão, esquecendo-se de que o artista não é o personagem que ele representa. Esse amálgama é mais difícil no teatro, pois não seguimos um único personagem em vários momentos de sua vida (e por meio de *flashback*), mas acompanhamos uma intriga de um ponto de vista que não se move e que é o de nosso lugar na sala em relação ao palco. Ninguém escolhe nos fazer seguir tal ou tal personagem e permanecemos livres para escolher aquele que não fala.

A tensão no teatro provém do fato de que temos o ator diante de nós, *em carne e osso*, mesmo que não seja ele que vejamos, mas o personagem que ele interpreta. Atores reais podem se sentar em cadeiras reais, mas o que vemos é um determinado personagem, fictício, que se senta ficticiamente numa cadeira fictícia, e se o ator simula morte ou doença (como em *O doente imaginário*, de Molière), talvez fiquemos tristes pelo personagem; mas não duvidamos por um só instante que o ator voltará a interpretar a mesma cena amanhã à noite. Assim, acreditamos verdadeiramente na ficção, aceitamos todos os seus artifícios, incluindo admitir que um personagem ingira veneno, mesmo sabendo que aquela bebida é inofensiva. Acontece até de alguns espectadores gritarem: "Não beba!", lembra Sartre, mas nem por isso se mexem de suas cadeiras, respeitando e aceitando as convenções. Essa distância, que permite ao ator ficar ao alcance do espectador (o que não ocorre no cinema) e ao mesmo tempo o mantém fora desse alcance, deixa o espectador de fora do espetáculo.

Essa distância "espacial" entre atores e espectadores induz a outra distância, que poderíamos chamar de psicológica. O espectador sabe que o ator interpreta um personagem que não é ele — não é possível se confundir, pois a cena inteira indica ser fictícia: o cenário pode ser de papelão, o que de fato é em parte (falsas paredes, falsas janelas, falsas paisagens de fundo, etc., mesmo que mesas e cadeiras sejam reais), ou até não existir. Pouco importa: é o gesto do ator que faz nascer o cenário e lhe confere existência. Em consequência, os atores podem trocar um pedaço de papel ou mesmo nada, à guisa de jornal, e os espectadores compreendem que se trata de um jornal, pois as palavras e os gestos indicam isso. O gesto de nadar faz com que exista o mar no meio do palco, e cada um compreende isso intuitivamente.

Dito de outra forma, o espectador não espera ver de fato aquilo de que os atores falam, pois não há necessidade de ver para compreender. O cinema deve mostrar o mar com o herói nadando nele; o teatro só indica, pelo gesto do ator, o lugar ou a ação de que se trata. O imaginário do espectador contribui para a significação da peça e da cena, esboçada ou indicada pelos atores e a situação encenada. De certa maneira, a invenção do cinema liberou o teatro da restrição de *dever parecer verdadeiro* (realismo ou naturalismo teatral), lhe permitindo recobrar sua natureza e a tensão que a caracteriza entre real e ficção.

Qual é o interesse dessa forma de espetáculo? O que o espectador busca? O que lhe agrada no teatro, se ele não tem a mesma identificação que no cinema e nos romances? Quais são os papéis e a função do teatro para ele? — essas são as interrogações de Sartre.

Consideremos aquilo a que Sartre se opõe: ao teatro burguês, por um lado, mas também ao teatro de Brecht, com o qual, apesar de tudo, ele se reconhece em inúmeros pontos comuns.

Sartre dirige ao teatro burguês[6] as mesmas críticas que faz à classe burguesa. Sua principal reprovação: esse teatro não deseja mudar o homem, não busca lhe apresentar outra imagem de si, a não ser aquela que lhe agrada — aquela, pessimista, de uma natureza humana universal bastante má. Sendo a natureza o que é, e apesar das situações, ele justifica que sejam respeitadas uma ordem e as regras estritas, que sempre acabam por garantir o retorno à situação normal. Assim, Sartre pode dizer que esse teatro não é dramático, no sentido etimológico de que *drama* significa ação, isto é, de que o fim seguramente não permite voltar a ver os personagens na mesma situação que no início.

Por exemplo, o teatro burguês frequentemente apresenta vaudeviles[7] a três, o marido, a mulher e o amante. A história não mudará a situação dos personagens, uns em relação aos outros, e restabelecerá a ordem segundo

---

6. O teatro burguês é, por exemplo, o de Eugène Labiche (1815-88), Georges Courteline (1858-1929) e Georges Feydeau (1862-1921). Esse teatro não tem outra ambição que não a de divertir burgueses, apresentando-lhes suas próprias imperfeições — que, é claro, falam de sua condição burguesa e encenam seus valores (respeito às tradições e cuidado em respeitar as formas), mas não questionam a condição humana.

Podemos nos surpreender com o fato de que Sartre, atacando sistematicamente o espírito sério em sua obra filosófica, parece condenar o espírito de divertimento do teatro burguês. Dessa forma, poderíamos dizer que ele se faz de bastante sério — e é verdade que seu teatro não é de forma alguma risível. Entretanto, há seriedade em rir de seus próprios valores sem pô-los em questão: significa continuar a acreditá-los justos, inalterados e inalteráveis. O que Sartre condena no teatro burguês é a ausência de distanciamento e de questionamento não só de seus próprios valores, mas também da situação do homem no mundo. Há divertimento no sentido em que o homem é desviado, pelo riso, da preocupação de sua condição humana. Sartre se mostra, em relação a isso, tão sério quanto Pascal.

7. Do francês *vaudeville*: comédia ligeira e divertida, de enredo fértil em intrigas e maquinações, que combina pantomima, dança e/ou canções. [N.T.]

as necessidades, de modo que, na saída, o burguês será reconfortado em seus valores: a mulher volta prudentemente para o marido, e o amante, às suas ocupações — a honra e as aparências estarão a salvo. Se há drama nesse gênero de teatro, é num sentido degradado, em que as paixões são desencadeadas, mas, como nota Sartre, são falsas paixões, compreendidas então como loucuras que fazem com que aquele que está sob seu efeito cometa o que não faria se estivesse equilibrado. Os personagens não se engajam, são marionetes de suas paixões, e a luta dessas paixões entre si não constitui uma paixão como Sartre a entende, isto é, o engajamento livre e responsável de uma consciência para um devir diferente. A ação engaja irreversivelmente numa única via, com consequências que o personagem não previa, como nas tragédias gregas, que Sartre conhecia muito bem e nas quais se inspirava em grande medida.

Dado que a ação é comandada pelo projeto de uma consciência, é esse projeto que deve ser apresentado por meio do personagem: devemos compreender as razões pelas quais ele toma esse caminho e não outro. Se o teatro só tem palavras, e as palavras são trocadas entre os atores para significar seus projetos e intenções, então é preciso que sua linguagem seja a própria ação, e cada palavra se torne irreversível, indicando a ação. É esse sentido da ação que o teatro burguês perdeu.

Sartre pretende então se reconciliar com o sentido do drama antigo. Entretanto, a sociedade mudou, e devemos escrever para nossa época, tentar apresentar ao espectador os dramas que lhe pertencem. Durante muito tempo pudemos distinguir o homem individual e o homem social, mas atualmente isso se tornou impossível, escreve Sartre, de tal modo que o entrecruzamento desses dois produz conflitos internos, dilemas no homem moderno, que é conveniente *colocar em cena*.

Sartre toma o exemplo da peça *Antígona*, de Sófocles, em que os dois personagens principais, Antígona, filha de Édipo, irmã de Polinice, e Creonte, rei de Tebas, seu tio e futuro sogro, se afrontam diante do cadáver de Polinice, condenado à morte por insurreição. Cada um representa um termo do paradoxo: Antígona se refere às leis morais, à tradição, e quer fazer com que se respeite o direito que tem seu irmão de ser enterrado. Creonte, por sua vez, quer fazer com que se respeite a lei civil, que ele instituiu na qualidade de rei; ele também está em seu direito quando pretende não abrir exceção para o sobrinho, que se rebelou contra a lei da Cidade. A contradição provém do enfrentamento de dois direitos: cada um se sente justificado no seu, e cada um irá até o fim, até a morte de Antígona — sua recusa de qualquer concessão alimenta a inflexibilidade de Creonte.

Segundo Sartre, atualmente o teatro deve encenar as contradições internas do personagem:

> É preciso considerar que atualmente o que há de novo no teatro que se forma à margem da burguesia, e isso já há algum tempo, é que a contradição, agora, pode pertencer ao personagem individualmente. Não há mais uma contradição que constitua a ação, mas há séries de contradições interiores no personagem, isto é, há nele, durante todo o tempo, uma Antígona e um Creonte [...].
> O que queremos mostrar hoje em dia é que precisamente as ações: 1. nascem das contradições, 2. as refletem, 3. criam outras novas. É isso, e vocês veem que isso constitui muita coisa a dizer e que podemos fazer no teatro.[8]

---

8. *Un Théâtre de situations*, "Théâtre épique et théâtre dramatique", p. 151.

O exemplo tomado por Sartre para ilustrar a novidade do teatro contemporâneo é a peça de Brecht *Galileu Galilei*[9] (1938). O tema dessa peça é a contradição interna de Galileu, homem de ciência e, a esse título, curioso por novos conhecimentos; e ao mesmo tempo homem de sua época, em que são os aristocratas, com seus valores religiosos, que financiam as pesquisas. Galileu se vê torturado entre seus conhecimentos, corretos para quem aceita o paradigma científico, e seu dever de respeito e obediência aos seus mecenas. Tendo permitido o avanço da ciência, ele irá, entretanto, traí-la. De todo modo, só poderia ter havido traição: da ciência ou dos valores da época. O papa que condena Galileu vive a mesma contradição, respeitando a ciência (ele próprio é um cientista) e, ao mesmo tempo, não querendo mandar torturar um homem que ele respeita, não podendo, também, falhar nas obrigações de seu cargo — fazer respeitar os valores da instituição que o levou ao posto máximo.

Nesse ponto, Sartre concorda perfeitamente com Brecht. Ele diverge sobre o *distanciamento*, conceito maior do teatro brechtiano. De fato, Brecht reprova no teatro burguês o fato de ter uma grande participação do espectador na cena interpretada, o que lisonjeia suas emoções em detrimento de sua capacidade de raciocinar, de refletir sobre aquilo que está vendo. Donde sua vontade de reintroduzir uma distância entre o espectador e os atores, para que ele jamais se esqueça de que aquilo que vê é fictício a fim de que conserve toda a sua razão. Manter distância: tanto o dramaturgo quanto o diretor

---

9. Bertold Brecht, *Galileu Galilei* (*Leben des Galilei*, *A vida de Galileu*), peça escrita durante seu exílio na Dinamarca, considerada uma biografia teatral e também uma espécie de testamento do autor. Ela explora o tema da verdade contra o obscurantismo, e é também um libelo contra o nazismo, do qual o autor havia fugido na época — daí a afirmação de que o paralelo entre Galileu e a vida de Brecht se impõe. [N.T.]

devem fazer de tudo para não permitir que se esqueça dessa necessária distância. Brecht atribui ao teatro a função de transformar o espectador, mostrando-lhe uma transformação: o homem determinado por seu ser social, mais que por uma natureza humana — de acordo com suas convicções marxistas.

Por exemplo, Brecht mostra tabuletas nas quais se pode ler que se está no teatro e que tudo é fictício. Também faz alguns personagens usarem máscaras para significar que são vazios, que só são seres definidos por seu papel social, sem nenhuma personalidade própria, sem nenhuma consistência. Por fim, como dramaturgo, chega a estabelecer a história contada num tempo distante daquele do espectador, como em *Galileu Galilei* (que tinha, para os contemporâneos de Brecht, uma ressonância singular com o regime nazista e suas relações com as verdades científicas), ou de decidir que um papel masculino será interpretado por uma mulher, e inversamente.

Para Sartre, esses artifícios parecem não somente inúteis (exceto o distanciamento temporal, que o francês usa em *As moscas* e *O diabo e o bom Deus*), mas nefastos, pois a distância sempre invocada e reclamada põe os personagens num papel de puro objeto. Segundo Sartre, o distanciamento, tal como Brecht o compreende, objetiva a história e os personagens, a ponto de os vermos no palco como olharíamos para alguns insetos, isto é, coisas muito estranhas para que, de tanto não mais nos identificarmos com eles, não os reconheçamos como um dos nossos. O filósofo prefere conservar a ambiguidade do teatro, não rejeitando de modo algum a possibilidade de que o espectador participe da ação por identificação. Mesmo estando de acordo com Brecht sobre a crítica do teatro burguês, ele não conclui que as principais propriedades sobre as quais joga esse teatro, a participação e o psicodrama, são más em si, de modo que é necessário aboli-las por completo.

A contribuição de Sartre em termos de direção é pequena: não há personagens mascarados, tabuletas, exploração, artifícios exteriores à história. Cenário e direção pouco lhe importam, dada a essência do teatro, tal como ele a concebe. Cabe ao ator significar as situações, e ao dramaturgo a boa escolha de suas palavras: cada termo deve ser um ato, e esse ato deve ser irreversível. Assim, Sartre recomenda empregar os adjetivos o minimamente possível e não usar frases de duplo sentido (como o pode, segundo ele, a literatura, cf. *supra*), pois a palavra remete e expressa diretamente a ação em curso, além de evitar as descrições, sempre entediantes. Mais que no teatro de Brecht, é no de Strindberg[10] e no de Pirandello[11] que Sartre se reconhece: teatros da ação que exploram a liberdade humana, o que vem ao encontro de suas preocupações.

O que então o espectador vai procurar no teatro, que já não encontre no cinema e nos romances? A tensão própria ao teatro, essa oscilação constante entre identificação e distância incomprimível, faz com que o espectador veja o espetáculo como se se tratasse de um objeto sob seus olhos, mas de um objeto muito *subjetivo*, para que possa também a ele se assimilar. Retomando as categorias desenvolvidas em *O ser e o nada*, Sartre estima que o espectador busque recuperar alguma coisa de si mesmo, busque se ver, por meio da história apresentada, tal como os outros o veem. A distância entre sala e palco, o fato de que a peça apresentada seja fictícia, que ela seja interpretada *em carne e osso* por atores reais, mas de

---

10. August Strindberg (1849-1912), pintor, escritor e dramaturgo sueco, considerado um renovador do teatro de seu país, autor de *O quarto vermelho*, *Inferno*, *A dança da morte* e *A sonata dos fantasmas*.
11. Luigi Pirandello (1867-1936), escritor, poeta e dramaturgo italiano, laureado com o Prêmio Nobel de Literatura em 1934. Escreveu, entre outras obras, a peça *Seis personagens em busca de um autor* (1921).

gestos fictícios, permite ver os atores como os objetos *que também nós somos*.

A história toca o espectador, a ficção lhe "diz algo", o remete a si mesmo — claro que menos intensamente do que o faria um filme ou um romance, reconhece Sartre —, de modo que o conteúdo da peça de teatro deve se adaptar ao grau de implicação do espectador e à sua capacidade de ser afetado. Sartre concebe sua escritura teatral como respeitando essa oscilação: o espectador "sabe e ao mesmo tempo esquece que tudo é inventado e interpretado".[12] A meio caminho entre dois extremos: entre Brecht, que se dedica a manter distância do espectador e a lembrá-lo da realidade contra a essência fictícia do teatro, e Genet, que "se dedica a demonstrar que nada do que é e ocorre no palco é real; tudo se move no imaginário".

O teatro, para o pensador francês, deve permitir ao espectador compreender a si mesmo, compreender a complexidade de um ato. Mesma função que tem a literatura: remeter o leitor a si próprio, colocá-lo diante de situações-limite[13] para que apreenda a época em que vive e se apreenda dentro dessa época. Uma situação--limite é uma circunstância muito refinada de eventuais condições particulares para que cada um nela se reconheça e perceba o que constitui o drama da condição humana: dever escolher, dever morrer. Ao mesmo tempo, o teatro de Sartre é tanto um teatro de ideias quanto seus romances são *de teses*. Numa entrevista a Bernard Dort, Sartre declara:

---

12. *Un Théâtre de situations*, "Entretien avec Bernard Dort", p. 254 — a citação que segue pertence à mesma página.
13. Karl Jaspers (1883-1969), psiquiatra e filósofo alemão, escreveu páginas notáveis para explicar o que é uma situação-limite em *Introduction à la philosophie*, Paris, 10/18, 2001, pp. 18 *sq*.

Contrariamente ao que se pôde acreditar e dizer, não sou pelo teatro filosófico. Ou, se posso conceber um teatro filosófico, é apenas porque tudo é, no final das contas, filosófico.[14]

Essa concepção se junta à preocupação moral de Sartre: não dizer o que é bem ou mal, mas levar à compreensão de que a vida consiste em dever escolher, mostrar como as escolhas se efetuam, necessariamente, na ignorância daquilo que vai acontecer. O teatro de Sartre é moral — mas não moralizador, como ele já o precisava a respeito da literatura — no sentido de que toda vida é moral, toda vida deve fazer escolhas que põem em jogo valores que frequentemente são contraditórios.

Por isso o teatro de Sartre é de situações: vimos nos capítulos precedentes que a liberdade só tem sentido em *situação*, e só revela a si própria sobre o fundo de uma ou outra situação, segundo o modo que terá de se descondicionar do dado para inventar o sentido de sua existência. Uma peça de teatro jamais ilustra uma ideia, ela põe em cena um universo, ou um fato, o da liberdade humana, sem dúvida dando margem para meditar em seguida, mas não escandindo uma ideia precisa durante a peça, jamais ditando ao espectador o que este deve pensar de tal ou tal situação. O teatro *apresenta* uma situação, não *re-apresenta* uma ideia. A liberdade *posta em situações* remete o espectador à sua própria liberdade.

Portanto, o teatro diria a mesma coisa que a filosofia, mas de outra forma; ele não é uma aplicação: "O que escapa à filosofia é aquilo que acontece para um indivíduo, é o que o teatro pode encenar", informa Sartre. Tal é, aos seus olhos, a especificidade do teatro.

---

14. *Un Théâtre de situations*, p. 253.

3. Estética

Não se pode falar *stricto sensu* de uma estética de Sartre, como podemos falar da de Kant ou de Hegel: não há um *corpus* teórico específico que trate da experiência sensível ligada ao belo e à arte, se essa for a definição que se possa dar à estética. Sartre, como informa Michel Sicard[15], pensava em escrever uma Estética cuja primeira parte seria dedicada à teoria do Belo, mas nunca teve tempo para se dedicar a ela.

Podemos distinguir duas espécies de escritos sobre a arte: aqueles que tratam o estatuto ontológico da obra de arte (principalmente *O imaginário* e *Que é a literatura?*), e aqueles que esboçam o retrato de um artista (como Masson ou Wols, em *Situações* IV), ou que analisam uma obra (como *São Jorge e o dragão*, de Tintoretto, em *Situações* IX), ou um gênero (como a pintura de Giacometti, em *Situações* IV, ou sua escultura, em *Situações* III). Muitos textos apresentam o que foram a arte e a concepção do belo em relação a determinado autor (Flaubert, Mallarmé, Baudelaire, etc.), assim como algumas entrevistas permitiram que Sartre indicasse seus próprios gostos estéticos[16], o que não basta para construir uma teoria.

O que diz Sartre sobre o estatuto ontológico da obra de arte?

Sua tese consiste em dizer que a obra de arte é um irreal, isto é, um objeto constituído pela consciência imageante, e não pela consciência perceptiva. Tese a princípio surpreendente, a obra de arte se dá primeiramente por meio de uma percepção: é preciso perceber bem o quadro para em seguida apreender o que nele é

---

15. M. Sicard, *Essais sur Sartre, entretiens avec Sartre* (1975-79), Paris, Galilée, 1989, p. 232.
16. Cf. a entrevista "Sur la Musique moderne", ibidem, pp. 297 *sq*.

"estética". Sartre quer dizer que é preciso distinguir o objeto propriamente estético, ou seja, a que remete o quadro de Charles VIII, este é seu exemplo, e aquilo por meio do qual esse objeto pode se manifestar: a matéria da tela, a matéria da pintura, os sinais do pincel, a forma do desenho, as diversas cores, etc. Não se olha um quadro da mesma forma como se olha uma fotografia "comercial".

Comparemos uma natureza-morta de Cézanne representando maçãs e uma publicidade de maçãs: não apreciamos a mesma coisa. No primeiro caso, o aveludado das cores não nos traz o gosto das maçãs, e sabemos imediatamente que não estão à venda para serem comidas. Nesse sentido, Sartre retoma o que Kant chamava de julgamento desinteressado: não nos interessa saber se essas maçãs existem ou existiram, não precisamos dessa informação para apreciá-las, pois é próprio da apreciação estética ser desinteressada.

Sartre acrescenta que há uma conversão radical da consciência, que não se contenta em perceber o quadro, mas ultrapassa essa percepção na direção de um objeto irreal, constituído pela imaginação e, por conseguinte, num registro completamente diferente da percepção. As maçãs de Cézanne não *existem*, na realidade, e o que percebemos sobre a tela é somente o *analogon*, é a imagem material já convertida pelo olhar para manifestar ou indicar o objeto irreal do qual ela é o suporte, objeto estético que só existe para a consciência imageante. Em outras palavras, o objeto estético, a obra de arte propriamente dita, não é o quadro em si: ele é somente indicado pelo quadro. Dessa maneira, o espectador faz parte da obra, dado que é preciso um olhar para constituí-la como tal. Da mesma forma que não há literatura sem leitor, nem teatro sem espectador, não há obra de arte sem um olhar estético.

Essa análise da obra de arte solicita certa compreensão do ato criador: o trabalho do artista não consiste em realizar uma ideia que ele teria na cabeça, preexistente à sua realização. Esse seria mais o trabalho do pedreiro, que realiza aquilo que está previsto no plano da arquitetura. O artista não *deposita* seu imaginário — como se nele tudo estivesse pronto — na matéria, da maneira como depositamos um objeto sobre a mesa; o ato criativo não deve ser concebido como a passagem de uma essência (a obra na ideia) para a existência (a obra realizada), mas como a invenção material daquilo que bastará para indicar a imagem mental que ele procura expressar. O artista inventa as cores e as formas necessárias para que transpareça a imagem irreal que ele carrega em si.

Portanto, o que oferece um prazer propriamente estético não é tanto a qualidade das cores ou das formas (o que não se distinguiria do prazer dos sentidos tal como podemos experimentar ao olhar para belas cortinas ou para uma linda tapeçaria), mas sua capacidade de nos conduzir a outra imagem, irreal, de nos indicar algo além daquilo que é somente perceptível, de nos desvelar um mundo que não obrigatoriamente é o nosso, mas que tem necessidade de nosso olhar para existir. A apreciação estética, tal como Sartre a compreende, é assim mais que um simples julgamento sobre o belo, é antes a participação do espectador não somente na "criação" — seu olhar faz parte da constituição da obra —, mas também no universo do pintor, que este oferece à vista.

Então, qual é a diferença em relação à literatura, que também oferece o universo do escritor ao seu leitor? Sartre não estabelece uma diferença nesse ponto: literatura, teatro e artes plásticas dão provas da mesma generosidade, é seu objetivo. Nem todo escrito ou toda obra humana tem essa mesma finalidade: por exemplo, o trabalho do cientista visa compartilhar conhecimentos (que concernem a uma parte da realidade), mas não há um universo a ser comunicado, e a leitura de um artigo científico não remete a um irreal. A ciência explica e demonstra o mundo real e comum a todos — a arte indica e manifesta o mundo de um artista, a cada vez singular.

O trabalho do artista é mais o de tornar seu universo objetivo, *manifestando-o* numa matéria, que o de *realizar* um imaginário. Não há passagem possível do imaginário à realidade: o imaginário permanece imaginário, mas pode ser *indicado, manifestado* numa matéria, como se essa matéria, esse *analogon*, fosse uma porta de entrada. Ultrapassamos essa porta pela conversão radical do olhar: de um olhar realizante, de percepção, para um olhar estetizante, isto é, imageante.

A diferença entre literatura e arte se deve então à sua natureza: a literatura, que usa a linguagem, *significa*: uma palavra designa um objeto ou uma coisa que não é a palavra (como a palavra "cão" designa um animal); a arte não significa nada, ela *indica*, ela é isso "para o que" ela indica. Sartre toma o exemplo do céu num quadro de Tintoretto[17], no qual há uma fissura amarela. Essa fissura e essa cor não significam nada, não significam a angústia, mas elas *são* a angústia, a cor e a forma, indissociáveis, assim como também são indissociáveis daquilo que representam. A angústia impregna o céu, e o pintor não poderia ter feito de outra maneira. Há uma necessidade do agenciamento do quadro, do suporte, para que o espectador possa, por esse *analogon*, aceder à imagem mental do pintor.

Para dizer a verdade, essa é uma questão que poderíamos fazer a Sartre e que também instiga um problema em sua teoria: a qual imaginário acedemos? Ao do pintor ou ao nosso próprio? Se o olhar do espectador constitui o

---

17. J.-P. Sartre, *Qu'Est-ce que la Littérature?*, op. cit., p. 15.

quadro em objeto estético, qual é a parte respectiva do trabalho do artista e aquela do espectador? Se ao olhar um quadro não sinto nenhum prazer, isso significa que o quadro é ruim, ou é indício de que não sei olhá-lo, de que não soube operar em mim a conversão necessária? Sartre não entra em detalhes nas condições de um olhar estético, mas esboça, numa das últimas entrevistas a Michel Sicar, o que seria sua definição da ideia de beleza:

> A Beleza é uma unificação totalizadora que oferece, por meio dessa totalização, o espectro de uma totalidade que jamais será atingida; e é nessa relação entre totalização e totalidade que eu encontraria a ideia de Beleza.[18]

A Beleza é definida não como um sentimento ou uma sensação experimentada, mas como um ato que visa a unificação entre a totalidade que aparece ao olhar no quadro (o quadro como totalidade *materialmente* acabada) e a totalidade à qual o quadro remete enquanto *analogon* de uma imagem irreal, o universo do pintor. Mas esse universo está presente sobre o modo da ausência (é um imaginário), sendo somente indicado pelo *analogon*. Por isso Sartre o chama de "espectro de uma totalidade que jamais será atingida", sem o que o artista só teria feito um quadro. Por meio de cada quadro, o artista também tenta mostrar e se aproximar o máximo possível de si mesmo, de seu universo — que para sempre estará fora de alcance. A experiência é bem conhecida dos artistas, dos músicos, dos escritores: é raro, se não impossível, ficar satisfeito com uma dessas obras. Se tal fosse o caso, o artista não recomeçaria indefinidamente seu trabalho.

---

18. M. Sicard, op. cit., p. 233.

Esse ato de unificação só pode ser estabelecido pelo espectador, que assim opera, com seu olhar, uma espécie de dialética ascendente e infinita entre a obra presente e o universo indicado, entre a obra em tese acabada (materialmente concluída), mas indefinidamente aberta (e, nesse sentido, inacabada) sobre um absoluto que ela indica, que ela é, mas sobre o modo da ausência. Poderíamos dizer que uma "casca" é um quadro que apresenta a totalidade do que ele é, sem remeter a nenhum outro universo que não aquele que ele apresenta. É um em-si, uma coisa fechada sobre si mesma, é tudo o que ela pode ser, e nada além, como a pedra é tudo o que ela é — enquanto a obra estética indica o mundo imaginário do pintor.

Podemos compreender melhor essa conversão do olhar e essa maneira de ser no mundo de certos objetos (estar presente sobre o modo da ausência) nos lembrando da análise de Sartre a respeito dos olhos e do olhar: se somos captados pelo olhar de nosso interlocutor, não vemos a cor de seus olhos; e se nos detivermos sobre sua cor, deixamos escapar o olhar. O ser do olhar se dá então sob a condição de aniquilar (se destacar de) seu suporte, os olhos. Da mesma forma, o quadro é visível esteticamente se aniquilarmos aquilo que ele é em si mesmo (matéria da tela, matéria da pintura, traços do pincel, etc.) para deixar aparecer o que ele também é, mas sobre o modo do imaginário.

Assim, a crítica de arte, para Sartre, se torna uma biografia existencial: trata-se, por meio da obra do artista, de reencontrar seu mundo, assim como, por meio das obras de Flaubert, podemos regressar até sua escolha original. É o mesmo método progressivo-regressivo que Sartre implementa para falar da arte e do artista, compreendendo-se este último tão somente por aquilo que ele faz: arte.

Nesse caso, como construir uma teoria do Belo, se o belo é primeiramente o ato unificador do espectador diante de uma obra em particular? Sartre não teve tempo de escrever essa Estética, mas, se tivesse podido, será que teria conseguido lhe dar uma forma que não a de uma sequência de análises concretas de obras e de artistas em particular, isto é, o mesmo que fez através de seus artigos? Acrescentemos que, se a estética é, em primeiro lugar, a experiência sensível que se faz do belo e da arte, essa experiência, como qualquer outra vivida, dificilmente é teorizável — se uma teoria for a disciplina encarregada de enunciar os cânones universais que bastaria aplicar em seguida. Da mesma forma que o último escrito de Sartre elaborado sobre a moral (*Morale et Histoire*) não tenta definir princípios universais da moral, mas descreve a experiência ética, também podemos nos perguntar se a estética de Sartre não se tornaria a descrição de experiências estéticas, cada uma dando testemunho do universo singular de tal ou tal artista.

4. Balanço

Para cada campo considerado, Sartre toma cuidado em partir da análise descritiva de seu estatuto ontológico. Sendo a literatura significante, deve utilizar todas as significações de que dispõe, e uma frase deve — ou deveria — a cada vez significar várias coisas ao mesmo tempo, em vários registros diferentes. Assim como ocorre com *As palavras*. Tendo o teatro uma natureza dupla, oscilando entre real e ficção, devemos escrever para ele mantendo essa duplicidade, servindo-nos dela, sem procurar pendê-la para um ou outro lado, como Artaud, para quem cada representação era um ato real e único, devendo de fato tocar o espectador, não podendo nenhuma representação ser igual às seguintes. A arte, por fim, utilizando uma matéria não diretamente significante, espacial ou sonora, é manifestação, apresentação imaginária de um mundo: o do artista.

    Cada um desses campos é autônomo de pleno direito: nenhum se contenta em ilustrar uma ideia ou uma significação. São antes maneiras diversas de se relacionar com o mundo, cada uma o restituindo com suas próprias armas. Arte, literatura e teatro são formas de apreensão do mundo, do mesmo modo que a filosofia.

Conclusão

*Considero a filosofia como a unidade
de tudo o que fiz.*
Entrevista a Simone de Beauvoir, 1974

Sartre tinha paixão pelo humano e sua obra expressa continuamente a tensão fundamental que constitui uma existência humana: aspirando à liberdade e a exigindo, não cessamos de nos confrontar com diversas alienações. A liberdade à qual estamos condenados se assimila a um esforço de liberação de um si sempre já ultrapassado por aquilo que é próprio de uma existência humana, a temporalização.

A obra de Sartre descreve e decodifica reiteradamente o que ele chama de *realidade humana*: nessa expressão deve-se compreender "aquilo que concerne à totalidade da vida de um ser humano", o que não é recoberto nem por "natureza humana", nem por "condição humana".

De fato, para o filósofo francês, a ideia de natureza humana é incapaz de dar conta do humano, pois ignora a dimensão criadora da temporalidade, reduzindo a vida à realização de um plano preconcebido, uma "natureza" já toda pronta, removendo do homem toda a parte de inventividade e parecendo implicar que o fato, para uma consciência, de se referir ao mundo (de ser consciência *de* mundo, ou intencionalidade) lhe é indiferente e não basta para mudar sua "natureza". Sartre concebe o homem como um ser-no-mundo, em necessária relação com o mundo, e aberto: o homem não é uma mônada, sem portas nem janelas[1], mas transcendência, isto é, projeto de si no mundo e sempre *adiante de si*, num futuro ainda não "escrito". O sentido que se pode encontrar para a vida não vem, assim, jamais de uma natureza anterior (nem de ninguém), mas sempre do futuro, estabelecido pela consciência. Não há barreira entre o mundo e a consciência; contudo, a consciência é lançada por inteiro no âmago do mundo, é de forma espontânea — ou seja, livremente — e de imediato que se refere a ele.

Entretanto, se é comum a todas as consciências ser temporalização, nem todas se *compreendem* no mesmo sentido. Podemos reconhecer uma condição comum a todos os seres humanos (ser temporalidade, isto é, ser uma consciência para quem o tempo faz sentido, e saber que todos somos mortais), mas também devemos reconhecer que essa condição é diversamente vivida. Tal é o movimento da temporalização, a maneira pela qual damos sentido a esse esquema de início formal que nos constitui, e que nos leva incessantemente além (em nossos projetos) ou aquém (em nossas lembranças) daquilo que somos.

Pascal lamentava que não nos ativéssemos jamais ao tempo presente[2], vendo nisso a razão essencial de nossa infelicidade. De fato, tal é nossa condição: se a consciência é intencionalidade e transcendência, jamais poderemos nos ater ao tempo presente, dado que o tempo é a unidade sintética do passado, do presente e do futuro. Ater-se a apenas uma dimensão seria amputar a consciência

---

1. O que Leibniz escreve em *Monadologia* (1714): as mônadas são as unidades que constituem a essência de um ser; a do homem é de ser dotado, além de percepção, de apetição (paixão da alma, ação de desejar ardentemente) e de memória, também de razão e apercepção.
2. Pascal, *Pensamentos*, fragmento 172 (na edição Brunschvicg).

de seus dois outros terços. Será que isso é realmente possível? Seria ela ainda uma *consciência*?

Dado que somos consciência, é preciso compreender como, na base de condições comuns (existir é ser temporalidade), não vivemos nem compreendemos nossas vidas da mesma maneira. Dessa diversidade, será possível obter esquemas de compreensão comuns a todos: é isso que a psicanálise existencial se propõe a fazer, levando em conta não apenas uma parte do humano (sua relação com seu passado, ao que já existe, como faz Freud), ou as estruturas dominantes que bastariam para explicar a individualidade (como pensam os estruturalistas), mas sua totalidade. Tal é o conteúdo do que se deve entender por *realidade humana*: o que constitui a realidade de um humano não é apenas sua vida passada, mas também sua vida imaginária (não tangível, talvez não dizível, mas apreensível nas ideias de projetos abortados, etc.), a maneira pela qual os outros a compreendem, e sua vida ativa, que contribui para a ação coletiva. Em suma, na noção de realidade, é a totalidade do *espaço* percorrido por uma vida que deve ser levado em conta.

A partir disso, o projeto sartriano de restituir a totalidade de uma vida de homem tem com o que amedrontar. No decorrer de suas obras, vimos essa noção de totalidade se abrir e se ampliar cada vez mais: se em *O ser e o nada* a totalidade de uma subjetividade levava em conta o papel do outro em sua constituição, o outro permanecia muito indeterminado, e as relações concretas entre as consciências só eram descritas de um modo formal. Era então necessário ampliar o vivido de uma consciência para esses outros que contribuem para fazer a História — e *Crítica da razão dialética* se propunha a expor as condições mediante as quais a história dos homens é inteligível. Todavia, a totalidade de que se trata era, sem dúvida, por demais abstrata. Sartre desejava descobrir se poderíamos compreender *um* homem em particular, e compreendê-lo a ponto de explicar por inteiro cada um de seus atos e gestos — e foi isso que tentou fazer em *O idiota da família*. Essa sede de compreender era acompanhada naturalmente pela sede de fazer; ele não se ateve somente à gnose e à escrita filosóficas, mas explorou todos os tipos de escritura possíveis: o conto, o romance, o jornalismo, o discurso político, o cinema e o teatro. Ávido de compreensão, ávido de escritura, qualquer que fosse o gênero, ávido por viagens, sempre ao encontro do estrangeiro, ávido pelas vidas humanas. *Totalmente* ávido, Sartre experimentou a situação fundamental do humano em todos os registros, não deixando de repetir o paradoxo: se não podemos ser o que somos, visto que nada somos (o que fazemos com o que os outros fizeram de nós), como podemos nos comportar da melhor forma possível para colar àquilo que *não somos* — como sermos *verdadeiros*, isto é, autênticos?

A questão moral, no cerne dos escritos literários de Sartre, talvez tenha encontrado uma resposta com a publicação de suas conferências americanas de 1965, *Morale et Histoire*: escrever uma moral não consistiria em enunciar prescrições ou descrever as condições de uma ação justa e boa, mas em reconhecer que os homens, sempre já educados, constantemente se comportam em relação a normas imprescritíveis e incondicionais — dois sistemas normativos que por vezes podem, no mesmo indivíduo, coabitar ignorando-se mutuamente, e só se revelarem contraditórios por ocasião de uma situação particular. Não se trata mais de compreender qual é a melhor norma, nem de encontrar um meio ou um método para um julgamento *correto*, mas de compreender em virtude do que, de qual critério, uma escolha é feita. A moral nos leva à compreensão do que é uma subjetividade — não uma pura presença no mundo e numa situação, mas uma totalidade sintética indecomponível, em projeto, sobre o fundamento de seu passado (por isso Sartre indica que essa totalidade é sempre, ao mesmo tempo, destotalização e retotalização, num movimento indefinido).

Isso que se torna a moral para Sartre, um novo empreendimento de compreensão do humano, talvez nos engaje a pensar de outra maneira nossa relação com os outros e com a vida — o que, no final das contas, é a própria finalidade de uma filosofia: por um lado, podemos imaginar que uma existência autêntica consistiria em deixar vir a si a diversidade da experiência, sem procurar fazê-lo entrar imediatamente nas categorias explicativas e normativas. Ver o real, tal como poderia ser se pudéssemos observá-lo sem organizá-lo de imediato segundo princípios normativos preexistentes, provavelmente facilitaria as relações humanas. Longe de ver comportamentos se repetirem, apreciaríamos sua especificidade, sua originalidade, sua novidade. Isso permitiria não reduzir uma crise à precedente; suporia também, além de uma atenção para com a diferença, que não nos deixássemos amedrontar por aquilo que nos é desconhecido (uma revolta inédita, etc.).

O preceito atenção para com a diferença vale, por outro lado, para quem não reconhecesse a variabilidade, por vezes ínfima, do diverso, pois ele *já saberia* que tudo é interpretado a partir de estruturas invariantes preestabelecidas. Isso seria ignorar o poder de agir do homem, sua capacidade de influenciar o decorrer dos acontecimentos. Sartre reconhece de bom grado que a história faz o homem, que as estruturas sociais nos condicionam, mas aponta que elas não nos constituem: é o homem que as produz. Significa dizer que, em última instância, é a subjetividade que é constituinte, num movimento dialético que deve levar em consideração a influência das estruturas sobre a subjetividade — mas a subjetividade permanece a origem a partir da qual uma sociedade e uma história podem receber um sentido.

Aí está o mais fundamental da obra e da ação de Sartre, o que ele defendeu contra a psicanálise, contra a corrente estruturalista, contra a sociologia de Pierre Bourdieu: somente a consciência é constituinte. Isso não significa que não somos *condicionados*, mas que jamais seremos *determinados*, nem por nós mesmos, interiormente, nem por fatores externos, por sistemas políticos e econômicos sobre os quais se poderia acreditar que tomaram a dianteira diante de nossa capacidade de agir. Sem dúvida, os indivíduos são antecipadamente condenados pela História (podemos sonhar com uma condição melhor que a de nascer em plena carestia na África, ou no meio de uma guerra — ou ambos), mas a História não incide sobre eles *ex nihilo*: ela própria é o produto, o resultado da ação de outros indivíduos.

Sartre reitera o tempo todo que escolhemos nossa existência, que o homem opta por sua sociedade, mas ficando claro que uma subjetividade não escolhe sozinha a sociedade em que vive. Sendo assim, cada subjetividade é efetivamente dependente das outras subjetividades. Contudo, é esse coletivo de subjetividades que decidirá, mais ou menos às claras, a direção a ser dada a essa sociedade: por meio de um voto, de uma greve, de uma revolta, de uma revolução. É nesse sentido que cada um é responsável por todos, que cada um carrega em si a responsabilidade total da humanidade; não que a carregue como uma cruz, mas a título de *suporte recondutor* de certo sentido a atribuir à humanidade, que só existe na medida em que uma subjetividade faz existir, por sua maneira de se relacionar com o mundo, essa ideia do que deve ser uma sociedade humana.

Assim, nada há de *verdade* no mundo dos negócios humanos (em moral e em política), não há uma direção que a humanidade deveria tomar, que seria mais justa que outra. Há somente a ideia de que nada, nem ninguém, nenhum sistema, se não os humanos, devem decidir sobre o futuro de suas sociedades e, atualmente, do planeta. Lembrar essa responsabilidade, lembrar que não podemos deixar de escolher, e que toda existência é, desde sempre, já engajada, é dar a cada um as chaves de *seu* mundo — e lutar contra todas as ideologias opressivas, na medida em que elas não pensam o homem como o centro e o sujeito da existência, como um valor absoluto irredutível a qualquer sistema que seja.

Indicações bibliográficas

1. Obras de Sartre em francês (na ordem de escritura)

"Une Idée fondamentale de la phénoménologie de Husserl: l'intentionnalité", republicado em *Situations* I, Gallimard, 1947.

La Transcendance de l'ego, publicado pela primeira vez em *Recherches philosophiques*, n. 6, 1936-37, reeditado por Vrin em 1965 e depois em 2003.

L'Imagination, PUF, 1936.

La Nausée, Gallimard, 1938.

Esquisse d'une théorie des émotions, Hermann, 1939.

"Le Mur", conto publicado em julho de 1937 na NRF, republicado com quatro outros pela Gallimard em 1939 ("Le Mur", "La Chambre", "Erostrate", "Intimité", "L'Enfance d'un chef").

L'Imaginaire: psychologie phénoménologique de l'imagination, Gallimard, 1940.

Carnets de la drôle de guerre (septembre 1939-mars 1940), Gallimard, 1938; 2ª edição completada em 1995 com um caderno descoberto.

L'Être et le néant: essai d'ontologie phénoménologique, Gallimard, 1943.

Les Mouches, primeira peça de teatro, encenada em 2 de junho de 1943.

Huis clos, peça de teatro, Gallimard, 1944.

L'Âge de raison (Les Chemins de la liberté, t. II), Gallimard, 1945.

Le Sursis (Les Chemins de la liberté, t. II), Gallimard, 1945.

Mort sans sépulture, peça de teatro, 1946.

La Putain respectueuse, peça de teatro, 1946.

L'Existentialisme est un humanisme, Nagel, 1946.

Réflexions sur la question juive, Gallimard, 1946.

Baudelaire, Gallimard, 1947.

Qu'Est-ce que la Littérature?, Gallimard, 1964 (em Situations II, em 1948).

Cahiers pour une morale, Gallimard, 1983 (redigidos em 1947-49).

Les Mains sales, peça de teatro, 1948.

Vérité et existence, Gallimard, 1989 (redigido em 1948).

La Mort dans l'âme (Les Chemins de la liberté, t. III), Gallimard, 1949.

Le Diable et le Bon Dieu, Gallimard, 1951.

Mallarmé, la lucidité et sa face d'ombre, Gallimard, 1986 (redigido em 1952).

Saint Genet, comédien et martyr, Gallimard, 1952.

Kean, peça de teatro, 1953.

Nékrassov, peça de teatro, 1955.

Les Séquestrés d'Altona, peça de teatro, 1959.

Critique de la raison dialectique, precedido de Questions de méthode, t. I, Gallimard, 1960. O tomo II, inacabado, será publicado em 1985.

Les Mots, Gallimard, 1964.

Morale et Histoire, Les Temps modernes, n. 632-633-634, julho-outubro 2005.

L'Idiot de la famille, I, II, Gallimard, 1971.

L'Idiot de la famille, III, Gallimard, 1972. O tomo III, inacabado, será reeditado em 1988 com a adição de notas inéditas.

L'Espoir maintenant. Jean-Paul Sartre — Benny Lévy. Les entretiens de 1980, Verdier, 1991.

Situations agrupam um conjunto de textos e artigos de jornais já publicados:

Situations I. *Essais critiques*, Gallimard, 1947.

Situations II. *Qu'est-ce que la littérature?*, Gallimard, 1948.

Situations III. *Lendemains de guerre*, Gallimard, 1949.

Situations IV. *Portraits*, Gallimard, 1964.

Situations V. *Colonialisme et néocolonialisme*, Gallimard, 1964.

Situations VI. *Problèmes du marxisme*, 1, Gallimard, 1964.

Situations VII. *Problèmes du marxisme*, 2, Gallimard, 1965.

Situations VIII. *Autour de 68*, Gallimard, 1972.

Situations IX. *Mélanges*, Gallimard, 1972.

Situations X. *Politique et autobiographie*, Gallimard, 1976.

2. Obras sobre Sartre

CONTAT, Michel; RYBALKA, Michel. *Les Écrits de Sartre: chronologie, bibliographie commentée*. Paris: Gallimard, 1970.

_____. *Sartre: bibliographie 1980-1992*. Bowling Green, OH: C. N. R. S./Philosophy Documentation Center, Bowling Green State University, 1993.

a) Biografias

COHEN-SOLAL, Annie. *Sartre 1905-1980*. Paris: Gallimard, 1985.

_____. *Sartre, un penseur pour le XXIᵉ siècle*. Col. Découvertes. Paris: Gallimard, 2005.

_____. *Jean-Paul Sartre*. Col. Que Sais-Je? Paris: PUF, 2005.

CONTAT, Michel. *Passion Sartre: l'invention de la liberté*. Paris: Textuel, 2005.

CONTAT, Michel; RYBALKA, Michel (orgs.). "Chronologie". In: _____. *Jean-Paul Sartre: Œuvres romanesques*. Bibliothèque de La Pléiade. Paris: Gallimard, 1981.

LÉVY, Bernard-Henri. *Le Siècle de Sartre*. Paris: Grasset, 2000; LGF, 2002.

b) Estudos

CABESTAN, Philippe. *L'Imaginaire, Sartre*. Paris: Ellipses, 1999.

_____. *L'Être et la conscience: recherches sur la psychologie et l'ontophénoménologie sartriennes*. Bruxelas: Ousia, 2004.

CABESTAN, Philippe; TOMES, Arnaud. *Sartre*. Paris: Ellipses, 2002.

DE COOREBYTER, Vincent. *Sartre face à la phénoménologie*. Bruxelas: Ousia, 2000.

_____. Textos introdutórios e anotações. In: SARTRE, Jean-Paul. *La Transcendance de l'ego et autres textes phénoménologiques*. Col. Textes & Commentaires. Paris: Vrin, 2003.

_____. *Sartre avant la phénoménologie*. Bruxelas: Ousia, 2005.

HAAR, Michel. *La Philosophie française entre phénoménologie et métaphysique*. Col. Perspectives Critiques. Paris: PUF, 1999. (O capítulo 2 se refere a Sartre e Heidegger.)

MOUILLIE, Jean-Marc. *Sartre: conscience, ego et psyché*. Col. Philosophies. Paris: PUF, 2000.

PHILIPPE, Gilles; NOUDELMANN, François. *Dictionnaire Sartre*. Paris: Honoré Champion, 2004.

RENAUT, Alain. *Sartre, le dernier philosophe*. Paris: Grasset, 1993.

SIMONT, Juliette. *Jean-Paul Sratre, un demi-siècle de liberté*. Bruxelas: De Boeck Université, 1998.

VAUTRELLE, Hervé. *Critique de la raison dialectique, "Du groupe à l'histoire"* (tomo I, livro II), *Sartre*. Col. Philo-textes. Paris: Ellipses, 2001.

VERSTRÆTEN, Pierre. *L'Anti-Aron*. Paris: La Différence, 2008.

c) Coletâneas de artigos ou artigos

Sartre et la phénoménologie. Textos reunidos por Jean-Marc Mouillie, ENS Éditions Fontenay Saint-Cloud, 2000.

Sartre phénoménologue. *Revue Alter*, n. 10, 2002, Éditions Alter (número especial dedicado a Sartre).

Les Études sartriennes. Revista anual publicada, a partir de 2004, pelas Éditions Ousia (Bruxelas), sob a direção de Juliette Simont e Vincent de Coorebyter (distribuição Vrin). O n. 9 foi publicado em 2004.

"Sartre". Artigo de Juliette Simont e Jacques Lecarme na *Encyclopedia universalis*, que retraça o percurso intelectual de Sartre de um ponto de vista filosófico e, em seguida, literário.

Site oficial: www.jpsartre.org

Obras de Sartre publicadas no Brasil

A idade da razão — *Os caminhos da liberdade*, v. 1. Trad. Sérgio Milliet. Rio de Janeiro: Nova Fronteira, 2005.

A imaginação. Trad. Luiz Roberto Salinas Fortes. São Paulo: Difusão Europeia do Livro, 1967.

A náusea. Trad. Rita Braga. Rio de Janeiro: Nova Fronteira, 2006.

A prostituta respeitosa. Trad. Miroel Silveira. Rio de Janeiro: Civilização Brasileira, 1961.

A questão judaica. Trad. Mario Vilela. São Paulo: Ática, 1995.

A rainha Albemarle ou o último turista. Trad. Júlio Castañon Guimarães. São Paulo: Globo Livros, 2009.

A transcendência do ego. Trad. João Batista Kreuch. Petrópolis: Vozes, 2013.

Alberto Giacometti. Trad. Célia Euvaldo. São Paulo: WMF Martins Fontes, 2013.

As moscas. Trad. Caio Liudvik. Rio de Janeiro: Nova Fronteira, 2005.

As palavras. Trad. de Jacó Guinsburg. São Paulo: Difusão Europeia do Livro, 1964.

"Autorretrato aos setenta anos". Entrevista de Sartre a Michel Contat, *Cadernos de Opinião 2 — O autoritarismo e a democratização necessária.* Rio de Janeiro: Inúbia, 1975.

Colonialismo e neocolonialismo. Trad. Diva Vasconcelos. Rio de Janeiro: Tempo Brasileiro, 1968.

Com a morte na alma — Os caminhos da liberdade, v. 3. Trad. de Sérgio Milliet. Rio de Janeiro: Nova Fronteira, 1983.

Crítica da razão dialética. Trad. Guilherme João de Freitas Teixeira. Rio de Janeiro: Lamparina, 2002.

"Determinação e liberdade". In: SARTRE, J.-P. et al. *Moral e Sociedade*. Trad. Nice Rissone. Rio de Janeiro: Paz e Terra, 1969.

Diário de uma guerra estranha. Trad. Aulyde Soares Rodrigues. Rio de Janeiro: Nova Fronteira, 1983.

Em defesa dos intelectuais. Trad. Sérgio Goes de Paula. São Paulo: Ática, 1994.

Entre quatro paredes. Trad. Guilherme de Almeida. Col. Teatro Vivo. São Paulo: Abril Cultural, 1949.

Esboço de uma teoria das emoções. Trad. Fernando de Castro Ferro. Rio de Janeiro: Zahar, 1965.

Estados Unidos no banco dos réus. Tribunal Internacional de Guerra. Trad. Maria Helena Kunher. Rio de Janeiro: Paz e Terra, 1970. (Org. com Bertrand Russell e Vladimir Dedijer).

"EUA culpados de genocídio". *Revista Civilização Brasileira*, vol. IV, n. 17, 1968.

Freud, além da alma: roteiro para um filme. Trad. Jorge Laclette. Rio de Janeiro: Nova Fronteira, 2005.

Marxismo e existencialismo: controvérsia sobre a dialética. Trad. Waltensir Dutra. Rio de Janeiro: Tempo Brasileiro, 1966.

O caso Debray, um crime monstruoso. Trad. Carlos T. Simões. São Paulo: Dorell, 1968.

O diabo e o bom Deus: três atos e onze quadros. Trad. Maria Jacintha. São Paulo: Difusão Europeia do Livro, 1964.

O existencialismo é um humanismo. Trad. Rita Correia Guedes. São Paulo: Abril Cultural, 1987.

O existencialismo é um humanismo; A imaginação; Questão de método. São Paulo: Nova Cultural, 1987.

O fantasma de Stalin. Rio de Janeiro: Paz e Terra, 1967.

O idiota da família. Trad. Ivone C. Benedetti. Porto Alegre: L&PM, 2014.

O imaginário: psicologia fenomenológica da imaginação. Trad. Duda Machado. São Paulo: Ática, 1996.

O muro. Trad. H. Alcântara Silveira. Rio de Janeiro: Civilização Brasileira, 1974.

O que é a subjetividade?. Trad. Estela dos Santos Abreu. Rio de Janeiro: Nova Fronteira, 2015.

O sequestrado de Veneza. Trad. Eloisa de Araújo Ribeiro. São Paulo: Cosac Naify, 2005.

O ser e o nada: ensaio de ontologia fenomenológica. Trad. Paulo Roberto Browne Perdigão. Col. Ensaios Filosóficos. Petrópolis: Vozes, 2005.

O testamento de Sartre. Trad. J. A. Pinheiro Machado. Porto Alegre: L&PM, 1980.

Os dados estão lançados. Trad. Lucy Risso Moreira Cesar. Campinas: Papirus, 1995.

Que é a literatura? Trad. Carlos Felipe Moisés. São Paulo: Ática, 1989.

Questão de método. Trad. Bento Prado Júnior. São Paulo: Difusão Europeia do Livro, 1967.

Reflexões sobre o racismo. São Paulo: Difusão Europeia do Livro, 1968.

Saint Genet: ator e mártir. Trad. Lucy Magalhães. Col. Ensaios Filosóficos. Petrópolis: Vozes, 2005.

Sartre no Brasil (Texto da conferência pronunciada em Araraquara). Trad. Luiz Roberto Salinas Fortes. Rio de Janeiro: Paz e Terra, 1980.

Situações 1: críticas literárias. Trad. Cristina Prado. São Paulo: Cosac Naify, 2006.

Sursis — *Os caminhos da liberdade*, v. 2. Trad. Sérgio Milliet. Rio de Janeiro: Nova Fronteira, 2005.

"Um coração na proa do tempo". *Encontros com a Civilização Brasileira*, n. 22. Rio de Janeiro: Civilização Brasileira, 1980.

Verdade e existência. Rio de Janeiro: Nova Fronteira, 1990.

Algumas obras sobre Sartre publicadas no Brasil

ABREU, Maria Leonor Lourenço de. Nem deuses nem diabos: Graciliano Ramos e Camus, existencialistas? *Estudos Linguísticos e Literários*, Salvador: Universidade Federal da Bahia, n. 18, p. 77-8, dez. 1995.

AZEVEDO, Adriana Fonseca de. Marxistas e Sartre: convergências e divergências. *Revista do Centro Socioeconômico*, Belém: UFPA, v. 6, n. 1/2, p. 9-29, jan.-dez. 2002.

BATALHA, Wilson de Souza Campos. *A filosofia e a crise do homem: panorama da filosofia moderna de Descartes e Sartre*. São Paulo: Revista dos Tribunais, 1968.

BEAUVOIR, Simone de. *A cerimônia do adeus*. Seguido de entrevistas com Jean-Paul Sartre, ago.-set. 1974. Rio de Janeiro: Nova Fronteira, 1981.

BORNHEIM, Gerd Alberto. *O idiota e o espírito objetivo*. Porto Alegre: Globo, 1980.

GONÇALVES, Camila Salles. *Desilusão e história na psicanálise de Sartre*. São Paulo: FASEP; Nova Alexandria, 1996.

JOLIVET, Regis. *Sartre ou a teologia do absurdo*. São Paulo: Herder, 1968.

LAING, Ronald David; COOPER, David Graham. *Razão e violência: uma década da filosofia de Sartre (1950--1960)*. Petrópolis: Vozes, 1976.

MONTEIRO, Luís Gonzaga Mattos; KRISCHKE, Paulo José. *Neomarxismo: indivíduo e subjetividade*. Florianópolis, 1992. Dissertação de mestrado. Universidade Federal de Santa Catarina. Centro de Ciências Humanas.

MOUNIER, Emmanuel. *A esperança dos desesperados: Malraux, Camus, Sartre, Bernanos*. Rio de Janeiro: Paz e Terra, 1972.

MOUTINHO, Luiz Damon Santos. *Sartre: psicologia e fenomenologia*. São Paulo: Brasiliense, 1995.

PAIVA, Marcelo Whaterly; CLARET, Martin. *O pensamento vivo de Sartre*. São Paulo: Martin Claret, 1990.

SCHNEIDER, Daniela Ribeiro. *Novas perspectivas para a psicologia clínica: um estudo a partir da obra* Saint Genet: comédien et martyr, *de Jean-Paul Sartre*. São Paulo, 2002. Tese de doutorado. Pontifícia Universidade Católica de São Paulo. Programa de Pós-Graduação em Psicologia Clínica.

SILVA, Pedro Bertolino da; COLOMBO, Olírio Plínio. *Sartre: ontologia e valores*. Porto Alegre, 1979. Dissertação de mestrado. Pontifícia Universidade Católica do Rio Grande do Sul.

SILVA, Salvelina da. *Os modos do ser em Sartre, Camus e Graciliano Ramos e a alteridade radical*. Florianópolis, 2003. Dissertação de mestrado. Universidade Federal de Santa Catarina.

ESTE LIVRO FOI COMPOSTO EM SABON CORPO 10,7 POR 13,5 E
IMPRESSO SOBRE PAPEL OFF-SET 75 g/m² NAS OFICINAS DA ASSAHI
GRÁFICA, SÃO BERNARDO DO CAMPO-SP, EM NOVEMBRO DE 2017